KRISTY GOODWIN

Teknoloji ve çocuk gelişimi uzmanı. Dünyanın farklı yerlerinde çocuk gelişimi ve teknoloji ilişkisi üstüne seminerler veriyor, danışmanlık yapıyor. Drkristygoodwin.com adlı sitesinde videolar ve yazılarıyla güncel araştırmaları sunarak kendi deyimiyle "ailelerin içinde kaldığı dilemmaya uygulanabilir çözümler" sunuyor. Dijital dünyada çocuklarla ilgili öne çıkan mitlerin, efsanelerin ve korkuların yerine son yapılan bilimsel araştırmaları koyuyor. Avustralya'da Sydney'de yaşamını sürdüren Goodwin iki çocuk annesi.

DİJİTAL DÜNYADA ÇOCUK BÜYÜTMEK

AGANTA KİTAP
010

Dijital Dünyada Çocuk Büyütmek - Teknolojiyi Doğru Kullanmanın Yolları
Özgün adı: Raising Your Child in a Digital World - Finding a healthy balance of time online without techno tantrums and conflict

Birinci Basım Ağustos 2018

ISBN 978-605-2389-69-0
Sertifika 16343

İngilizceden çeviren: Tülin Er

Editör: Derya Yağmur
Kapak tasarımı: Tarık Kirpi

Aganta Kitap
Notos Kitap Yayıncılık Eğitim Danışmanlık
ve Sanal Hizmetler Tic. Ltd. Şti.'nin tescilli markasıdır.
Ömer Avni Mahallesi, Prof. Dr. Tarık Zafer Tunaya Sokak
No: 11/6 Gümüşsuyu Beyoğlu İstanbul
0212 243 49 07
www.agantakitap.com
facebook.com/AgantaKitap
twitter.com/AgantaKitap

Baskı ve Cilt
Pasifik Ofset
Cihangir Mahallesi, Güvercin Caddesi, No: 3/1 Baha İş Merkezi
A Blok Kat:2 34310 Haramidere Avcılar İstanbul
0212 412 17 77
Sertifika 12027

KRISTY GOODWIN

DİJİTAL DÜNYADA ÇOCUK BÜYÜTMEK

TEKNOLOJİYİ DOĞRU KULLANMANIN YOLLARI

İNGİLİZCEDEN ÇEVİREN
Tülin Er

aganta

İÇİNDEKİLER

Giriş 9

1. **Engeller ve Teknoloji Efsaneleri** 13
2. **Çocukların Gelişimindeki Yedi Temel Yapıtaşı** 37
3. **Yapıtaşı #1: Bağlar ve İlişkiler** 52
4. **Yapıtaşı #2: Dil** 83
5. **Yapıtaşı #3: Uyku** 112
6. **Yapıtaşı #4: Oyun** 136
7. **Yapıtaşı #5: Fiziksel Hareket** 160
8. **Yapıtaşı #6: Beslenme** 183
9. **Yapıtaşı #7: İfa-işlevi Becerileri** 196
10. **Sağlıklı Dijital Alışkanlıklar Geliştirmek** 216
11. **Çocukların Sağlığını Korumak** 248

Sonuç 269

Teknolojik İpuçları 273

Kaynakça 281

GİRİŞ

Çocukların yaşamında dijital teknolojinin gittikçe artan rolü pek çok ebeveynin endişelenmesine ve kafa karışıklığı yaşamasına neden oluyor. Ekran başında geçirilecek doğru süreye ve televizyonlara, dokunmatik ekranlı cihazlara, cep telefonlarına ve bilgisayar oyunlarına uygun seviyede erişime karar vermek –bağımlılık ve siber-güvenlik meseleleri düşünüldüğünde– modern ebeveynlerin karşı karşıya kaldığı dijital ikilemlerden sadece birkaçı.

Çocukluk anıları sorulduğunda çoğumuz ağaçlara tırmanarak, başımızda bir büyük olmadan mahallede koşturarak ya da masa oyunlarıyla ve bahçelerdeki tahta evlerde geçen uzun günleri anlatırız. Bu, kendi çocuklarımızı yetiştirdiğimiz, dijital olarak doygun dünyadan çok farklıdır. *Ve bu durum pek çoğumuz için korkutucudur.*

Anne babalar olarak, teknolojiyle ilişkili karşı karşıya kaldığımız ebeveynlik durumlarının ve kararların bazılarında referans noktası olarak kendi çocukluğumuzu almamız imkânsızdır. Biz çocukluğumuzu gökyüzüne bakarak geçirdik, ekranlara değil! Ebeveynlerimiz bizim şimdi yüzleşmek zorunda kaldığımız dijital ikilemleri yaşamadı. Çoğunun cebelleştiği tek karar, ne kadar televizyon izleyebileceğimizdi. Üstelik o ekran kalıcı biçimde duvara sabitlenmiş haldeydi –pijamaların ceplerinde kaçırılamaz ya da annenin çantasına saklanamazdı!– ve izlenebilecek program sayısı da bir elin parmakları kadardı.

Bugün televizyon, ebeveynlerin çocuklarını idare etmesine yardımı dokunan pek çok dijital cihazdan sadece biri. Seçim yapabilecekleri geniş bir dijital açık büfe var artık. Ayrıca teknoloji sürekli değişip gelişiyor, bu da biz ebeveynlerin kafa karışıklığını ve bunaltısını daha da artırıyor. Çocuklarımızı esir alan teknolojiyle nihayet başa çıkabildiğimizi hissettiğimiz an, onların aklını daha fazla çelen yeni bir tanesi türeyiveriyor.

Bu yetmezmiş gibi, sağlık uzmanları ile medyanın çelişkili tavsiyelerinin bombardımanı altındayız. Popüler tavsiyeler araştırmaya değil de daha çok ideolojiye dayandırılıyor, böylece efsaneler ve yanlış ifadeler gelişiyor. Bir taraftan, beyin ve beden gelişimine zarar verebileceği düşünüldüğünden çocukları ekranlardan ve cihazlardan uzak tutmamız ya da bunu en az seviyeye indirmemiz söyleniyor. Bunun yanı sıra, okulda ya da sonraki yaşamlarında geri kalmasınlar diye erken yaşta onları her tür teknolojiyle tanıştırmamız ısrarla tavsiye ediliyor.

Çocuklarımız için en iyisini (genellikle de internetten) bulmaya çabalasak bile tavsiyelerin çoğu bunaltıcı, çelişkili ve genellikle de yanlış. Bunun bir sonucu olarak, iyi niyetli ebeveynler arasında sürekli teknoloji efsaneleri dolaşır ve yayılır. Örneğin:

- Teknoloji, Dikkat Eksikliği Bozukluğu'na (DEB) ve Dikkat Eksikliği Hiperaktivite Bozukluğu'na (DEHB) yol açar.
- Televizyon, dokunmatik ekranlar ve bilgisayar oyunları çocuklar için kötüdür.
- Bebek DVD'leri ve Mozart beyin gelişimine katkı sağlar ve dil becerilerini artırır.
- Çocuklar bilgisayar oyunlarından bir şey öğrenmez.
- Kimsenin izlemediği zamanlarda televizyonu açık bırakmakta sorun yoktur.
- Ekran başında geçirilen zamanın güvenli süreleri vardır.

Bir ebeveyn, araştırmacı ve eski bir öğretmen olarak şahsen bu teknoloji efsaneleriyle ve daha fazlasıyla mücadele etmem, teknolojinin çocuk gelişimiyle nasıl kesiştiğini anlamaya çalışmam gerekiyordu. Hangi dijital uygulamaların ve alışkanlıkların küçük çocukların öğrenme ve gelişiminde etkin ve yararlı –hangilerinin ise potansiyel olarak zararlı– olduğunun kapsamlı bir tarifini oluşturabilmek için çeşitli disiplinlerde yapılmış en son araştırmaları okuyup derleyerek pek çok saat geçirdim.

Keşiflerimin zaman zaman beni hem şaşırttığını hem de korkuttuğunu itiraf etmeliyim. Bu, teknolojiyi tamamen yasaklamamız ya da ondan korkmamız gerektiği anlamına gelmiyor (böyle yaparsak çocuklarımız bizden nefret eder zaten) ama onun çocuklarımızın erken yaştaki deneyimlerini nasıl şekillendirdiğini dikkatle düşünmemiz gerek.

Teknolojiyi sevsek de sevmesek de çocuklarımız halihazırda dijital bir dünyada yaşıyor. Dijital olandan uzak durmak, bir seçenek değil. Çocukluğun mukaddesliğini korurken onların hayatında teknolojiyi etkin biçimde kullanmanın sağlıklı ve faydalı bir yolunu hep birlikte bulmamız gerekiyor.

BU KİTAP EBEVEYNLERE NE SUNUYOR?

Çocuklarımızla teknolojiyi nasıl kullanacağımıza dair bilinçli tercihlerde bulunabilmek için çocuk gelişimi ve nöroloji ile teknolojinin patlama yapan dünyasının nasıl kesiştiğine dair en son bilgilere ve araştırmalara erişebilmemiz gerekir.

Bu kitabın sağlayacağı da tam olarak budur: Araştırmaya dayalı bilgi, ebeveynlerin bu dijital ortamda (iPad'i *yasaklamadan*, internet bağlantısını *kesmeden* ya da televizyonun fişini *çekmeden*) nasıl çocuk yetiştireceklerini anlamalarına yardımcı olacak pek çok pratik ipucuyla birlikte verilmiştir.

Bu kitap ebeveynlere, 0-12 yaş arası çocuklarıyla teknoloji konusunda ne yapmaları *gerektiğini* söylemeyecek – kimse kendisine ne yapması gerektiğinin söylenmesinden hoşlanmaz! Bunun yerine, bu dijital dünyada nasıl hareket edeceklerine dair bilgiye dayalı, günlük kararlar vermelerine yardımcı olacak.

Ayrıca çocuk gelişimine dair önemli yedi yapıtaşını paylaşacağım ve teknolojinin bunların her birini nasıl destekleyebileceğini ya da nasıl engelleyebileceğini anahatlarıyla anlatacağım:

1. bağlar ve ilişkiler
2. dil gelişimi

3. uyku
4. oyun
5. fiziksel hareketlilik
6. beslenme
7. ifa-işlevi becerileri

Sonuç olarak bu kitapla, çocuklarımızın dijital alışkanlıklarının sağlık ve gelişimlerine zararlı olmadığı konusunda ebeveynlerin içini rahatlatmayı ümit ediyorum. Araştırmalara dayanarak sunulan bir dizi ipucu, ince müdahale ve araç sayesinde okurlar küçük çocuklarımızın kendilerine miras kalan bu dijital dünyada her türlü öğrenme ve gelişme şansına sahip olduğuna inanacaktır.

1

Engeller ve Teknoloji Efsaneleri

Küçük çocuklarımız için teknoloji mutlaka zehirli ya da tabu değildir ama onu çocuklarımızın gelişim ihtiyaçlarına uygun biçimlerde kullanmadığımızda tehlikeyle flört ediyoruz demektir.

Küçük çocukların ebeveynleri olarak, eli kulağında dijital kıyametin talepleri ile çocuklarımızın ellerinden akıllı telefonları ve oyun konsollarını zorla çekip almanın uygulanabilir gerçekliğini dengelemeye çalışıyoruz. İnterneti kullanırken çocuklarımızın güvende olmalarını sağlamanın yanı sıra, ekran karşısında geçirdikleri zaman ile açık havada geçirdikleri zamanı dengeleyebileceğimizden emin olmaya çalışıyoruz. Sürekli değişen dijital âlemde çocuklarımızla yol almaya uğraşıyoruz ama ayak uydurmak için de hayli mücadele ediyoruz.

Teknolojinin küçük çocuklar için uygun olup olmadığı konusunda süregiden bir tartışma var. Çocukluğun mukaddesliğine dair köklü felsefi inançlar, teknolojiyi küçük çocuklarla birlikte kullanmayı kötülüyor. Ama teknoloji vazgeçilmez bir şey, onu kullanıp kullanmamanın artık tartışılacak bir tarafı yok. Bunun yerine, teknolojiyi küçük çocuklarla en iyi nasıl kullanabileceğimizi düşünmemiz gerekiyor.

Bu bölüm, ebeveynlerin dijital çağda karşılaştığı engellerin ve teknoloji efsanelerinin bazılarının anahatlarını verecek, örneğin:

- Dijital dünyada çocuk yetiştirmeye çalışan ebeveynler neden ne yapacağını bilemiyor?
- Yanıltıcı medya manşetleri ve çatışan tavsiyeler, teknoloji efsanelerinin sürekliliğini nasıl sağlıyor?
- Modern ebeveynlik konusunda neden hiç rol modelimiz yok?

Bu kitap teknolojinin sunabileceği olumlu sonuçlar kadar, aşırı ya da uygunsuz kullanımının küçük çocukların gelişimindeki potansiyel tehlikelerini de ele alacak.

NE YAPACAĞINI BİLEMEYEN EBEVEYNLER

Bu dijital çağda çocuk yetiştirmek konusunda tümüyle kafamız karışık ve derinden endişeliyiz. Bizler her yanımızı saran ve çocuklarımızı esir eden ekran bolluğuna ayak uydurmaya çabalarken, onlar bizimkinden tamamen farklı, teknolojik bir çocukluk geçiriyor. Bizim çocukluk anılarımızda ağaçlarda sallanmak ve bisiklet sürmek var, ekranlara tıklayıp sürüklemek değil.

Bunun yanı sıra, çocuklarımızın kullandığı teknoloji de sürekli değişiyor ve çoğunlukla bize yabancı. Oyuncaklar ve cihazlar için üretilen yalan ve aldatıcı reklamlar yüzünden, bu durum küçük çocukları teknolojiyle tanıştırma gerekliliğine dair gittikçe artan baskıyla birleşip çok bunaltıcı bir hal alabiliyor.

Geride kalmasınlar diye çocuklarımızın eline dijital cihazlar tutuştururken, bir yandan da bu cihazlara maruz kalmalarının onları nasıl etkilediği konusunda içimiz içimizi yiyor. Yine de bebekler için akıllı telefonlara, küçük çocuklar için dizüstü bilgisayarlara ve eğitim uygulamalarına dair üretilen reklamlar, bunların çocuğumuzun beyin gelişimini çok hızlandıracağını iddia ediyor. Ama merak ediyoruz: Bu dijital aşırı yükleme çocuğumuzun gelişimine zarar veriyor mu?

Çocuklarımızın karşı karşıya kaldığı bu dijital hücumla nasıl baş edeceğimiz konusunda sık sık kendimizi fena halde hazırlıksız hissediyoruz. Bu yoğun çekim ve dijital dünyanın çocuklarımıza sunduğu şeyin obsesif doğası pek çok ebeveyni dehşete düşürüyor, çünkü *kendi* akıllı telefonlarımızdan sürekli e-postalarımıza ve sosyal medyaya bakan bizlerin de bu dijital girdaba saplandığımızın farkındayız.

Çocuklarımızı dijital bakımdan yetersiz kılmadan, teknolojiden sağlıklı ve kullanışlı biçimde nasıl en fazla yararlanabileceğimiz konusunda rehberlik arayışındayız. Teknolojiden korkmanın ya da onu tümüyle yasaklamanın uzun vadeli bir çözüm olmadığını pek çoğumuz kabul ediyoruz. Eğer bu kafayı-kuma-gömme yaklaşımını benimsersek, çocuklarımızın gelişimi için elzem olan, ömür boyu kullanacakları becerileri edinmelerine faydası dokunacak önemli fırsatları kaçıracağımızın farkındayız. Ama pek çoğumuz çocuklarımıza nasıl en iyi biçimde yol gösterebileceğimizden emin değiliz sadece.

TEKNOLOJİK ÇOCUKLUKLAR

Daha önce bahsedildiği gibi, bugünün çocukları bebek arabalarından dijital cihazların sarktığı, restoranlarda ellerine tabletlerin tutuşturulduğu ve yastıklarının altında dokunmatik ekranların saklandığı bir dünyada büyüyor. Telefonu "kapamalarını" ya da bir televizyon programını "kasete kaydetmelerini" istediğimizde bize boş ifadelerle bakıyorlar.

Çoğu çocuk için ekranlar ve cihazlar günlük yaşamın her yerde görülen bir parçasını oluşturuyor. Pek çoğu bisiklete binmeyi ya da ayakkabısını bağlamayı öğrenmeden önce ekranlara tıklamayı, sürüklemeyi ve büyütüp küçültmeyi öğreniyor. Gerçekten de AVG'nin 2014'te yürüttüğü bir araştırma, pek çok çocuğun geleneksel fiziki ve gelişimsel dönüm noktalarına erişmeden dijital dönüm noktalarına erdiğini teyit ediyor!

Bir çocuk olarak cihazlarla her gün belli bir zaman geçirmek biz ebeveynlere tamamen yabancı bir şey; yine de çocuklarımız buna çabucak uyum sağlamış durumda. Ekranların bombardımanına uğruyorlar ve ebeveynlerle eğitimciler olarak bizler onların teknoloji alışkanlıkları konusunda anlaşılabilir bir endişe taşıyoruz.

Bu, modern ebeveynlerin ikilemidir. Çocuklarımızın teknoloji konusundaki maharetine ve sezgisine –iki üç yaşındaki çocuklar akıllı telefonları ninja hızı ve rahatlığıyla açabiliyor– hayret ederken, bunu aynı zamanda korkutucu buluyoruz. Bu dijital maruz kalışın bedenlerine ve sağlıklarına olası yan etkileri (akıllı telefonumuzu geri vermelerini istediğimizde aşırı sinirlenmeleri ya da bir saat daha Minecraft oynayamayacaklarını söylediğimizde asabi ya da bazen saldırgan olmaları) konusunda içimiz içimizi yiyor. Artık her yerde olan kablosuz ağlara maruz kalmaları da telaş etmemize sebep oluyor.

Günümüzde çocuklar cihazları gittikçe artan sürelerle kullanıyor (yan sayfadaki Küçük Çocuklar ve Medya infografiğine bakınız). Bu veri, Kaiser Aile Vakfı'nın 2010'da ve Common Sense Media'nın 2013'te yürüttüğü araştırmalardan toplandı ve çocukların mobil teknolojilere erişimi arttıkça bu rakamların da artması büyük bir olasılık.

Teknoloji öyle hızlı gelişiyor ki ebeveynlerle eğitimciler buna ayak uydurmakta zorlanıyor. Tam çocuklarımızın takıntılı olduğu teknolojiye hâkim olduğumuzu hissettiğimizde onu aşan başka bir şey çıkıveriyor.

Teknoloji öyle hızlı gelişiyor ki ebeveynlerle eğitimciler buna ayak uydurmakta zorlanıyor.

Bu da biraz hayret verici. Bir teknolojinin dünya çapında 50 milyon kullanıcıya ulaşmasının ne kadar sürdüğünü gösteren penetrasyon hızını düşünün. Radyonunki (ilk kablosuz) 38 yıl, telefonunki 20 yıl, televizyonunki 13 yıl, cep telefonlarınınki 12 yıl ve internetinki 4 yıl sürdü. Facebook 2 yılda, YouTube sadece bir yılda ve Angry Birds 35 günde yaygınlaştı!

Çocukluğun pek çok yönü teknolojikleşti. Oyuncak üreticileri, küçük çocukların teknolojiye hayranlığını, özellikle de "geri-pas etkisi"ni gördü; Carly Schuler tarafından ortaya atılan bu terim ebeveynlerin bekleme odalarında, restoranlarda, evde çocuklarını eğlendirmek, eğitmek ya da sakinleştirmek için onlara kendi dijital cihazlarını vermesi manasına geliyor. Oyuncak üreticileri de bebek akıllı telefonlarından küçük çocuklar için dizüstü bilgisayarlara, okulöncesi dönemdekiler için dokunmatik ekranlara kadar ebeveynlere cazip gelebilecek dijital oyuncaklar ve ürünler üretiyor.

İncelikli pazarlama aracılığıyla sık sık bu tekno-oyuncakların ve dijital ürünlerin geleneksel oyuncaklardan daha üstün olduğuna inandırılıyoruz. *Dört yaşındaki çocuğum için modifiye edilmiş bir dizüstü bilgisayarın bir blok setinden kesinlikle daha üstün olması gerekmez mi,* diye mantık yürütüyoruz.

Bu ürünler çoğunlukla, yirmi birinci yüzyıldaki gelişimlerinde çocuklara akademik üstünlük sağlayacağını ileri süren bir sunum ve tanıtım malzemesiyle doğrudan pazarlanıyor. Yine de bu pazarlama iddialarının pek çoğu araştırmalarla doğrulanmış değil.

Yine küçük çocukların ebeveynlerine yönelik geliştirilmiş bir cihaz ve ürün bolluğu var. Artık beşikteki bebeklerin fotoğraflarını çekip bunları bizim adımıza otomatik olarak sosyal medyaya yükleyen bebek cep telefonlarına sahibiz. Bebeğimizin ateşini ölçüp uyku düzenini takip eden dahili teknolojiler barındıran, modifiye edilmiş bebek tulumları var.

Çocukları cezbedip lazımlığı kullandıkları için onları ödüllendirmeyi amaçlayan, lazımlığa monte edilmiş bir tabletten oluşan iPotty bile var. (Şahsen, dokunmatik ekranlı bir cihazla tuvalet eğitimi düşüncesi beni dehşete düşürüyor – olası hijyen sorunları şöyle dursun, yapılması gereken tüm o fazladan temizliği düşünsenize!)

Teknolojikleştirilmiş bir diğer geleneksel bebek ürünü de Fisher-Price Apptivity Koltuğu. Ortalama altı aylık ve üstü çocuklar için tasarlanmış bu bebek zıp zıpında, bebeğin yüzünün tam karşısında asılı duran bir tablet var. Cihazla gelen uygulamalar küçük bebeklere sayılar ve renkler gibi kavramları öğrettiği iddiası taşıyor. Neyse ki bu zıp zıp artık üretilmiyor.

Artık beşikteki bebeklerin fotoğraflarını çekip bunları bizim adımıza otomatik olarak sosyal medyaya yükleyen bebek cep telefonlarına sahibiz.

Geçmişte güvendiğimiz saygıdeğer markalar tarafından üretildiğinden bu dijital cihazların küçük çocuklar için eğitim avantajları taşıdığına inanma eğilimindeyiz.

MEDYA KAYNAKLI TAVSİYE VE KAFA KARIŞIKLIĞI

Küçük çocukların teknoloji kullanımına ilişkin zararlı etkiler medyada genellikle orantısız şekilde sunulur. Teknolojiyi şeytanlaştırıp çocukların gelişimine zarar verdiğini iddia eden medya manşetlerinin bombardımanı altındayız. Bu manşetler sık sık teknolojinin küçük çocuklar üstündeki olumsuz etkilerini kınar; özellikle de bunu siber-güvenlik, siber-zorbalık, obezite, bilgisayar oyunları ve ekran başında geçirilen tüm zamanla ilişkilendirerek yaparlar.

Medya manşetlerini meşgul eden ve ebeveynlerin dikkatini çeken (çünkü buna müsaittirler) şok taktikler, *bütün* teknolojilerin küçük çocuklar için zararlı olduğuna ve bunun bir sonucu olarak da uzak durulması gerektiğine bizi ikna eder. Ama bu hikâyenin ardında yatan araştırmalar medyada her zaman doğru biçimde yansıtılmaz ve meşgul ebeveynler olarak bu konu üstüne daha fazla okuma yapmaya genellikle vaktimiz yoktur. Bu da yanlış bilgilenmemize sebep olabilir.

Teknolojinin küçük çocuklar üstündeki olumlu etkileri de nadiren haber yapılır. Bunun yerine, verilen tavsiyeler ebeveynlerin endişesini körükleyen, korku ve suçluluk duygusunu artıran, kafa karışıklığına ve iç sıkıntısına yol açan çelişkili şeyler olabilir.

Ebeveynler sağlık uzmanlarından, eğitimcilerden ve başka ebeveynlerden çelişkili tavsiyeler işittikleri için de bocalıyorlar. Bu da sürüp giden teknoloji efsanelerini doğuruyor. Bunlar küçük çocukların teknoloji kullanımını kuşatan yaygın efsaneler, yanlış adlandırmalar ve yanlış bilgilerdir, pek çoğu bu kitapta TEKNO EFSANE AVCISI kutularında incelenip çürütülecektir (aşağıda görüldüğü gibi).

TEKNO EFSANE AVCISI

EFSANE: Ekran başında geçirilen zamanın "güvenli" süreleri vardır.

GERÇEK: Ekran başında geçirilebilecek günlük zamanı belirleyen ekran zamanı tavsiyeleri vardır gerçekten de. Avustralya'da bunlar:

- 0-2 yaş: sıfır ekran zamanı
- 2-5 yaş: günde 1 saat
- 5-12 yaş: günde 1-2 saat

Ekran başında geçirilen zaman söz konusu olduğunda ebeveynlere çelişkili tavsiyeler verilir. Okullar (ve hatta okulöncesi eğitim kurumları) sınıflara gittikçe daha fazla teknoloji sokarken, sağlık uzmanları ebeveynleri ekran başında geçirilen aşırı zaman konusunda sık sık uyarır. Bu durum, ne kadar zamanın zararlı olduğu konusunda ebeveynleri serseme çevirebilir.

Mevcut tavsiyelerin ampirik olarak test edilmediğine ve bilimsel olarak doğrulanmadığına dikkat etmek önemlidir. Bunlar öncelikli olarak ekran zamanıyla ilişkilendirilen gölge maliyete* dayanmaktadır. Ayrıca televizyon ve DVD'ler gibi teknolojinin pasif biçimleri üstüne yapılan araştırmalara da dayanır. (Ekranların daha interaktif türleri için yapılan araştırmalar halen başlangıç aşamasındadır.)

Mevcut tavsiyeler ayrıca bütün ekranları eşit kabul eder. Böyle bir şey söz konusu olamaz: iPad'de bir hikâye yaratarak geçirilen bir saat, şiddet içeren bir bilgisayar oyunuyla geçirilen bir saatten nitelik bakımından farklıdır. Skype'ta büyükanneyle konuşmak televizyon izlemekle aynı şey değildir. Bunlar nitelik bakımından farklı deneyimlerdir. Dolayısıyla, sadece kronolojik yaşlarına dayanarak bütün çocuklar için güvenli sayılabilecek kesin, ölçülebilir bir zaman tavsiyesinde bulunmak imkânsızdır. Bu pozitif bilim değildir. Ekrana maruz kalışın güvenli seviyeleri yoktur.

Dahası halihazırdaki Avustralya tavsiyeleri dijital çağda katı ve eski kabul edilmektedir. Avustralya'nın her yerindeki ebeveynler ve eğitimcilerle konuşmalarımla deneyimlediğim şu ki pek çok insan böyle standart kurallar olduğundan bile bihaber. Ebeveynlerle eğitimciler bu tavsiyelerin farkındaysa bile genellikle bunları kabul edilemez ve gerçekdışı buluyor, sık sık da göz ardı ediyorlar. (Mevcut ekran zamanı tavsiyelerine ilişkin detaylar 10. Bölüm'de daha geniş biçimde incelenmiştir.)

* *Opportunity cost*: Fırsat maliyeti, belli bir tercih yapıldığında diğer alternatiflerin kaybının göz önüne alınmasını ifade eden bir iktisat terimi. (ç.n.)

ÇOK FARKLI BİR ÇOCUKLUK

Gördüğümüz gibi, çocuklarımızın dijital cihazları nasıl kullanması gerektiği konusunda güvenli kararlar vermekte zorlanıyoruz. Bu konuda çok farklı olan kendi çocukluğumuzdan alabileceğimiz hiçbir referans noktası yok ve itimat edebileceğimiz herhangi bir ebeveyn rol modeline sahip değiliz – daha büyük çocukları olan arkadaşlarımızdan yol göstericilik de isteyemeyiz, çünkü çoğu durumda onların çocuklarının bizimkilerle aynı cihazlara ve aletlere erişimi yoktu.

Kendi çocukluğumuza dair fikirlerimizi sık sık romantikleştiririz. Çocuklarımızın kendimizinkilerle aynı türden deneyimleri yaşamasını çok isteriz. Ama pek çoğumuzun aslında büyüme çağında teknolojiyle tanıştığını unutmuş gibiyizdir. Kesinlikle bu kadar fazla değildi ya da çocuklarımızın bugün eriştiği kadar kolay erişemiyorduk ama tümüyle ekransız bir dünyada da yetişmedik.

Televizyon izlediğimizi ya da Atari'de Pac-Man ve Space Invaders oynadığımızı, taşınabilir müzik setimizde ya da Walkman'imizde müzik dinlediğimizi, eğitici dijital kelime oyunları oynadığımızı, Polaroid'imizle ya da tek kullanımlık Kodak kameramızla fotoğraflar çektiğimizi unutuyoruz. (Çektiklerimiz muhtemelen selfi değildi, uzun pozlamalı fotoğrafları bastırmaksa haftalar alıyordu.)

Yine de yeni teknolojiler topluma tanıtıldığında endişe hissetmek gibi doğal bir insani eğilim var. Gerçekten de 1440'ta matbaa makinesi tanıtıldığında sosyal panik yaşanmıştı (hikâye anlatıcılığını ve sözlü iletişimi yıpratacağından korkulmuştu). Televizyonlar ortaya çıktığında da benzer endişeler tekrarlandı.

Hakikaten, Douglas Adams 1999'da *Otostopçunun Galaksi Rehberi*'ni yazdığında internetin dünyayı değiştireceği varsayımında bulundu. Ayrıca şöyle yazdı:

1. Doğduğumuzda dünyada halihazırda olan her şeyi *normal* kabul ederiz.
2. Otuz yaşımıza girmeden önce icat edilen herhangi bir şey son derece *heyecan vericidir, yaratıcıdır* ve umuyoruz ki ondan bir kariyer çıkarabiliriz.

3. Otuz yaşımızdan sonra icat edilen herhangi bir şey *eşyanın doğal düzenine aykırıdır* ve bildiğimiz medeniyetin sonunun başlangıcıdır – ta ki yaklaşık on yıl ortalıkta olana dek, o zaman yavaş yavaş aslında olabilir bir şeye dönüşür.

Sadece günümüzde çocukluk artık çok farklı. Biz büyürken, televizyon hakkının elimizden alınması çoğunlukla cezalandırma biçimiydi. Ama artık böyle bir şey söz konusu değil. Miner & Co tarafından 2015'te yapılan bir araştırmaya göre, çocukları televizyon izlemeye zorlamak (bilgisayar oyunu oynamak ya da dokunmatik ekranlı bir cihaz kullanmak yerine) onları disipline sokmanın modern bir yolu. Televizyon artık ikinci sınıf bir ekran sayılıyor.

Çocukluk çok kutsal bir çağ. Ömrümüzdeki eşsiz bir dönem ve kıymetinin bilinip korunması gerekiyor, bu yüzden dijital cihazların bu çok değerli zamanı gasp etmesinden endişe duymamız fazlasıyla doğal.

TEKNO EFSANE AVCISI

EFSANE: Teknoloji, Dikkat Eksikliği Bozukluğu'na veya Dikkat Eksikliği Hiperaktivite Bozukluğu'na yol açar.

GERÇEK: Ekranın Dikkat Eksikliği Bozukluğu'na veya Dikkat Eksikliği Hiperaktivite Bozukluğu'na yol açtığını kesin olarak kanıtlayan bir araştırma yoktur.

Sık görüntü ve içerik değişiminin çocukların dikkatine sekte vurduğuna dair yaygın bir kanı vardır. Bazı araştırmalar aşırı ve/veya uygunsuz ekran kullanımı ile dikkat sorunları arasında bir korelasyon olduğunu ispatlamakla birlikte, teknolojinin kendisinin *dikkat sorunlarına sebep olduğunu* teyit edecek herhangi bir kanıtımız yoktur.

Yine de 2007'de Zimmerman ile Christakis tarafından yapılan araştırmaya göre, şiddet içeren ve eğitici olmayan programlar dikkat eksikliğinin ikincil semptomlarıyla *ilişkiliyken*, eğitici içeriklerin dikkat sorunlarıyla ilişkilendirilmediğini göstermiştir.

Dikkat problemi olan çocuklar, hızlı değişen, art arda ateşlenen veriler sundukları için mi ekranların peşine düşüyor? Ekran temposu ve coşkun enerji onların aktivite ve aksiyon iştahını tatmin ettiği için mi bu çocukları çekiyor, yoksa ekranlar zilleri ve düdükleriyle çocukların dikkat problemi yaşamasına mı sebep oluyor? Bu hâlâ bilinmiyor.

TEKNO-SUÇLULUK

Küçük çocuklar ve teknolojiye dair doğru ve istikrarlı bilginin eksikliği, ebeveynler arasında ahlaki bir paniğe ve bunalmaya yol açmakta. Bu da pek çok ebeveynde kendini tekno-suçluluk ve tekno-utanç olarak gösteriyor.

> Küçük çocukların genellikle kötü bir şey sayılan ve ne yapıp edip uzak durulması gereken teknolojiyi kullanması çoğunlukla utanç verici bir şey olarak görülür.

Tekno-suçluluk terimini bir ebeveyn olarak birinci elden tecrübe ettiğim bir fenomeni anlatmak için ürettim. Mahalle parkında ya da plajda (buralar harika gayri resmi araştırma kaynaklarıdır) sık sık başka ebeveynlerle konuşurum. Eğer teknoloji konusu açılırsa çoğu zaman bir suçluluk ya da mahcubiyet hissi sezerim. "Ah hayır, benim çocuğum televizyon izlemiyor." Veya, "iPad'i yasakladım. Onlar için hiç iyi değil." Ve, "Biz çocuğumuzun bilgisayar oyunu oynamasına *asla* izin vermiyoruz." (Yo, hayır, sohbetin bu noktasında ne iş yaptığımı genellikle söylemem onlara.)

Küçük çocukların genellikle kötü bir şey sayılan ve ne yapıp edip uzak durulması gereken teknolojiyi kullanması çoğunlukla utanç verici bir şey olarak görülür. Ayrıca pek çok ebeveyn, çocuklarının teknoloji kullanımını kabullenme konusunda suçluluk hisseder. Ebeveynlerin gizli gizli şöyle itiraflarda bulunduğunu işitirim: "Ben kötü bir anneyim; çocuğumun televizyon izlemesine izin veriyorum." Veya, "Çocuğumun iPad'i kullanmasına izin verdiğimde büyük suçluluk hissediyorum."

Ayrıca başka ebeveynlerden ve *kendi* ebeveynlik dönemlerini nostaljiyle hatırlayan daha yaşlı yetişkinlerden gelen büyük bir kamu denetimi de söz konusudur. Bunu tekno-utanç olarak adlandırıyorum. Bazı ebeveynler, çocuklarına bir ekranı kullanma izni verirlerse ya da çocuklarının yanında kendi mobil cihazlarını kullanırlarsa kötü ebeveyn olarak yargılanacağından korkarlar.

Sosyal medyada da ebeveynlerin çocuklarına teknolojiyi kullanma izni verip vermemesi, kendilerinin çocuklarının yanında teknolojiyi kullanıp kullanmaması gerektiğine dair tartışmalar dönmektedir. Bloglarda ve sosyal medya mecralarında yazılanlar çocuklarına teknolojiyi kullandıran ebeveynleri sık sık kınar; bu da ebeveynlerin kendilerinin –ve çocuklarının– dijital alışkanlıklarına ilişkin gereksiz suçluluk hissetmesine yol açar.

ÖRNEK OLAY

Tekno-utanç konusunda neden fazla hızlı davranmamalıyız...

Brad oğlunun doğumundan on bir ay önce işten çıkarıldı. Tek gelir sahibi olarak, ailesinin geçimini sağlama konusunda çok yoğun bir mali baskı hissetti. Brad işten çıkarıldığından beri aktif biçimde iş arıyordu ve her şey umut verici görünüyordu. Bir iş görüşmesinin ikinci turuna seçilmişti, bu da iç rahatlatıcı bir durumdu.

Brad oğlunu oynasın diye mahalle parkına götürmeye karar verdi. Telefonunda bir e-posta bildirimi belirdi ve bu umut verici haberi okumak için hemen gelen kutusuna baktı. İkinci bir görüşme fırsatı kazanma başarısı göstermişti. Brad iş görüşmesinin ertesi gün olduğunu gördü ve bir yandan oyun parkının etrafında emekleyen oğlunu izlerken, bir yandan da o gün çocuğa bakması için annesine hemen bir kısa mesaj yazmaya başladı.

Parktaki bir büyükanne telefonuyla ilgilenen Brad'i izliyordu. Alçak sesle Brad'e çirkin laflar etti ve iPhone'uyla onun bir fotoğrafını çekip sosyal medyada yayınladı. Kadın onun telefonuna yapışmış, ihmalkâr bir baba olduğunu iddia etti.

Gerçekte yaşanan şeyin bariz biçimde uygunsuz bir sunumuydu bu ama fotoğraf internette yayıldı ve Brad'in saygınlığı kamusal alanda zarar gördü – bu büyükanne belli ki hikâyenin tamamını bilmiyordu.

DİJİTAL EBEVEYNLİK

Aygıtlarımız sürekli dikkatimizi dağıtıyor. Dijital cihazlar hayatlarımızın mihenk taşları ve çoğumuzun akıllı telefonuyla bağımlı bir ilişkisi var. Hatta nomofobiden, yani telefonumuzun yanımızda olmama korkusundan bile mustarip olabiliyoruz. Gerçekten de, 2013'te yapılmış bir araştırmaya göre, telefonlarımızı günde 150 sefere kadar kontrol edebiliyoruz. Bu, onlarla günde üç saat geçirmeye eşit; bunun ortalama 1,72 saati de sosyal medyada geçiyor.

Her bip sesini ve bildirimi ânında yanıtlamak zorunda hissediyoruz. Çoğunlukla daha yataktan çıkmadan akıllı telefonlarımıza uzanıyor, e-postalara ve sosyal medyaya bakıyoruz. Çocuklarımızın fotoğraflarını çekip bunları sosyal medya sitelerinde paylaşıyor, tıbbi teşhiste bulunması için aile hekimimize değil de Dr. Google'a güveniyoruz.

Daimi bir dikkat dağınıklığı halinde yaşıyoruz. Bu nasıl bir ebeveyn olduğumuzu etkiliyor ve teknolojinin çocukluğu nasıl değiştirdiğinin çoğu zaman gözden kaçan kısmı. Teknolojinin öncelikle ve doğrudan çocuklarımız üstünde bir etkisi olduğunu varsayıyoruz –ki kesinlikle öyle– ama ebeveynliğimizi de şu şekillerde dönüştürüyor:

- ***sharenting* (paylaşan-ebeveynlik)** – çocuklarımızın önemli anlarını internette aşırı paylaşmamız.
- **tekno-ihmal** – dijital cihazlarımıza kendimizi kaptırıp çocuklarımıza yeterli dikkati vermememiz.
- **anıları kaybetme korkusundan (AKK) mustarip olma** – çocuğumuzun gelişiminin her ânını akıllı telefonumuzla çekmek istememiz ve bu sebeple ânı dolu dolu yaşayamamamız.

Bu modern ebeveynlik alışkanlıklarının her biri bu kitap boyunca mercek altına alınacaktır.

BİZİM EKRAN ALIŞKANLIKLARIMIZ NEDEN ÖNEMLİDİR?

Yakın zaman önce gerçekleşen ayna nöronların keşfi, bebeklerimizin ve çocuklarımızın yaptığımız her şeyi neden taklit ettiğini ya da yansıttığını açıklamaya yardım ediyor. Ayna nöronlarımız motor sinirlerimiz boyunca uzanan sinir hücrelerinden oluşan bir ağdır ve başlıca fonksiyonu, görülen her şeyi taklit etmek ya da yansıtmaktır. Gözlenen eylemler daha sonra, o görevi ya da eylemi yapmamız gerektiğinde erişilmek üzere beynimizde depolanır.

Biz insanların, becerileri bu kadar hızlı kapmamızın sebebi budur. Doğumdan itibaren başka insanlarla etkileşimde bulunacak ve onların yaptıklarını taklit edecek şekilde donatılmışızdır. Gerçekten de araştırmalar, henüz on beş dakika önce dünyaya gelmiş bebeklerin, dilini çıkaran ebeveynlerden birini taklit edebildiğini (ve bunu aç olduğu için *yapmaz*) göstermiştir.

Çocuklarımız filmlerde gördükleri süper kahramanların ya da peri karakterlerinin rolüne bu yüzden bürünür – ve biz de çocuklarımızın televizyon, sinema, bilgisayar oyunları, internet siteleri ve uygulamalar aracılığıyla *neler* aldığı konusunda bu yüzden çok dikkatli olmalıyız. Onların beyinleri taklit edecek şekilde hazırlanmıştır.

Çocuklarımızın rol model davranış becerisi, dijital çağda ebeveynliği pek çok yönden etkiler ama özellikle de çocuklarımızın yanında teknoloji kullanımımız etkilidir. Bizim dijital alışkanlıklarımız (sık sık akıllı telefonumuzu kontrol etmemiz veya televizyon izleyerek saatler geçirmemiz) çocuklarımız tarafından *sürekli olarak* dikkatle izlenir ve taklit edilir.

TEKNOLOJİNİN ÇOCUKLARIN GELİŞİMİ ÜSTÜNDEKİ POTANSİYEL TEHLİKELERİ

Bir çocuğun hayatının ilk beş yılı beyin gelişimi için kesinlikle çok kritiktir (aşağıdaki Erken Beyin Gelişimi infografiğine bakınız). Kullanılan ve tekrarlanan nöral yolları güçlenir, kullanılmayanlar ise budanıp atılır.

Çocukların teknolojiyle erken yaşlarda tanıştığı ve onunla geçirdikleri zamanın gittikçe arttığı düşünülürse, bu dijital maruz kalışın temel beyin yapısını nasıl değiştirdiğini dikkatle düşünmemiz gerekir. Bir çocuğun erken yaşlardaki dijital deneyimlerinin onun tüm gelişimine, sağlığına ve refahına güçlü bir etki yapacağını göz önünde bulundurmak zorundayız.

Erken beyin gelişimi

- Bir çocuğun nöral yollarının (beyindeki bağlantılar) yüzde 80'i, çocuk üç yaşına geldiğinde oluşmuş olur.
- Her bir saniyede 700 nöral bağlantı kurulur.
- Nöral bağlantılar, bir çocuğun yaşadığı deneyimler ile yetiştirildiği çevre arasındaki karmaşık ilişki aracılığıyla oluşur.
- Bu beyin bağlantıları temel beyin yapısını kurar; bu da çocuğun öğrenme, davranış, sosyal ve sağlık akıbetini belirler.

ERKEN BEYİN GELİŞİMİ

Dijital bakımdan aşırı yüklenmiş çocukluğun çocuklarımız için gelişim riskleri taşıyabildiğine dair küçük bir şüphe vardır. Teknolojinin küçük çocuklar için illa zehirli ya da tabu olması şart değilse de onu çocukların gelişim ihtiyaçlarına uygun biçimde kullanmadığımızda –teknolojinin aşırı ya da uygunsuz kullanımının bir çocuğun gelişimini olumsuz etkileyebilmesi söz konusu olduğu için– potansiyel olarak tehlikeyle flört ediyoruz demektir.

Çocuklar, bizim hakkında pek bir şey bilmediğimiz çoğu dijital cihazı oburca benimser. Her tipte teknolojinin bir çocuğun gelişimini nasıl biçimlendirebileceğine dair kesin bilgiye henüz sahip değiliz (unutmayın, iPad daha 2010 yılında ortaya çıktı). Dijital cihazları kullanan küçük çocukların ve ebeveynlerinin uzun vadede fiziksel, zihinsel, duygusal ve sosyal bakımdan nasıl etkileneceğine dair pek çok soru hâlâ yanıtlanmış değildir. Bazı bakımlardan halen sürmekte olan bir deney yapmaktayız. Bu yüzden küçük çocuklara teknolojiyi tanıtırken temkinli ve iyi düşünülmüş bir yaklaşım benimsemeliyiz.

> Çocuklar, bizim hakkında pek bir şey bilmediğimiz çoğu dijital cihazı oburca benimser.

Çocuklar ile teknolojinin sundukları arasındaki ilişki üstüne çalışan bir uzman olan Warren Buckleitner şöyle diyor: "Teknoloji gübre gibi. Doğru zamanda azıcık kullanırsanız bitki serpilir. Çok fazla ya da yanlış türde kullanırsanız bitkiyi kurutursunuz."

Ama gerçekten *bildiklerimize* odaklanacak olursak, teknolojinin çocukluğu nasıl etkilediğine dair bilgiye dayalı kararlar vermemizi sağlayan kapsamlı bir platforma sahip olduğumuzu görürüz.

Öncelikle, çocukların teknolojinin bazı türlerini nasıl kullanıp bunlara nasıl tepki verdiğine ilişkin elimizde bol bol kanıt var; hele de televizyon ve bilgisayar oyunları gibi daha geleneksel tipte teknoloji söz konusu olduğunda. Daha interaktif ekranların –özellikle ekran zamanı ve medyanın içerik tasarımıyla ilgiliyse– olası etkisi üstüne hipotez oluşturmak için çoğunlukla bu araştırma temelinden yararlanıyoruz. Yine de daha interaktif, komplike ekranlar (tablet cihazlar ve interaktif oyun konsolları gibi) çocuklarda farklı düşünce ve tepki biçimleri ortaya çıkarır. Bu da daha geleneksel tipte teknolojiye dair yapılan araştırmaları, interaktif teknolojilerin baskın olduğu mevcut dijital ortama uyarlamanın her zaman uygun bir tutum olmadığı anlamına gelir.

Küçük çocukların teknoloji kullanımına ihtiyatlı yaklaşılması önerilir.

İkinci olarak, gelişim bilimi ile nöroloji alanlarında, çocuk gelişimi üstüne önemli bir araştırma külliyatına sahibiz. Elimizde çocukların temel, değişmez, gelişimsel ihtiyaçlarına dair istikrarlı ve kapsamlı bir resim var. Ben bunları bir çocuğun gelişimi için elzem yedi yapıtaşı olarak adlandırıyorum ve bunların her biri bu kitapta incelenecektir. Bir çocuğun teknolojik deneyimlerini onun gelişim ihtiyaçlarıyla eşleştirdiğimizde, ekran başında geçirdikleri zamanın onların sağlığına ya da gelişimine halel getirmediğinden emin olabiliriz.

Psikologlar, ebeveynler, çocuk gelişimi uzmanları, eğitimciler, tıbbi uzmanlar ve yardımcı sağlık uzmanları endişelerini belirtirken fikir birliği içindedir. Küçük çocukların (özellikle de iki yaş altındakilerin) teknoloji kullanımına ihtiyatlı yaklaşılması önerilir.

Ekranların çocukların gelişimi üstündeki etkisine dair daha kapsamlı bir manzara edinene dek küçük çocukların ekran alışkanlıkları konusunda dikkatli ve tedbirli olmalıyız. Amansız ve her yerde bulunan ekranların küçük çocuklarımızın yaşamlarında, fiziksel, sosyal-duygusal ve bilişsel gelişimleri üstündeki olumsuz etkiler dahil olmak üzere olası riskleri vardır. Teknoloji şunlara sebep olabilir:

- **Geleneksel gelişim gidişatının sekteye uğraması** – 2. Bölüm'de daha detaylı inceleneceği üzere, beyin sıfırdan öğrenecek bir yapıya sahiptir. Gelişim beynin duyusal ve motor bölgelerinde başlar (beynin primer bölgesi) ve zaman içinde yavaşça prefrontal kortekse (beynin, dürtü kontrolü ve işler bellek gibi üst seviye becerilerinin yer aldığı kısmı) ilerler. Uzmanlar teknolojinin beynin duyusal bölgesini, prefrontal korteks seslerin ve görüntülerin dijital hücumuyla başa çıkmaya hazır olmadan önce, potansiyel olarak aşırı uyarabileceğinden endişelenmektedir.

- **Temel gelişim deneyimlerinin yerini alması** – eğer teknoloji çocuklarımızla ve onların yanındayken gerektiği biçimde kullanılmazsa, ilişkileri, dille karşılaşmaları, uykuları, oynamaları ve fiziksel hareketlilikleri tümüyle zarar görebilir. (Unutmayın ki yetişkinler olarak bizlerin teknolojiyi nasıl kullandığı, çocuklarımızın onunla ne yaptıkları kadar önemli.)
- **Zararlı içeriğe maruz kalma** – çocuklar sık sık, zamansızlığımız ya da onların internette tam olarak ne yaptığını ve doğal riskleri anlayamamamız nedeniyle, yetişkinler tarafından yeterli derecede gözlenmeyen dijital oyun alanlarında oynar. Pornografiye, şiddet çekimlerine, korkutucu içeriğe ya da sağlıksız beden görüntülerine maruz kalmak çocuklarımızın gelişimini olumsuz biçimde etkileyebilir.
- **Sağlık riskleri** – teknolojinin çocuklar için tehdit oluşturabilecek pek çok fiziksel ve gelişimsel riskleri vardır. Her ne kadar elimizde henüz kati bilimsel kanıt olmasa da aşırı ve uygunsuz ekran kullanımı çocukların kilosunu, uykusunu, görmesini, işitmesini ve duruşunu etkileyebilecek olası riskler barındırır (kitap boyunca bunların hepsinin üstünde durulacaktır). Ayrıca, küçük çocukların sürekli kablosuz ağlara maruz kalmasıyla ilişkilendirilen potansiyel sağlık sorunlarına dair artan endişeler bulunmaktadır (bu konu 11. Bölüm'de daha detaylı incelenmiştir).

Söz konusu çocuklar olduğunda teknolojinin dikkatle seçilip idare edildiğinden emin olmalıyız. Teknolojileri küçük çocukların öğrenme ve gelişimiyle orantılı biçimde erişilebilir kılarken, kendimizi de sağlam rol modeller olarak ortaya koymamız gerekir.

TEKNOLOJİNİN ÇOCUKLARIN ÖĞRENME VE GELİŞİMİNE YAPABİLECEĞİ OLUMLU ETKİ

Küçük çocukların teknolojiyi kullanmasının pek çok faydası olduğunu kabul etmek önemlidir. Teknoloji, çocukların öğrenmesinde yeni imkânlar sağlar. National Association for the Education of Young Children (Ulusal Çocuk Eğitimi Derneği) ile ABD'deki Saint Vincent College'da bulunan The Fred Rogers Center for Early Learning and Children's Media'nın (Fred Rogers Erken Öğrenim ve Çocuk Medyası Merkezi) ortak yayımladıkları bir rapor, bilinçli ve gelişime uygun biçimlerde kullanıldığında çocukların teknolojiden fayda sağladığını gösteren pek çok araştırma olduğunu ortaya koyar.

Teknoloji küçük çocukların eğitimini şu yollarla destekleyebilir:

1. **Görsel tercih ihtiyacına cevap verir** – bir resmin binlerce kelimeye bedel olduğu söylenir. Bu özellikle de ağırlıklı olarak görerek öğrenen bugünün öğrencileri için geçerlidir. Son derece görsel bir dünyada, televizyonlardan, bilgisayarlardan, mobil cihazlardan, reklam panolarından ve geleneksel medyadan görüntülerle çevrelenmiş olarak büyüyorlar.

   İnsanlar olarak beynimizdeki görsel korteks işitme korteksinden beş kat daha büyüktür: Kelimenin tam anlamıyla, görsel imajlara doğru çekilecek şekilde donanımlıyız. Teknoloji, çocuklarımızın görüntülemesine ve kendi görsel imajlarını yaratmasına imkân tanıyarak bu görsel tercih ihtiyacına cevap veren eşsiz fırsatlar sunar.

   Ayrıca bugünün çocukları estetik bakımından keskin bir göze sahip ve neyin iyi göründüğünü biliyorlar, dolayısıyla görsel açıdan hoş işler yaratmaya hevesliler. Teknoloji onların bunu kolayca yapabilmesini de sağlıyor (örneğin, okulöncesi dönemdekiler Book Creator ve Toontastic gibi uygulamalar kullanarak animasyon karakterleriyle dijital hikâyeler oluşturabiliyor).
2. **Yeni gelişen becerileri dengeler** – teknoloji küçük çocukların yeni gelişen becerilerini dengeleme ve destekleme konusunda harika bir araç olabilir. Ayrıca ilave öğrenme ihtiyaçları olan çocuklara faydası dokunabilir. Örneğin, çocukların kendi sesleriyle anlatabildikleri dijital bir hikâye yaratmalarına imkân tanıyabilir (yukarıda bahsedilen iki uygulamayı kullanarak).

   Bu, küçük öğrencilerin ya da ilave eğitim ihtiyaçları olan çocukların, eğilimleri yönünde üretebilme yeterliliklerini güçlendiren bir şeydir. Çocuklardan kalem ve kâğıt gibi geleneksel eğitim materyalleri kullanmaları istendiğinde böyle bir şey çoğu zaman söz konusu olamaz.

3. **Seçim yapmaya imkân tanır** – ister izlenecek YouTube klibini seçmek, ister bir bilgisayar oyunu içinde seçimde bulunmak, isterse de bir uygulamada doğru yanıtı seçmek olsun, çocuklar tercihte bulunmaya bayılır. Teknoloji çocuklar için çok çeşitli seçenekler sunar. Bu seçme özgürlüğü çocuklar için cazip faktörlerden biridir; özellikle de çoğunun ağırlıklı olarak onların adına seçimlerin yapıldığı, güdümlü ve planlı programlı hayatlar yaşadığı düşünülecek olursa.
4. **Düzenleme yapmak kolaydır** – teknoloji çocukların dijital işler yaratıp bunları düzenlemesini çok kolaylaştırır. Sil tuşuna basıp yeniden bir şey yazmak o şeyi silgiyle silip yeniden yazmaktan daha kolaydır. Çocukların dijital işleri yeniden gözden geçirip düzeltmesi geleneksel biçimdeki işlere nazaran daha olasıdır. Hatalar, eksiklikler olduğu ya da ürettikleri işi yeterince memnun edici bulmadıkları için ses kayıtlarını ya da videolarını düzenleyen pek çok çocuk gördüm. Çocukların kalem ve kâğıt gibi daha geleneksel araçlarla aynı sebatla çalıştıklarını ya da işlerini gözden geçirdiklerini çok nadiren görürüz.
5. **Ânında geribildirim ve memnuniyet sağlar** – bugünün çocukları hemen memnun olmaya can atıyor. Doğru ya da yanlış yaptıklarını bir an önce bilmek istiyorlar. Bilgiye hızlı erişim istiyorlar. Harçlıklarını biriktirip plak, kaset ya da CD aldıkları değil de müziği internetten indirip dinledikleri bir dünyada büyüdüler.

   Çocuklar ânında geribildirim sağlayan teknolojiyi kullandıklarında, bu onların kavrayışlarını teyit (ya da ret) etmelerine imkân tanıyor. Ayrıca tekrar tekrar hata yapmalarını da önlüyor. Örneğin, bir çocuk bir uygulamayla oynadığında ve anlık geribildirim ona 6x9'un 56 etmediğini söylediğinde hemen hatasını düzeltebiliyor.

   Bu tür bir anlık geribildirim öğrenci için bilişsel çatışma sağlıyor ve bu da çocukların, özellikle öğrenilmesi gereken olgusal içerikler (matematik kuralları, fonetik ve imla) varsa, kavramları daha hızlı ve doğru biçimde öğrenmesi anlamına geliyor.

6. **İnteraktif öğrenmeye olanak sağlar** – küçük çocuklar uygulamalar, internet siteleri ve bilgisayar oyunları gibi interaktif, eğitici araçlardan öğrenebilirler. Çocuklar bir ekrandaki içerikle etkileştiğinde fikirlerini sınama, tahmin yapma ve nesneleri, veriyi ya da bir ekranı istekleri doğrultusunda yönlendirerek varsayımlarını teyit ya da ret etme fırsatı yakalar.

   Bu dinamik etkileşim öğrenmeyi destekler. Örneğin, çocuklar Motion Math Hungry Guppy uygulamasında bir balığı sayı baloncuklarıyla besleyerek temel sayı kurallarını öğrenebilir. Eğer çocuk onu, toplamı balığın sırtındaki rakam edecek doğru sayılarla beslerse, balık baloncuğu yutar ve daha da büyür. Eğer çocuk balığı yanlış sayılarla beslerse, o zaman balık cevabı reddeder ve kabarcıkları geri tükürür.

   Bu örnekte, çocuklar fikirleri istedikleri şekilde yönlendiriyor, kendi düşünüşlerini dinamik olarak test ediyor ve ânında geribildirim alıyorlar. Bu son derece interaktif bir deneyim ve bir not defterindeki ya da okul kitabındaki matematik algoritmalarını cevaplamaktan çok farklı.
7. **İçerik yaratma imkânları sağlar** – teknoloji küçük çocukların dijital içerik yaratmaları (ve daha önce televizyon ve DVD'lerle yapıldığı gibi sadece tüketmemeleri) için çok güçlü araçlar verir. Bugünün dijital çocukları, dijital işleri internet ortamında yaratıyor, yüklüyor ve paylaşıyor.

   Araştırmacı ve öğretmen olarak araştırmamda, okulöncesi dönemdeki çocukların video kaydettiğini, bunları düzenleyip paylaştığını gördüm. Anaokulu öğrencilerinin, animasyonları, arka plan müziği ve anlatımıyla kendi dijital kitaplarını yarattığını gördüm. İlkokul çocuklarının Aurasma ve FETCH! Lunch Rush gibi uygulamalar kullanarak kendi animasyonlarını ve artırılmış gerçeklik yapımlarını planladığını, yarattığını ve düzenlediğini gördüm. Üstelik tüm bunları yaygın teknoloji araçlarını kullanarak yapıyorlar: tabletler, dizüstü bilgisiyarlar ve dijital kameralar.
8. **Bilgiye ânında erişim sağlar** – çocuklar bilgiyi çabucak arayıp saniyeler içinde onu avuçlarının içi gibi öğrenebilir. Bu, çocukların bilgiye ânında erişimine ve bilgiyi kitaplarda ya da diğer

geleneksel kaynaklarda arayıp bulma zorunlulukları yüzünden gecikme ya da engellenme yaşamaktansa öğrenmelerini kritik anlara yaymalarına imkân tanır.

9. **Farklılaşmayı sağlar** – çocukların eğitim teknolojisi söz konusu olduğunda, eğitimciler ve ebeveynler geniş bir seçenek yelpazesiyle şımartılmıştır. Çocukların hassas öğrenme ihtiyaçlarına ve tercihlerine uygun uygulamalar, internet siteleri, oyunlar, videolar ve animasyonlar bulabiliriz. İlave öğrenme ihtiyacı olan çocuklar konseptleri yeniden gözden geçirebilir ve öğrenmelerini (genellikle eğlenceli ve katılımcı biçimde) pekiştirebilirler.

Ders kitaplarına ve not defterlerine tabi olduğumuz, eğitimin daha geleneksel biçimlerinden farklı olarak, öğrenmeyi destekleyen dijital kaynaklara artık hızlı ve ekonomik biçimde ulaşabilmekteyiz.

OYUN OYNAMANIN VE İLETİŞİM KURMANIN YENİ BİÇİMLERİ

Çocuklar artık siber dünyalarda oyun oynuyor ve dijital teknolojiler çocukların oyun deneyimlerini zenginleştirecek heyecan verici fırsatlar sunuyor. Tekno-oyuncaklar ve dijital oyun deneyimleri geleneksel oyuncakların yerini alamasa da yeni oyun oynama biçimlerine imkân tanıyor. Küçük çocukların oyun deneyimleri –interaktif televizyondan uygulamalara ve oyun konsollarına dek– onlar yeni dünyalara girip müzik, kitap, video ve animasyonlar ürettikçe genişleyebilir (daha geniş bilgi için 6. Bölüm'e bakınız).

Teknoloji çocukların iletişim imkânlarını da genişletebilir. Görüntülü sohbet imkânları, çocukların uzaktaki aile üyeleriyle anlamlı sohbetler edebilmesini sağlar, bu da ilişkilerini güçlendirip dil becerilerini geliştirir. Ebeveynler çocuklarının fotoğraf ve videolarını görebilir, bunları başka aile üyelerine gönderip daha rahat ilişkiler kurulmasını sağlayabilir; bununla birlikte küçük çocukların kendilerinin ve aile üyelerinin fotoğraflarıyla videolarına bakıp bunları paylaşmaları, onları yeniden değerlendirmelerine ve önemli aile etkinliklerini konuşmalarına imkân tanır. Ayrıca çevrimiçi oyunlar oynayarak birbirleriyle gerçek zamanlı ilişki kurabilirler.

KISACASI: TETİKTE OLUN AMA PANİĞE KAPILMAYIN

Çocuklarımızın yaşamındaki teknoloji istilasından korkabilir ya da bunu göz ardı edebiliriz – veya dijital bir dünyada nasıl yaşayacakları ve gelişecekleri konusunda onların sağlıklı ve faydalı alışkanlıklar edinmesinde yol gösterici olabiliriz. Çocukların, onların teknoloji mentörleri olmamıza ihtiyacı var. Teknoloji bir amaç doğrultusunda ve gelişim açısından uygun biçimlerde kullanıldığında küçük çocukların gelişimini destekleyip katkı sağlayabilir.

Teknolojinin uygun biçimde nasıl kullanılacağını belirleyip çocuklarımıza bu konuda yol göstermek için teknoloji efsaneleriyle değil, kanıta dayalı bilgi ve gerçeklerle donanmış olmalıyız. Teknolojinin çocuklara sunduğu olumlu potansiyele yoğunlaşmalı, aynı zamanda gelişimlerine yapabileceği herhangi bir olası yan etkiyi hafifletebilmeliyiz.

Ayrıca çocukların ekran başında geçirdiği zamanın çocukluk çağının diğer önemli yönlerinin yerini almaması konusunda da dikkatli olmalıyız. Uzun vadede sağlıklarına ve gelişim süreçlerine zarar vermeyecek, sürdürülebilir ve sağlıklı teknoloji alışkanlıkları geliştirdiklerinden emin olmak için (televizyonu yasaklamaktan ya da oyun konsolunun fişini çekmekten başka) yapabileceğimiz basit şeyler var.

Kulağa nispeten kolay geliyor ama teknolojiyle dopdolu bir dünyada çocuk yetiştiren ebeveynler olarak yapabileceğimiz en önemli şey, onlara dengeli deneyimler sağlamaktır. Çocukların ağaçlara tırmanmaya, kumdan kaleler yapmaya, arkadaşlarıyla etrafta koşturmaya, bisiklete binmeye ve çocukluğun getirdiği pek çok harika şeyi yaşamaya ihtiyacı vardır. Teknolojinin bu deneyimlerle çakışmaması ya da onların önüne geçmemesi gerekir. Bunun yerine, çocukluğun bu daha geleneksel yönlerini tamamlayan ve zenginleştiren biçimlerde, teknolojiyi çocukluk çağına işlemenin yollarını bulmak zorundayız.

> Sağlıklı ve sürdürülebilir teknoloji alışkanlıklarını nasıl oluşturabileceklerini çocuklarımıza öğretmemiz çok önemlidir.

Sağlıklı ve sürdürülebilir teknoloji alışkanlıklarını nasıl oluşturabileceklerini çocuklarımıza öğretmemiz çok önemlidir. Bunu etkin bir şekilde yapabilmek için kendimizin sağlıklı medya alışkanlıkları konusunda model oluşturmamız –söylemek yapmaktan kolay, biliyorum– ve çocuklarımıza cihazlardan nasıl kopacaklarını öğretmemiz gerekir. Onların teknolojiyi bir amaç doğrultusunda ve uygun biçimde kullanmasını, yani teknolojinin gelişimlerine *köstek* değil *destek* olmasını istiyoruz.

Sonraki bölüm, bir çocuğun gelişimindeki yedi temel yapıtaşına genel bir bakış sunacak ve teknolojinin, nasıl kullanıldığına bağlı olarak, bu yapıtaşlarından her birini nasıl köstekleyebildiğini ve/veya destekleyebildiğini gösterecek.

BİR BAKIŞTA

Dijital çağda çocuk yetiştirmek ve eğitmek söz konusu olduğunda modern ebeveynler ve eğitimciler pek çok engel ve efsaneyle karşılaşmaktadır:

- Teknolojiye dair bunaltıcı bolluktaki bilgiyle ve teknolojik değişimin hızıyla şaşkına dönüyoruz.
- Yanıltıcı medya manşetleri ve çatışan tavsiyeler bizi korkutup kafamızı karıştırıyor ve bu da teknoloji efsanelerinin sürmesiyle sonuçlanıyor.
- Dijital çocuklar yetiştirme konusunda herhangi bir referans sistemine sahip değiliz. Başvurabileceğimiz ya da ebeveynlik kararlarımızda bize yol gösterecek hiçbir rol model yok, çünkü bizler dijital bir ortamda yetişmedik. Analog çocukluklar deneyimlemiş bizler için bugünkü çocukluk o kadar yabancı geliyor ki ebeveynlik kararları almakta zorlanabiliyoruz.
- Küçük çocukların aşırı ya da uygunsuz teknoloji kullanımıyla ilgili potansiyel gelişim tehlikeleri söz konusu olmakla birlikte, ihtiyaçlarına uygun biçimde kullanıldığında teknoloji çocukların öğrenme ve gelişiminde olumlu etki yapabilmektedir.

2

Çocukların Gelişimindeki Yedi Temel Yapıtaşı

Günümüzün dijital çağında büyümekte olan çocukların –sadece hayatta kalmak değil– iyi gelişmek için neye ihtiyacı var? Olumlu anlamda şaşırabilirsiniz...

Bu bölüm beyin gelişiminin nasıl gerçekleştiği konusunda kısa bir tanıtım sunacak (ebeveynler için nörolojiye giriş dersi gibi düşünün). Ardından bir çocuğun sağlıklı gelişimi için yedi temel yapıtaşını inceleyip teknolojinin çocuklarımızın gelişimini nasıl sekteye uğratabileceği ya da gelişimlerini desteklemek için nasıl kullanılabileceği konuları üstünde durulacak. Sonraki bölümler temel olarak bu fikirlerin daha detaylı biçimde irdelenmesini içeriyor.

ERKEN YAŞLAR NEDEN SON DERECE ÖNEMLİDİR?

Nöroloji ile gelişim bilimindeki ilerlemeler sayesinde, küçük çocukların dijital bir çağda büyürken gerçekte neye ihtiyaçları olduğu konusunda daha kapsamlı bir fikir edinmekteyiz.

Örneğin, ilk yılların bir çocuğun gelişimi –özellikle de beyin gelişimi– için son derece kritik önemde olduğunu biliyoruz. Ayrıca bir çocuğun beyninin ilk beş yılda herhangi bir zamandan daha fazla ve daha hızlı büyüdüğünü biliyoruz. Çocuk gelişimi araştırmacıları Fox, Levitt ve Nelson, beyin gelişiminin yüzde 80'inin hayatın ilk üç yılında gerçekleştiğini, beş yaşa gelindiğinde bu oranın yüzde 90'a ulaştığını söylüyor.

Bu rakamlar, ilk yılları doğru biçimde geçirmemiz gerektiğine dair güçlü bir anımsatıcı. Çocuğumuzun karşılaştığı ilk deneyimler –gördüğü, işittiği, dokunduğu, kokladığı ya da tattığı şeyler– onun beynini uyarır. Bu uyarım hayat boyu öğrenmenin, sağlığın ve davranışların temellerini oluşturan milyonlarca nöral bağlantı yaratır.

Çocukların ve ebeveynlerin bu ilk yıllarda ekran başında geçirdikleri süre, onların beyin yapılarını ve gelişimlerinin akıbetini biçimlendirmede büyük önem taşır. Aşırı dijital yüklenme ya da kötü dijital alışkanlıklar onların sosyal, duygusal, zihinsel ve fiziksel gelişimine zarar verebilir. Aynı şekilde, uygun biçimde kullanıldığında teknoloji çocukların gelişimini destekleyebilir.

NÖROLOJİYE GİRİŞ: ÇOCUKLARIN BEYNİ NASIL GELİŞİR?

Tipik beyin gelişimi, bir çocuğun genleri ile karşılaştığı deneyimler arasındaki karşılıklı etkileşimle belirlenir. Normal beyin gelişimi beynin duyusal ve motor bölgelerinde (arka beyin) başlar. Burası beynin ana kısmı kabul edilir, çünkü insan evriminden sorumludur ve hayatta kalmamızı sağlamıştır. Ayrıca bebeklerin yönelme tepkisi de burada oluşur. Bu da gürültülü bir ses duyduklarında neden irkildiklerini veya televizyon izlemek için neden başlarını çevirdiklerini açıklar – bulundukları ortamda bir değişiklik olduğunda dikkatleri onları uyarır ve duyuları hassaslaşır.

> Tipik beyin gelişimi, bir çocuğun genleri ile karşılaştığı deneyimler arasındaki karşılıklı etkileşimle belirlenir.

Erken Yaşlar Önemlidir

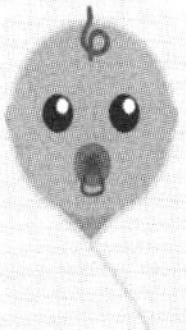

Bebekler yaklaşık

100

milyar nöronla
(beyin hücresiyle) doğar.

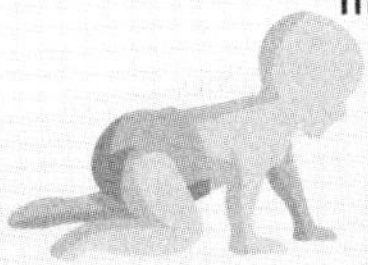

İlk üç yılda, her saniyede

700

yeni sinapsis
(beyin bağlantısı) oluşur.

GÜÇLENDİRME

Defalarca kullanılan sinapsisler daha güçlü ve kalıcı olma eğilimindedir.

BUDAMA

Aktifleştirilmeyen sinapsisler kullanılmadıkları için yok olma eğilimindedir.

Beyin yapısının yüzde 90'ı çocuk beş yaşına girmeden önce oluşur.

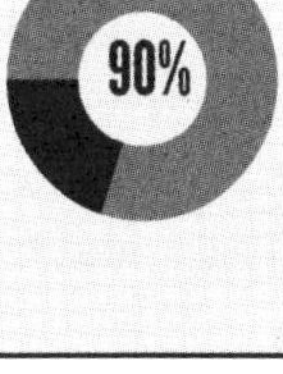

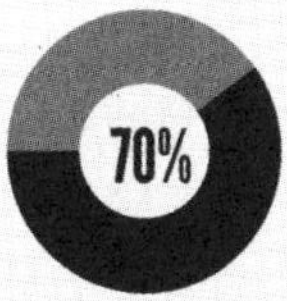

Beyin gelişiminin yüzde 70'i YETİŞME (çocuğun karşılaştığı deneyimler) ve yüzde 30'u DOĞA'dır (gen haritası).

Sonraki üç dört yılda, doğru deneyimlerle, tipik beyin gelişimi ilkel bölgeden alnın arkasındaki prefrontal kortekse kayar. Dürtü kontrolü, işler bellek ve zihinsel esneklik gibi üst seviye düşünme becerileri burada gelişir. Prefrontal korteks bazen CEO ya da hava trafiği kontrol sistemi olarak anılır, çünkü ifa-işlevi becerileri buradan gelir. Beynin bu kısmı kadınlarda yirmili yaşların başlarına, erkeklerde yirmili yaşların sonlarına dek tümüyle gelişmez.

Beynin bu tedrici gelişimi, ekranlarla erken tanışmanın çocuğun gelişimine olası etkileri konusunda bazı sağlık uzmanlarının ve eğitimcilerin endişe duymasının sebeplerinden biridir. Özellikle de gürültülü, yoğun dijital dünyamızın çocuklarımızın dikkatini olumsuz yönde etkileyeceği ve prefrontal korteks yeterince gelişemeden beynin duyusal bölgesini aşırı uyarabileceği konusunda endişeler vardır. Küçük çocuklar, beyinleri bu türden veri girişini işlemeye hazır hale gelmeden önce, aşırı bir duyusal yüklenme yaşamaktadır.

Teknolojinin *bizim* dikkatimiz üstündeki yoğun çekiminden ve bağımlılık yaratabilecek potansiyelinden haberdarız. Bir ekran istemsiz olarak dikkatimizi çektiğinde beynin duyusal (primal) bölgesini harekete geçirir ve bu bölgedeki nöral yolları güçlendirir. Bunun aksine, dikkatimizi bir şeye *isteyerek* yönlendirdiğimizde (bu etrafımızdaki başka bir insan ya da nesne olabilir) prefrontal korteksteki tamamen farklı bir nöral yol grubunu güçlendirmiş oluruz (örneğin, dürtü kontrolü ve işler bellek).

Prefrontal korteksin bebeklerde ve küçük çocuklarda tamamen gelişmediği düşünüldüğünde, onların dikkatlerini yöneltmeleri için gereken dürtü kontrolüne henüz sahip olmadıkları görülür. Bunun yerine, başlıca yönelme tepkileri dikkatlerine hâkim olup onları yönlendirebilir. Bu yüzden eğer küçük çocukları dikkatlerini sürekli çekip kendinde tutmaya uğraşan bir dijital dünyaya sokuyorsak, beyinlerindeki sinir ağlarının durumunu *potansiyel olarak* değiştiriyoruz demektir. Bu onların prefrontal korteks gelişimini tehlikeye *atabilir.* Özellikle de duyularını sürekli olarak aşırı yükleyen dijital dünyalara saplanıp kalırlarsa, çocukların dikkat sürelerinin zarar göreceğine dair endişeler vardır. (Bu konu 9. Bölüm'de daha detaylı incelenmektedir.)

Ayrıca, çocuklarımız hareket etme fırsatlarını değerlendirmektense sürekli ekran başında zaman geçirmeye başlarsa, temel hareket becerilerinin öğrenildiği beynin motor bölgesinin gelişimi de zarar görebilir. Beyin gelişimi için hareket elzemdir ama çocuklar ekranlara tıklayıp onları kaydırarak çok fazla zaman harcarlarsa bu temel fiziksel becerileri geliştirecek yeterli zamana sahip olamazlar. Özellikle iki yaş altı küçük çocuklar için bu endişe verici bir durumdur, çünkü sonraki gelişim ve öğrenmenin olmazsa olmaz öncülleri olan temel hareket becerilerini öğrenmek için ilk yıllar çok önemli zamanlardır. (Bu konu 7. Bölüm'de daha detaylı ele alınmaktadır.)

> Bir çocuğun potansiyelini belirlemede genlerin sadece *küçük* bir rolü vardır.

DOĞA MI, YETİŞME Mİ?

Çocuklarımızın bazı özellikleri ve davranışları konusunda sık sık eşlerimizin gen havuzunu sorumlu tutarız. "Babası gibi onun da matematiği çok iyi" veya "İnatçılığını benden almış" deriz.

Popüler inanışın aksine, bir çocuğun potansiyelini belirlemede genlerin sadece *küçük* bir rolü vardır. Genleri gelişimleri için bir şablon sağlar ama dönüm noktalarına *ne zaman* ve *nasıl* erişeceklerine deneyimleri karar verir. Aslında bir çocuğun öğrenme ve gelişim kapasitesini belirlemek için genleri ile çevre *birlikte* çalışır.

The National Scientific Council on the Developing Child'ın (Gelişen Çocuk Ulusal Bilim Konseyi) yaptığı araştırma, bir çocuğun deneyimlerinin, genlerinin aktif ya da pasif olup olmayacağını veya hiç etkinleştirilip etkinleştirilmeyeceğini belirlediğini öne sürmektedir. Bir çocuğun gelişiminin yüzde 70'inin yaşadığı deneyimlere, yaklaşık yüzde 30'ununsa genlerine bağlı olduğu tahmin edilmektedir. Dolayısıyla, erken yaşlarda karşılaştıkları deneyimler ve bunları yaşadıkları ortam beyin yapılarının oluşumunu önemli ölçüde biçimlendirebilir – ve gelişimlerini güçlü biçimde etkileyebilir.

Örneğin, küçük bir çocuğun stresli bir duruma verdiği tepki onun mizacına bağlıdır; bu da ağırlıklı olarak, karşılaştığı rol modellerin (genellikle aile üyelerinden ya da bakımlarını üstlenen kişilerden birileri) yanı sıra genleriyle ve çevrelerindeki diğer insanlarla kurduğu ilişkilerle belirlenir.

DİJİTAL ÇOCUKLUKLAR

Tipik beyin gelişimine dair bildiklerimizi düşününce, çocuklarımızı yetiştirdiğimiz dijital çevreyi yakından ve eleştirel bir gözle incelememiz çok önemlidir. Bipleyen, vızıldayan ve gümbürdeyen bir dijital dünya çocuklarımızın gelişimi üstünde güçlü bir etki oluşturacaktır. Daha önce bahsedildiği üzere, çocuklarımızın yanındayken teknolojiyle etkileşim biçimlerimiz de onlara örnek olacaktır.

Ebeveynler sürekli cihazlarına bağlı olduğunda çocuklarının en iyi gelişim için ihtiyaç duyduğu türden bir etkileşim sunamaz. Çocukların, ilişkilerini ve dil becerilerini geliştiren türden bir ileri-geri etkileşime ihtiyacı vardır (3. ve 4. bölümlerde inceleneceği gibi). Ayrıca gelişmek için göz temasına ve alıp-veren türden etkileşimlere ihtiyaç duyarlar. Bir ebeveyn *sürekli* bir ekrana bakıyorsa böyle bir şey gerçekleşemez. Ebeveynlik görevlerimizi yerine getirirken onların yanında olduğumuzu tam olarak hissettirmemiz gerekir.

Çocuklarımızın yanında *asla* telefon kullanmayalım demiyorum, kastettiğim kesinlikle bu değil. (Ben de ara sıra çocuklarımın yanında telefonumu kullanıyorum.) Ama çocuklarımızın yanındayken model oluşturduğumuz sağlıklı teknoloji alışkanlıkları konusunda dikkatli olmalıyız. Teknolojiye harcadığımız çok fazla zaman, çocuklarımızla kurduğumuz ilişki biçimine potansiyel olarak zarar verebilir ve yıpratabilir. Dikkatimizi çocuklarımıza vermekte başarısızlık göstermemiz, onlara teknolojinin –ve kendilerinin– rolü konusunda güçlü mesajlar verebilir.

ÖRNEK OLAY

Steve'in akıllı telefonuyla ilgili *sürekli* bir takıntısı vardı. Kahvaltı masasında e-postalarını okuyordu (ayrıca, uyanır uyanmaz da onları kontrol ediyordu). Dört yaşındaki kızı Ellisa'yı parka götürüyor, onu salıncakta sallarken aynı zamanda sosyal medya hesaplarına bakıyordu. Bir e-posta uyarısı işitirse, Ellisa'yla yaptığı sohbeti orta yerinde kesebiliyordu. Ellisa onun dikkati için yalvarıyordu, Steve ise telefonunda "sadece bir şey daha" yaptıktan *sonra* ona karşılık veriyordu. Ellisa o sıralar sadece dört yaşında olsa da Steve'in yaptıklarının gayet farkındaydı ve çoğu zaman babasının telefon takıntısı onu çok üzüyordu.

Ellisa babasından bir öpücük *alamadan* anaokuluna bırakıldığı bir gün gözyaşlarına boğuldu. Babası onu öpememişti, çünkü "önemli bir iş görüşmesi" yapıyordu. Ellisa çok dokunaklı bir şekilde öğretmenine şöyle dedi: "Babamın akıllı telefonu yok. O bir aptal-telefon. Babam benim sıkıcı olduğumu düşünüyor, çünkü tek istediği telefonuyla konuşup onda bir şeyler okumak."

TEKNOLOJİK İPUCU

Telefonsuz zamanlar yaratın. Gün içinde telefonların kullanılabileceği kesin zamanlar belirleyin. Bu çoğu zaman telefonlarımızı kullanamayacağımız zamanları belirlemekten daha kolaydır. Belki sosyal medyayı sabah, öğlen ve gece, e-postaları da günde iki kez kontrol edebilirsiniz. Sınırları belirlersek bunlara bağlı kalma ihtimalimiz hiç belirlememiş olmaktan daha fazladır.

PEKİ GELİŞME ÇAĞINDAKİ ÇOCUKLARIN TAM OLARAK NEYE İHTİYACI VAR?

Dijital bir dünyada yaşamamıza rağmen çocuklarımızın temel gelişim ihtiyaçları değişmedi. En iyi çocuk gelişimi hâlâ çok basit şeyler gerektiriyor. Çocukların nesnelerle, oyuncaklarla ve başka çocuklarla oynama imkânlarına ihtiyacı var. Hareket etme, etkileşimde bulunma, inceleme, ilişkiler kurma, uyuma ve besleyici gıdalar yeme imkânlarına ihtiyaçları var. Bu, büyükanne ve büyükbabalarımızın uyguladığı temel, özü gereği iyi ebeveynlik biçimini tanımlamak için kullandığımız "atadan kalma ebeveynlik"tir.

Bu yüzden çocuk gelişimi her zaman olduğu şeklini büyük oranda korumakla birlikte, artık başa çıkmamız gereken bir de dijital cihazlar var. Öğrenmek ve gelişmek için çocukların illa ki bilgi kartlarına, DVD'lere, uygulamalara, erken öğrenme derslerine, dijital oyuncaklara ihtiyacı yok. Dijital teknolojiler dikkatle seçilip doğru kullanıldığında dijital teknolojiler küçük çocukların öğrenme ve gelişimine yardımcı olabilir ama olmazsa olmaz değillerdir.

Ama teknoloji gerçekten de bir çocuğun gelişimini sekteye uğratma potansiyele sahiptir; özellikle gelişim için elzem olan daha geleneksel çocukluk deneyimlerinin yerini alırsa. Bu "yerine geçme etkisi"nin teknolojiyi kullanan ve ona kendini kaptıran küçük çocuklara ilişkin başlıca endişelerden biri olduğuna şüphe yoktur. Çocuklar ekranları kullandığında bir gölge maliyet söz konusudur.

> Teknoloji çocukların öğrenme ve gelişimini destekleme bakımından değerli bir yardımcıdır.

İyi haber şu ki, teknoloji bu asli deneyimleri *destekleyecek* biçimlerde kullanılabilir. Teknoloji çocukların öğrenme ve gelişimini destekleme bakımından değerli bir yardımcıdır. Eşsiz ve heyecan verici fırsatlar sağlayarak bir çocuğun gelişimini zenginleştirip genişletebilir.

Bunun çocukları bir sera ortamına sokup da öğrenme ve gelişimlerini *hızlandırmaya* çalışma meselesi olmadığını kaydetmek önemlidir. Mesele, bu teknoloji çağında her bir çocuğun öğrenme ve gelişimini *köstekleyecek* değil *destekleyecek* deneyimlere ulaşabilmesini garantiye almaktır.

Bu deneyimlerin çocuk gelişiminin yaklaşık yüzde 70'inden sorumlu olduğunu düşünürsek, onlara *doğru* türden deneyimler sunmamızın çok önemli olduğu görülür. Bu temel deneyimleri "yapıtaşı" olarak adlandırıyorum. Çocukların gelişmek için gereksindiği bu basit, değişmeyen gelişim ihtiyaçları aşağıda anahatlarıyla verilmiştir.

Yapıtaşı #1: Bağlar ve İlişkiler

Sağlıklı bir gelişimin gerçekleşmesi için bebeklerin ve küçük çocukların onlara bakan kişilerle güçlü bağlar oluşturması gerekir. Sıcak, öngörülebilir ve sevgi dolu ilişkiler çocukların güvende hissetmesini sağlar – kendilerini güvende hissettiklerinde öğrenebilirler.

Zihinsel yeterlilikleri ne olursa olsun, çocuklar kendilerini güvenli ve emin hissetmediklerinde ya da kronik stres yaşadıklarında öğrenemez ve gelişemezler, çünkü bilişsel kaynakları öğrenmeye değil temel ihtiyaçlarının karşılanmasına adanır. Stres ayrıca, beynin öğrenmeye ve belleğin pekiştirilmesine yardım eden kısmı olan amigdaladaki sinirleri etkileyen kortizol hormonunun salınmasına sebep olur.

Teknoloji, nasıl kullanıldığına bağlı olarak, çocukların ebeveynleriyle ve onlara bakan kişilerle ilişkilerine, ayrıca sosyal becerilerine *yardımcı* olduğu kadar *engel* de olabilir. (Bu konuyu 3. Bölüm'de daha detaylı inceleyeceğiz.)

Yapıtaşı #2: Dil

Bebeklerin ve küçük çocukların dili işitip kullanabilmek için bol bol fırsata ihtiyacı vardır. 2012'de yapılmış ve *Journal of Vision*'da yayımlanmış bir araştırma, bebeklerin yetişkinlerle karşılıklı etkileşime dayalı (yani yetişkinlerle bol bol konuşmanın ve doğrudan göz temasının söz konusu olduğu) iletişimlerinin, nesnelere baktıklarında aktif hale geçmeyen beynin belli kısımlarını gerçekten canlandırdığını gözlemlemiştir.

Dil kelimenin tam anlamıyla beyne nüfuz edip onu inşa eder. Ebeveynler ve eğitimciler çocukların dil becerilerinin gelişiminde önemli rol oynar. Maalesef teknoloji bu yapıtaşını *köstekleyebilir.* Örneğin, arka planda televizyonun açık olmasının çocukların dil gelişiminde ters etki yaratabildiğini biliyoruz. Ayrıca bebek DVD'lerinin, pazarlama iddialarının aksine, küçük çocukların dil becerilerini olumsuz etkileyebildiğinden haberdarız.

Bununla birlikte, teknoloji eğer *sağlıklı* ve *faydalı* biçimlerde kullanılacak olursa dil gelişimini teşvik edebilir. Örneğin, birlikteizlemek çocukların dil becerilerinin oluşmasına fayda sağlayabilir. (Bu konu 4. Bölüm'de incelenecektir.)

Yapıtaşı #3: Uyku

Uyku çocukların duygusal, fiziksel ve zihinsel gelişimi için hayati öneme sahiptir. Uyku sırasında bellek pekiştirilmesi meydana gelir ve bu da bilişsel gelişimin en iyi şekilde gerçekleşebilmesi için elzemdir. Yetersiz ve kötü kalite uyku, bozuk davranış ve eksik konsantrasyon anlamına gelebilir ve çocukların dürtü kontrolü ile bağışıklığını etkileyebilir.

Uyku saatinden önce ve çocukların yatak odalarında dijital cihazların kullanımı, çocukların uyku alışkanlıklarını olumsuz yönde ve ciddi biçimde etkileyebilir. (Teknolojinin çocukların uykusuna etkisini en aza indirmek için pratik ipuçları 5. Bölüm'de verilmiştir.)

Yapıtaşı #4: Oyun

Bebekler ve küçük çocuklar gelişimleri için büyük öneme sahip pek çok beceriyi oyun aracılığıyla geliştirebilir. Oyunun yaratıcılığı, fiziksel gelişimi ve duygusal melekeleri artırmasının yanı sıra iyileşmiş bilişsel beceriler ve iletişim yeterliliğiyle de olumlu bir ilişkisi vardır.

Çocukların blok, kum ve su gibi gerçek malzemelerle deneyler yapıp onları inceleme fırsatlarına ihtiyacı vardır. Grafikleri ne kadar komplike olursa olsun hiçbir ekran deneyimi elle dokunmayı içeren gerçek deneyimlerin yerini asla alamaz (yan sayfadaki Tekno Efsane Avcısı kutusuna bakınız).

Ne yazık ki dijital oyuncaklar ve ekran başında geçirilen zaman geleneksel oyun imkânlarının yerini alıyor. Diğer taraftan, dikkatle seçilen teknoloji gelişimsel açıdan doğru biçimlerde kullanıldığında çocukların oyun fırsatlarını destekleyip zenginleştirebilir. (Oyun kavramı 6. Bölüm'de daha detaylı ele alınacaktır.)

TEKNO EFSANE AVCISI

EFSANE: Bebekler ve küçük çocuklar ekranlardan kolayca öğrenebilir.

GERÇEK: Araştırmalar, "aktarma noksanlığı" olarak adlandırılan bir fenomen ortaya koyar. Bu, temelde çocukların dijital deneyimlerinin elle dokundukları deneyimlerin yerini hiçbir şekilde almayacağı anlamına gelmektedir. Aktarma noksanlığının çocuklar yaklaşık otuz aylık olana dek sürdüğü düşünülmektedir. Teknoloji çocukların öğrenmesini destekleyebilir, ancak biliyoruz ki küçük çocuklar elle dokunarak deneyimledikleri şeylerden ekranlarda gördüklerine kıyasla daha fazlasını öğrenebilir, özellikle de hayatlarının ilk üç yılında.

On dört aylık bir bebeğin portakal kavramını (bir meyveyi) nasıl öğrendiğini düşünün. Ona bir portakal resmi gösteren bir bilgi kartı uygulaması kullanabilir ya da bir DVD izleyebilir. Bunlar ona kelimeyi ve hatta rengini bile söyleyebilir (ve hayır, gelişimsel açıdan uygun olmadığı için bebeklere renkleri öğretme konusunda acele etmemeliyiz).

Günlük yaşamında çevresindeki portakalları tanımaya başlayabilir. Ebeveynleri sorduğunda işaret edip portakalları gösterebilir veya biraz daha büyükse, gerçek yaşamdaki nesneleri adlandırmak için portakal kelimesini kullanmaya bile başlayabilir. Ama portakalın ne olduğunu *gerçekten* anlayabilir mi?

Bir portakalın tam olarak ne olduğunu anlamak için onun sert kabuğuna dokunması, sulu içini tatması gerekir. Narenciye kokusunu alması, bir portakalı ısırdığında elinden sızan suyunu hissetmesi gerekir. Gerçekten anlamak budur.

Çocuklar simgesel beceriyi genellikle iki ile üç yaş aralığında edinir. Küçük çocukların yetişkinlerden, gerçek deneyimlerden ve nesnelerden ekranlara kıyasla daha kolay öğreniyor olmasının sebebi budur.

Yapıtaşı #5: Fiziksel Hareket

Fiziksel hareket bir çocuğun zihinsel gelişimi ve genel sağlığı için çok önemlidir. Beynin aşağıdan yukarı doğru oluşması gibi (ilk gelişenin duyusal ve motor bölgeleri olduğunu hatırlayın), çocukların da ilerleyen zamanda daha karmaşık, üst düzey düşünme yeteneği geliştirebilmek için temel fiziksel becerilerde ustalaşması gerekir. Bir inşaat ustasının ikinci katı ya da çatıyı çıkabilmek için önce temel döşemeye gereksinimi olması gibi, çocukların beyni de gelişebilmek için önce esas temellere ihtiyaç duyar.

Fiziksel dönüm noktaları (emeklemek veya sallanmak gibi) es geçilirse bir çağlayan etkisi yaşanabilir. Örneğin, sallanarak, yuvarlanarak ve badi badi yürüyerek yeterince zaman geçirmeyen çocukların vestibüler sistemi genellikle az gelişir ve bu yüzden denge duygusuna ihtiyaç duyarlar. Bundan ötürü, az gelişmiş vestibüler sistemi olan çocukların bir sınıfta oturup dikkatlerini öğretmene vermesi neredeyse imkânsızdır. Dolayısıyla çocukların ekran alışkanlıklarının temel fiziksel hareket imkânlarını engellemediğinden emin olmalıyız.

Çocukların fiziksel hareketini desteklemek ve teşvik etmek için teknoloji *sağlıklı* ve *faydalı* biçimlerde kullanılabilir. Örneğin, fiziksel hareket gerektiren interaktif televizyonlar, exergame'ler,* uygulamalar ve çocuklar için egzersiz takip programları var artık. Bunlar açık havanın ve fiziksel oyunun yerini hiçbir şekilde tutmasa da daha geleneksel fiziksel aktiviteleri mükemmel biçimde tamamlayabilir veya hareketsiz çocukları hareket etmeye teşvikin harika bir yolu olabilir.

* Fiziksel egzersiz yaptıran Nintendo Wii oyunları gibi oyunlar. (ç.n.)

> Fiziksel hareket bir çocuğun zihinsel gelişimi ve genel sağlığı için çok önemlidir.

Bununla birlikte, gölge maliyet yüzünden, aşırı teknoloji bir çocuğun fiziksel gelişimine hasar da verebilir. Ekran başında geçirilen aşırı zaman çocukluk obezitesine katkı yapan bir faktör olabilir ve önemli fiziksel becerilerin gelişimini geciktirebilir. Aşırı ya da uygunsuz ekran kullanımı çocukların göz sağlığını (ve görüşünü) etkileyebilir ve kas-iskelet sorunlarına (bir oyun konsolunun başında oturmaktan kaynaklanan kas sorunları ve duruş bozuklukları) yol açabilir.

Bugünün dijital çocuklarının hâlâ oyun parkındaki demirlere asılmaya, bisiklet sürmeye, tepelerden yuvarlanmaya ve ağaçlara tırmanmaya ihtiyacı var. Teknolojinin bu deneyimlerin önüne geçmemesi ve bunların yerini almaması çok önemlidir. (Bu faktörler 7. Bölüm'de ve fiziksel sağlık riskleri 11. Bölüm'de tüm detaylarıyla ele alınacaktır.)

Yapıtaşı #6: Beslenme

En iyi gelişim için kaliteli beslenme hayati önemdedir. Örneğin, çocukların beslenme biçiminin, en iyi beyin gelişimini sağlayan temel yağ asitlerini içeren gıdalar bakımından zengin olması gerektiğini gösteren pek çok kanıt bulunmaktadır.

Teknoloji, ebeveynlerin internetten sağlıklı tariflere ve tavsiyelere ulaşmasına yardımcı olur. Yine de teknoloji kullanımı çocuklarımızın beslenmesine zarar verebilir. Çocuklara yönelik medyadaki gıda reklamlarının yaygınlığı (artık sadece televizyon reklamlarından da bahsetmiyoruz) onların yemek seçimlerinde ve tercihlerinde çok güçlü etkiler yaratabilir. Ayrıca çocuklar ekran başındayken sağlıksız gıdaları atıştırma eğilimindedir ve yemek zamanlarındaki ekran kullanımı da çocukların yeme alışkanlıklarını ve tat tercihlerini etkileyebilir. (Dijital çağdaki beslenme alışkanlıklarına dair detaylar 8. Bölüm'de incelenecektir.)

Yapıtaşı #7: İfa-işlevi Becerileri

Bir çocuğun gelişiminin en iyi biçimde gerçekleşebilmesi için son temel yapıtaşı olan ifa-işlevi becerileri, çocukların etkin biçimde öğrenebilmek için geliştirmeleri gereken birtakım kapsamlı yetenek ve davranışlardır.

İfa-işlevi becerileri beynin prefrontal korteksinde, yani beynin oluşan son kısmında (beynin CEO'su) geliştirilir. İfa-işlevi becerileri dikkat, işler bellek, kısıtlayıcı kontrol ve zihinsel esneklik gibi üst düzey düşünme becerileridir. Bunlar yeni olmasa da çocukların bu dijital çağda iyi biçimde geliştirmek zorunda olduğu becerilerdir.

Teknoloji, ifa-işlevi becerilerinin gelişimini hem olumlu hem olumsuz biçimlerde kesinlikle değiştirmektedir. Örneğin, çocukların bellek ve dürtü kontrolü becerilerinin teknoloji kullanımıyla biçimlendiğini biliyoruz, çünkü artık pek çok çocuk dijital demanstan mustarip. (Bu fenomen 9. Bölüm'de daha detaylı biçimde irdelenecektir.)

Dijital çağda dikkatlerini nereye yönlendireceklerini bilmek için, çocukların ayrıca iyi bir kısıtlayıcı kontrole (dürtü kontrolü de denir) ihtiyacı var. Ama sürekli parlayıp vızıldayan, dikkatlerini dağıtıp duran cihazlara bağlı halde yaşarken, çocukların dikkatlerinin efendisi olması zordur. (İfa-işlevi becerileri 9. Bölüm'de incelenecektir.)

BİR BAKIŞTA

Dijital çağda en iyi biçimde büyüyebilmek için çocukların neye ihtiyacı var?

- İlk yıllar çocuğun iyi biçimde gelişebilmesi için çok önemlidir (beyin yapısının yüzde 80'i çocuk üç yaşına varmadan gelişir ve bu gelişimin yüzde 70'i yaşadıkları deneyimlerle ilişkilidir). Dijital teknolojiler bu süreci biçimler.
- Gelişen beyinlerin ve bedenlerin basit şeylere ihtiyacı vardır. Buna atadan kalma ebeveynlik de denir; büyükanne ve büyükbabalarımızın ebeyvenlik biçimi ideal bir modeldir.

- Çocuk gelişiminde yedi temel yapıtaşı vardır. Bu yapıtaşlarından her biri teknolojinin kullanımıyla desteklenebilir ya da kösteklenebilir.

Bir sonraki bölüm dijital çağda gelişmek için gereken ilk yapıtaşını ele alacaktır: bağlar ve ilişkiler.

3

Yapıtaşı #1: Bağlar ve İlişkiler

Dijital çağda ilişkilerimizi koruyup onlara değer vermek hayati önemdedir.

Başka insanlarla iletişim kurmak temel, evrensel bir insan ihtiyacıdır. Doğduğumuz andan itibaren kelimenin tam anlamıyla etkileşimde bulunmak için yaratılmışızdır. Teknoloji, nasıl kullanıldığına bağlı olarak, başkalarıyla sağlıklı ilişkiler kurabilme yeteneğimize *destek* ya da *köstek* olabilir.

Doğru biçimde kullanıldığı zaman teknoloji küçük çocukların önemli ilişkiler kurup bunları sürdürmesine yardım edebilir. Ebeyvenler olarak, teknolojiyi bir amaç doğrultusunda kullandığımızda çocuklarımızın ilişkilerini destekleyebiliriz. Örneğin, görüntülü sohbet teknolojilerindeki ilerleme sayesinde birbirinden uzak yaşayan aile bireyleriyle iletişim kurmaya yardımcı olarak ya da dijital kameralar sayesinde önemli olayların ve dönüm noktalarının kıymetli hatıralarını oluşturarak yapabiliriz bunu.

Diğer taraftan, eğer teknoloji aşırı kullanılırsa veya küçük çocukların yanında teknolojiyi seçici biçimde ve bir amaç doğrultusunda kullanmazsak, o zaman potansiyel olarak onların ilişkilerine engel oluşturabilir. Bu sanal dünyada, yüz yüze temasın yerini alabilir ve yeni teknolojiler bazı bakımlardan insanları mekanikleştirebilir. Bu nedenle ilişkilerimizi koruyup onlara değer vermemiz çok önemlidir.

İLETİŞİM KURMAK DOĞAMIZDA VAR

Çocukların ebeyvenleriyle (veya onlara sürekli bakan kişiyle) pek çok nedenden ötürü ama özellikle de en iyi beyin gelişimi için güvenli bağlar kurmaya ihtiyacı vardır. Davranış bilimleri kadar nörobiyoloji ve sosyal bilimler gibi pek çok disiplinde de yapılan çok sayıda araştırma, çocukların ebeveynleriyle ve/veya onlara bakan kişilerle kurdukları erken ilişkilerin tüm gelişimlerini nasıl belirlediğini anlamamıza önemli katkılar sunmuştur. İyi haber şu ki, çocuklarınıza sarılmanız ve onlara sevgi göstermeniz beyinlerinin gerçekten gelişmesini sağlar.

Sağlıklı, emin, güvenli ilişkiler çocukların beyin yapısını kesinlikle geliştirir, öğrenmelerini ve gelişmelerini mümkün kılar. Çocuklar ebeveynleriyle/bakıcılarıyla sevgi dolu ve öngörülebilir ilişkiler kurduklarında beyinleri öğrenebilir hale gelir. Temel ihtiyaçları karşılandığında, beyinleri öğrenmeleri için çok gerekli olan diğer yönlere odaklanabilmelerini sağlayan bilişsel kapasiteye sahip olur.

Ama erken yaşlarda öngörülebilir ve sevgi dolu ilişkiler kuramazlarsa, bu durum toksik stres etkisi yapabilir. Bu da beyin aktivitesini kısıtlayan kortizol (bir böbreküstübezi ya da stres hormonu) üretimine yol açar. Eğer dikkatlerinin ve bilişsel kaynaklarının tümü güvenlik ve korunmalarını sağlama almaya odaklanırsa, etkin biçimde öğrenecek bant genişliğine –zihinsel açıdan yeterli olsalar da– ulaşamazlar. Kısacası, güvensiz ve korunaksız hissetmek bir çocuğun öğrenme kapasitesine zarar verir.

Yeni doğmuş bebekleri ne zaman besleyip ekranları ne zaman kullanmak gerektiğine dair ipuçları

Eskiden yeni doğmuş bebekler uyanık oldukları zamanın büyük kısmını sadece insanların yüzlerine bakarak geçirirdi. Buna yüz haritası çıkarmak denir. Çok masum görünebilir ve fazla bir şey yapıyormuş gibi değillerdir ama bununla aslında gelişimlerinin kritik bir parçası olan bazı önemli görsel ve bilişsel görevleri yerine getirirler. Bebeklere sarılıp onlarla oynayarak çok zaman geçirme gerekliliğinin nedenlerinden biri budur.

2012'de yayımlanan bir araştırma, görme sistemlerinin geri kalanı hâlâ gelişmekte olsa da, bebek beyinlerinin yüzlere yetişkin beyinleriyle benzer biçimlerde tepki verdiğini ortaya koymuştur. Bebekler, hatta yeni doğanlar, yüzlere başka nesnelere olduğundan daha uzun sürelerle bakar. Gözlerini dikip yüzümüze bakmak *isterler*. Ayrıca yüzlere bakarken beyinlerinin belli bölgelerinin canlandığını da biliyoruz. Bu yüzden, yüz yüze geçirilen gerçek zaman onların gelişimi için çok önemlidir.

Bu yüzden teknolojiyi kullanırken çok dikkatli olmalıyız, *özellikle de* bebeklerin yanında, onları beslediğimiz zaman. "Emzmesajlaşma" ("brexting") terimi (emzirme artı mesajlaşma) bir mobil cihaz kullanırken bebekleri besleme fenomenini anlatmak için kullanılır. Kutuplaşma yaratan bir konudur. Bazı insanlar bebekleri besleyen annelerin daima başka bir şeyle (kitap ya da dergi okuma, televizyon izleme gibi) ilgilendiğini ve bunun annelere suçluluk hissettirmek için yapıldığını iddia eder; bazılarıysa ekran alışkanlıklarımızın daha netameli olduğunu ve bebeklerimize zarar verebildiğini söyler. Ben ikinci görüşe katılıyorum ve emzmesajlaşma alışkanlıklarımızı mevcut araştırmaya (ve bir anne olarak içgüdüsel hislerime) dayanarak dikkatle düşünmemiz gerektiğine inanıyorum.

İlk zamanlarda, uyanık geçirdikleri sınırlı zaman düşünülecek olursa, beslenme saati yüz haritası çıkarmanın gerçekleşmesi için çok önemli bir fırsattır. Eğer çocuklarımızı beslerken *sürekli* akıllı telefonlarımıza ya da tabletlerimize yapışık kalır, *sürekli* televizyon izlersek, beyinlerinin gereksinim duyduğu doğrudan göz temasını yakalayamazlar. Bir ekranın aydınlattığı yüzümüzü izlemek değil, gözümüzün içine bakmak isterler – telefonumuzun ekranını kaydırırken aydınlanan görüntümüze değil, doğrudan bakışımıza ihtiyaçları vardır. Bebeklerimizin telefonunun suratımızın bir parçası olduğunu düşünmelerini istemeyiz.

California Üniversitesi'nden araştırmacılar, kesintili ve/veya karmaşık anne bakımının beyin gelişimini potansiyel olarak sekteye uğratabileceğini, ergenlik ve yetişkinlik dönemlerinde duygusal bozukluklara yol açabileceğini bulmuştur. Bu araştırma, istikrarsız anne bakımının yaşamın sonraki dönemlerinde depresyon gibi zihinsel bozuklukların ortaya çıkma olasılığını artırabildiğini ortaya koyar. Bu araştırmanın, özellikle annelerin mobil cihaz kullanımını incelemediğini ve insan katılımcılarla gerçekleştirilmediğini (kemirgenler kullanılmıştı) not etmek önemlidir. Yine de bu araştırmadan elde edilen bulgular, kesintili anne bakımının duygusal gelişime ve sağlığa zarar verebileceği iddialarını göz önünde bulundurma konusunda önemlidir – bunu kanıtlamak için insanlarla araştırma yapılmasını beklemeye gerek yok bence. Bu araştırma, önemli olanın, anne bakımının ilerleyen dönemlerde zihinsel sağlığı ne kadar etkilediğinden ziyade, öngörülemez ve kesintili bakımdan uzak durmak olduğunu ortaya koymuştur. Akıllı telefonların dikkatimizi çekmek için yarıştığı bir dijital dünyada, bebeklere bakarken cihazların sürekli dikkatimizi dağıtması kaynaklı olası riskler olduğunu görebiliriz. Bebeklerin dopamin reseptörü zevk döngüleri gelişmemiştir ve olgunlaşmak için bu döngüleri harekete geçirecek olay silsilelerine gereksinim duyarlar. Böyle bir öngörülebilirlik olmadan bebeklerin zevk sistemleri olgunlaşmaz ve bu da ergenliklerinde çok zor mutlu olmalarına ve/veya mutluluğu riskli davranışlarda, uyuşturucu ve alkolde aramalarına yol açabilir.

Bebeklerimizin yanında akıllı telefonlarımızı asla kullanmamamız gerektiğini ya da çocuklarımızı beslerken televizyon izlememizin bizi kötü ebeveynler yaptığını söylemiyorum elbette. Mesele kesinlikle bu değil – bebeklerimi beslerken *ara sıra* telefonumu kullandığım ve televizyon izlediğim (ya da kitap, dergi okuduğum) olmuştur. Tekno-utanca hiç gerek yok – bu herkese uygulanamaz. Unutmayın, ebeveynlerimiz bizi beslerken muhtemelen dergi, kitap okumuşlardır ve biz tamamen normal bireyler olduk. Sadece evladımızı beslerken sürekli Facebook'ta gezinmediğimizden emin olmamız gerekiyor. Bebeklerimiz doğrudan yüz yüze olmak istiyorlar bizimle. Sağlıklı gelişim için bu zamana ihtiyaçları var.

Ebeveynlerle/bakıcılarla kurulan sıcak ilişkilerin beyin yapısını inşa edebileceği kanıtlanmıştır. 2012'de yapılan bir araştırmada uyumlu, sıcak ve ilgili annelere sahip çocukların (bu araştırma *sadece* annelerle ilişkiyi incelemişti) hipokampuslarının, buna benzer bir karşılıklı ilişki kuramayan yaşıtlarınınkinden daha büyük olduğunu ortaya çıkardı. (Hipokampus beynin bellekten, öğrenmeden ve stres tepkilerinden sorumlu kısmıdır.)

Bu araştırma, anaç bir annenin kelimenin tam anlamıyla çocuğun beyin anatomisini biçimlendirebildiğini göstermiş; erken yaşlarda çocuklarımızla kurduğumuz ilişki türlerinin onların uzun vadeli, tüm gelişimleri için kesinlikle hayati olduğunu kanıtlayan güçlü, bilimsel kanıtlar sunmuştur. Onların beynini geliştiren kesinlikle bizim sevgimiz ve ilgimizdir.

TEKNOLOJİ ÇOCUKLARIMIZLA ARAMIZDAKİ BAĞLARA VE ONLARLA İLİŞKİMİZE NASIL FAYDA SAĞLAYABİLİR?

Çocuğumuzla aramızdaki karşılıklı alışverişe dayalı etkileşimler en iyi beyin yapısının oluşmasında çok önemlidir. Halk arasında pinpon değiştokuşu denen bu durum, çocuğumuzla karşılıklı konuşarak etkileşimde bulunmamız demektir. Görünüşte çok doğal ve basit olsa da bebeklerle ve küçük çocuklarla kurduğumuz bu karşılıklı etkileşim, onların dil ve duygusal becerilerinin gelişmesi için gerçekten faydalı olabilir.

Güzel haber, teknolojinin bu etkileşimlere olanak sağlayacak biçimde kullanılabilir olmasıdır. Teknoloji, pinpon etkileşimlerini şu yaygın biçimlerde destekleyebilir:

1. görüntülü sohbet teknolojileri
2. interaktif teknolojiler
3. karakter ilişkileri
4. bellek inşasında uyarıcı olarak fotoğrafların kullanımı

Görüntülü sohbet teknolojileri

Artık pek çok ailenin denizaşırı ülkelerde veya farklı şehirlerde akrabaları var ve bazı ailelerde de anne babaların iş dolayısıyla seyahat etmesi gerekiyor. Skype ve diğer görüntülü sohbet platformları –mesela FaceTime– anne babalarla aile üyelerinin iletişim kurmak için yaygın kullandığı araçlar olmuş durumda. Bunlar ilişkiler *kurup sürdürmek* için harika teknolojiler; onlar olmasaydı bu ilişkileri sadece telefon üzerinden sürdürmek kolay olmayabilirdi.

2010'da *Infant and Child Development*'ta yayımlanan bir araştırma, görüntülü sohbet platformlarının küçük çocukların dil becerilerini geliştirmenin yanı sıra anlamlı ilişkiler kurup sürdürmelerine de yardımcı olduğunu ortaya koymuştur. Görüntülü sohbet teknolojilerinden en yüksek faydayı sağlamak için:

1. **Günün iyi bir vaktini seçin** – küçüklerin yorgun ya da aç olduğu zamanları seçmemeye dikkat edin. Görüntülü sohbet platformları, çocukların sakin bir şekilde oturup odaklanmasını gerektirir. Konsantrasyonlarının düşük olduğu gün sonlarında bu platformlar pek faydalı olmayabilir. Ayrıca dikkatlerinin dağılmaması için karınlarının tok olduğundan ve el altında atıştıracak bir şeyler bulunduğundan emin olun.
2. **Mümkün olan yerlerde tablet, akıllı telefon ve dizüstü bilgisayar gibi mobil cihazlar kullanın** – böylece evin içinde farklı yerlere rahatça gidebilirsiniz.
3. **Hazırda destekleriniz olsun** – sohbet sırasında çocukların yanlarına paylaşabilecekleri oyuncakları, kitapları ya da yaptıkları resim vb. elişlerini almasını teşvik edin. Bu, sohbetin ilgi çekici ve anlamlı olmasını sağlayacak, küçük çocuklara konuşacakları somut bir şey verecektir. Ayrıca karşıdaki kişiyi bazı hazırlıklar yapmaya teşvik edin. Bir toruna kitap okumak, özgün ilişkiler kurmak için harika bir yoldur.
4. **Bazı konuşma konusu fikirleri belirleyin** – görüşmeyi başlatmadan önce, çocukların konuşabilecekleri bazı olası konulara dair fikir yürütün. Son zamanlarda heyecan verici bir yere gittiler mi? Yeni bir şey öğrendiler mi? Konuşacak konu bulmakta zorlanırlarsa ya da sohbet tıkanırsa bunlar yardımcı olacaktır.
5. **El kol hareketleri yapın** – karşı tarafın bol bol el kol hareketi yapmasını teşvik edin. Bu, sohbet boyunca çocuğun dikkatini toplamasını sağlayacak, karşıdaki kişinin sadece konuşan bir kafa olduğunu düşünmesinin önüne geçecek ve sohbeti çok daha doğal kılacaktır.
6. **Aşina karşılama ritüelleri kullanın** – her aramanın başında kullanılabilecek eğlenceli bir karşılama ya da şarkı var mı? Bu özellikle bebekler ve küçük çocuklar için önemlidir. Yinele-

meler ve rutinler onların gelişmesini sağlar, insanlarla sesler ve şarkılar aracılığıyla ilişki kurmayı çabucak öğrenirler. Ayrıca bu tanımaya da yardımcı olur, çünkü küçükler tanışıklığı dokunarak ve kokuyla kurarlar ama bir görüntülü sohbette görüntüye ve sese tabi olmak durumundadırlar.

7. **Biraz hareketi teşvik edin** – küçükler, özellikle de bebekler ve küçük çocuklar, uzun süreler boyunca ekranın önünde oturmaları gerekiyorsa çabucak yorulacaklardır. Bu yüzden gerçekçi zaman beklentileriniz olsun. Ortak bir dans molası vermeye çalışın ve eğer bezginlik gösterirlerse çocukları kalkıp etrafta dolaşmaya teşvik edin.
8. **Bitirme ritüelleriniz olsun** – sohbeti bitirmek, gerçek bir sohbette olduğu gibi önemlidir. Çoğu zaman bu, aile üyeleriyle ilişkiler kurmanın çok özel ve güzel bir yoludur da. Oğlum çok küçükken, büyükannemin onunla Skype sohbetlerini, "Seni seviyorum küçük adam. Annene iyi bir çocuk ol," deyip kocaman, sanal bir öpücük göndererek bitirdiğini mutlulukla hatırlıyorum. Bunu her seferinde yaparlardı ve Taj bu küçük, özel ritüelden gerçekten hoşlanır, unutacak olursa büyükanneden bunu yapmasını isterdi.

ÖRNEK OLAY

Carly ile nişanlısı Ben birkaç yıl İngiltere'de yaşadılar ve o zamanlar iki üç yaşlarında olan yeğenleri Charlotte'la Skype'ta düzenli biçimde görüştüler. Uluslararası seyahatlerinden eve geldiklerinde, Charlotte onları havalimanında çok şaşkın bir ifadeyle karşıladı.

Birkaç dakika sonra şöyle dedi: "Bilgisayardan nasıl çıktınız?" Ancak üç yaşındaki bir çocuğun açıklayabileceği biçimde konuşmasını sürdürdü, onların evlerindeki masaüstü bilgisayarın *içinde* yaşadığını sanmıştı, gerçek insanlar olduklarını bilmiyordu!

TEKNOLOJİK İPUCU

Çocuklar bazen karşıdaki kişinin bilgisayarın içinde yaşadığını sanır, çünkü henüz nesne sürekliliği (bir nesnenin görülemese bile var olduğunu anlama yeteneği) geliştirmemişlerdir.

Görüşmenin öbür ucundakinin gerçek bir insan olduğunu çocuklara açıklayın, özellikle de o kişiyle yüz yüze gelmedilerse. Belki onlara, diğer kişinin görüntülü sohbetten başka ortamlarda çekilmiş fotoğraflarını gösterebilirsiniz.

İnteraktif teknolojiler

Çocukların canlı pinpon etkileşimleri yaşamalarına olanak sağlayan, olağanüstü geniş bir yelpazede yeni teknolojiler bulunmaktadır. Bu ileri-geri türden etkileşimler küçük çocuklar için çok gereklidir, çünkü onları bilişsel olarak (pasifliğin aksine) meşgul eder. Hatırlayın, daha önce bahsedildiği gibi, "video noksanlığı" küçük çocukların ikiboyutlu görüntülerden, yüz yüze etkileşimlere göre daha zor öğrendiği anlamına gelmektedir. Yine de daha fazla interaktif teknolojinin (tablet cihazlar ve karşılıklı bilgisayar oyunları) küçük çocukların katılımı ve ekranda gördükleri şeyden anlam çıkarmaya yardım etmesi bakımından daha iyi iş çıkardığı kanıtlanmıştır (bu alandaki araştırmalar halen çok yenidir).

Artık pek çok kitap uygulaması, hikâyeye eşlik etmesi için kendi sesinizi kaydetme özelliği sunuyor. Örneğin, The Wrong Book uygulaması kullanıcıların seslerini dijital bir kitaba kaydetmelerini sağlıyor, böylece her bir sayfa buna göre seslendirilmiş oluyor. İş seyahatine çıkması gereken ve uykudan önce okunan kitap rutini için çocuklarının yanında olmak isteyen ebeveynlere sunulan harika bir özellik. Ayrıca büyükannelerle büyükbabaların (veya başka aile üyeleriyle arkadaşların) kendi seslerini bir uygulamaya kaydetmeleri için harika bir yol.

ÖRNEK OLAY

Kindoma, ekranın iki üst köşesinde *pop-up* penceresi olan bir uygulama. Jan bu uygulamayı kullanarak Sidney'den Kanada'da yaşayan torunu Lucas'a gerçek zamanlı olarak kitap okuyabiliyor. Ona kitap okurken Lucas'ı aynı anda görebiliyor ve onun ekrandaki hareketleri de (belki karakterin yüzüne tıklamak için ekrana dokunması) Lucas'ın ekranında beliriyor. Bu uygulamayı kullanarak sayfaları çevirip okuma deneyimini yaşayabiliyorlar. Buna benzer başka bir uygulama örneği de Quality Time App Pty Ltd tarafından geliştirilen Quality Time.

Karakter ilişkileri

Çocuklar ekranda gördükleri karakterlerle sık sık ilişkiler kurar. Sürekli Dora'dan, Elmo'dan veya Peso'dan konuşup durabilirler. Bu gayet masum görünse de aslında küçük bir çocuğun gözünde çok önemli olabilir. Bunlara parasosyal ilişkiler denir ve çocuğun fiziksel ve bilişsel sağlığı ile gelişimi üstünde olumlu etkileri vardır.

Ekrandaki karakterler, sürekli tekrarlanan görüntüleri dolayısıyla onlara tanıdık gelir. Onlara maruz kalmak küçük çocuklar üstünde kelimenin tam anlamıyla bir eğitmen etkisi yapar. Küçük çocukların Dora veya Minik Kuş'un bir televizyon programında söylediklerini sık sık tekrarladıklarını biliyoruz ama bu tanıdıklık, çocukların eğitsel içerikleri bu karakterlerle öğrenmelerine de olanak tanır. Bu durum, 2013'te yapılan ve *Media Psychology*'de yayımlanan bir araştırmayla onaylanmıştır. Bu araştırmaya göre, küçük çocukların ekrandaki bir karakterle yakınlaşması bir matematik ödevindeki performanslarını iyileştirmiştir.

Bellek inşasında uyarıcı olarak fotoğrafların kullanımı

Akıllı telefonlarındaki ya da tabletlerindeki en iyi özelliklerden birinin kamera olduğunu ebeveynlere ve eğitimcilere sık sık hatırlatırım. Orada burada olduğumuzda rahatça fotoğraf ve/veya video çekebilmemizin yanı sıra, söz konusu etkinliğin ardından bu fotoğraflara/videolara çocuklarımızla tekrar bakabileceğimiz için de faydalıdır. Önemli anıların pekiştirilmesine yardımcı olur ve çocuğumuzun olumlu, geçmiş olayları tekrar tekrar hatırlamasını sağlar.

Örneğin, hayvanat bahçesine yapılan bir aile gezisine, bir aile tatilinden önemli anlara ve bir doğum günü partisine ait fotoğraflar telefonla çekilebilir. Çocuklar bu fotoğraflara daha sonra yeniden açıp bakabilir. Bu, küçük çocukların deneyimi anlatabilmesi, tarif edebilmesi ve nasıl hissettiğini gösterebilmesi için harika bir yoldur. Fotoğraflara ve/veya videolara baktıklarında, olayı sadece bellekten anlatmalarından daha fazla detay yakalayabilirler. Fotoğraflar ve videolar, bir etkinliği o an orada olmayan bir arkadaşa ya da aile üyesine anlatmak istediğimizde de başarılı birer uyaran olabilir.

Her şeyin çok hızlı geliştiği hareketli dünyamızda, durup düşünmek için gittikçe daha az zamanımız oluyor. Ama cihazımızın albümündeki fotoğrafları ve/veya videoları karıştırmak, çocuğumuzun anlatma becerilerinin gelişmesine yardımcı olduğu kadar önemli anları yeniden hatırlayıp pekiştirmesini de sağlar.

Aşağıda açıkladığım şekilde, yine de akıllı telefonumuzla fotoğraf çekme meşguliyetimizin, söz konusu ânı hakkını verecek şekilde yaşamakla aramıza girmemesi gerekir.

TEKNOLOJİ ÇOCUKLARIN İLİŞKİLERİNİN GELİŞİMİNE NASIL KÖSTEK OLABİLİR?

Teknoloji uygunsuz ya da aşırı kullanıldığında çocukların ilişkilerini ve başkalarıyla bağlantı kurma becerilerini sekteye uğratabilir. Teknoloji bir çocuğun ilişki kurma kapasitesine şu şekillerde zarar verebilir:

1. tekno-ihmal
2. AKK (anıları kaybetme korkusu)
3. kendini-yönetme becerileri
4. sosyal beceri noksanlığı

5. siber-zorbalık
6. şiddet içeriğine maruz kalma
7. pornografi
8. sosyal ağ oluşturma

Tekno-ihmal

Bazı durumlarda, endişelenmemiz gereken şey çocuklarımızın ekran başında geçirdiği zaman değildir – kendimizin ekran başında geçirdiği zamandır. Bazılarımız kendimizi cihazlarımıza o kadar kaptırmışızdır ki ebeveynlik görevimizi yerine getirirken aklımız başka yerdedir. Ekranlar sadece biz ebeveynlerin dikkatini dağıtmakla kalmaz, potansiyel açıdan nasıl bir ebeveynlik yaptığımızı da belirler.

Bazen aklımız fikrimiz hep cihazlarımızda olabildiğinden, çocuklarımız kendilerini ihmal edilmiş ya da önemsenmemiş hisseder. İnternet güvenlik şirketi AVG tarafından geniş kapsamlı (6000'den fazla katılımcıyla) yapılmış bir küresel araştırmada, Avustralyalı çocuk katılımcıların yüzde 32'sinin ebeveynlerinin, cihazlarıyla geçirdikleri zamana eş ya da daha az zamanı çocuklarıyla geçirdiği ortaya çıktı. Ebeveynlerin yüzde 54'ü cihazlarını fazla sık kontrol ettiğini doğruladığına göre, pek çok ebeveyn bunun bir sorun olduğunu kabul edecektir.

Bazı durumlarda, endişelenmemiz gereken şey çocuklarımızın ekran başında geçirdiği zaman değildir – kendimizin ekran başında geçirdiği zamandır.

Elimizin altında bir ekran bolluğu var, bunların pek çoğunu cebimizde ya da çantamızda taşıyoruz. Dizüstü bilgisayarlarımız, tabletlerimiz ve akıllı telefonlarımız bir kol mesafesinde. Pek çoğumuz dijital cihazların işgaline uğramamış eski yaşamı zar zor hatırlıyor ve e-postalara, sosyal medyada olan bitene kapılmak çok kolay.

Ama kendimizi cihazlarımıza, çocuklarımıza zarar verecek kadar kaptırmamaya dikkat etmeliyiz. Çocuğumuz parkta oynarken ara sıra akıllı telefonumuzu kullanmaya ihtiyacımız olabileceğini ya da çocuklarımızla oynarken hızlıca işyerini aramamız gerekebileceğini anlıyorum. Bu bir modern gerçeklik. Sadece bunu bilinçli bir şekilde yaptığımız ve esas ebeveynlik rolümüzden bizi koparmadığı konusunda dikkatli olmalıyız.

Boston Tıp Merkezi'nin 2014'te yaptığı bir etnografik araştırmada, bir alışveriş merkezinin yemek katındaki ebeveynler gözlemlendi. Bu araştırmada, pek çok ebeveynin kendisini cihazlarına çok fazla kaptırdığı ve bunun çocuklarının davranışlarını olumsuz yönde etkilediği ortaya çıktı. Dahası, cihazlarına gömülmüş ebeveynler çocuklarıyla daha olumsuz etkileşimlerde bulunma eğilimindeydi. Araştırmacılar bunun sebebinin, çocukların kendilerini ebeveynlerinin cihazlarıyla bir yarış halindeymiş gibi hissetmesinden kaynaklandığını düşünmektedir.

> Veriler, bir çocuğun, tablel cihazını kullanan annesinin yüzünü kaldırmaya çalıştığını ama bunda başarısız olduğunu ortaya koydu.

Veriler, bir çocuğun, tablet cihazını kullanan annesinin yüzünü kaldırmaya çalıştığını ama bunda başarısız olduğunu ortaya koydu. Bir başka anne, akıllı telefonunu kullanırken onun dikkatini çekmeye çalışan çocuklarını masanın altından tekmelemişti. Araştırma, gözlemlenen yetişkinler ile çocuklar arasında ya çok küçük bir etkileşim ya da sert ve olumsuz bir etkileşim olduğunu gösterdi.

Ebeveynler olarak bizim yoğun dijital meşguliyetimiz çocuklarımızla kurduğumuz ilişkileri olumsuz yönde etkileyebilir. Eğer kafamız cihazlarımızla meşgulse, bulunduğumuz yerde ve duygusal açıdan ulaşılabilir olmamız zorlaşacaktır. Günün çeşitli zamanlarında teknolojiyle bağlantımızı kesmeli ve çocuklarımızla anlamlı ilişkiler kurmalıyız.

Teknolojinin aynı anda pek çok yerde bulunabilir olması, bizlerin cihazlarımıza sürekli bağlı yaşamamız gerektiği anlamına geldiğini hissetmemize yol açıyor. Bir ebeveyn olarak, parktayken bazen bir e-postaya yanıt vermenin gerekli olduğunu anlayabiliyorum. Belki de bir arkadaşın acil kısa mesajına yanıt yazmamız gerekiyordur. Bu, ebeveynlerin içini tekno-suçlulukla (ya da tekno-utançla) doldurma meselesi değil. Kimsenin hikâyesini tam olarak bilemeyiz, bu yüzden çocuklarının yanında cihazlarını kullanmayı seçen ebeveynleri yargılayıp utandırmamalıyız.

Ama akıllı telefonlarımızı ve tabletlerimizi çocuklarımızın yanında nasıl ve ne zaman kullandığımız konusunda dikkatli olmamız gerekir. Cihazlarımız dikkatimizden çalıyor mu? Çocuklarımızla birlikteyken, aslında daha sonra yapabileceğimiz Google aramalarını yapıp e-posta yanıtlarını mı yazıyoruz? Çocuklarımızın güvenliğini ekran takıntımızla tehlikeye atmadığımızdan emin olmamız çok önemlidir.

Tekno-ihmalden kaçınmak için ipuçları

Çocuklarımızla birlikteyken tümüyle onlarla olmak için aşağıdaki önerileri göz önünde bulundurun:

- **Teknolojiden bağımsız bölgeler oluşturarak** – hangi belli alanlarda teknolojiyi kullanmaktan kaçınabiliriz? Akıllı telefonların ve diğer teknolojilerin ebeveyn-çocuk ilişkisinde yaratabileceği her türlü potansiyel rahatsız edici etkinin en aza indirilebileceği yemek masaları, oyun odaları ve yatak odaları tavsiye edilir.
- **Teknolojiden bağımsız belli zamanlar belirleyerek** – çocuklarımızın, teknolojiyi kullanmayacağımız özel zamanlar olduğunu bilmeye ihtiyacı vardır. Çocuklar dikkatimizin kesintisiz biçimde kendilerinde olduğunu bilmeye bayılır. Önemli toplumsal işaretleri ve davranışları gerçek etkileşimlerden öğrenirler, bu yüzden ekran başında geçirdiğimiz zamanın bu fırsatlara müdahale etmediğinden emin olmamız gerekir. Belki erken kalkıp çocuklarımız uyanmadan cihazlarımızı kullanabiliriz ya da evin kapısından girdiğimiz andan itibaren e-postalara ya da sosyal medyaya bakmama tavrı edinebiliriz.

- **Çocuğumuzun dikkatimizi ne zaman çekmeye çalıştığını fark ederek** – çocuklarımız dikkatimizi çekmeye çalışırken Facebook ya da Instagram'da gezinmek veya bir e-postaya yanıt yazmak onlara haksızlık olur. Ayrıca bilinçaltında onların cihazımız kadar önemli olmadığı mesajını gönderdiğimiz için ilişkimizin doğası da potansiyel olarak değişebilir.

AKK (Anıları Kaybetme Korkusu)

One Moment Please'in (Bir Dakika Lütfen) yazarları Susan Pearse ile Martina Sheehan, dijital cihazlar kullanarak ânı kaydetme takıntımızı tanımlamak için Anıları Kaybetme Korkusu (AKK) terimini geliştirdiler. Ailecek yapılan tatillerde çekilen karelerden çocuklarımızın yaptığı şirinliklere ya da okul konserlerine kadar, anları dijital sergilemeye kendimizi o kadar kaptırmış durumdayız ki mevcut deneyimi iyice özümseyip ondan gereken zevki alamıyoruz.

İroniktir, doğru kareyi yakalamaya uğraşmakla ya da ânı yeniden yaratmaya çalışmakla (çocuğumuzdan o komik surat ifadesini tekrar yapmasını ya da önceki çektiğimiz fotoğraf çok bulanık çıktığı için kumdan kalenin yanında aynı şekilde heyecanlı görünerek oturmasını isteyerek) genelde o kadar meşgul oluyoruz ki aslında ânı kaçırıyoruz. Susan Pearce ve Martina Sheehan'ın söylediği gibi:

> *Canlı bir performans eskiden alkış getirirdi ama artık sessizlik oluyor. Ânı yakalamak isteyen elleri bir cihaz dolduruyor. Okul konserlerinde çocukların gördüğü artık gururlu anne babalarının yüzleri değil, bir ânı yaşanırken paylaşmaktansa daha sonra paylaşmak için fotoğraflarını çeken cihazların arkası.*

Bebeğinin ilk adımlarını ya da çocuğunun spor başarısını akıllı telefonunun kamerasıyla yakalayabilmek pek çok ebeveyn için paha biçilmez bir şeydir. Kıymetli bir dönüm noktasının, sadece bir kez ya da kendi başımızayken yaşanan (gururlu büyükanne ve büyükbabalarla, diğer aile üyeleriyle ya da arkadaşlarla paylaşamadan) anının yakalanıp kalıcı bir şekilde kaydedilmesidir.

Ama çocuklarımıza güçlü biçimde öğrettiğimiz dijital alışkanlıklar konusunda dikkatli olmalıyız. Her bir deneyimi dijital olarak göstermeye gerçekten ihtiyacımız var mı? Onlar bizi akıllı telefonumuzun ekranıyla olayları kaydetmeye uğraşır halde izlerken, dijital alışkanlıklarımıza öykünmeyi öğrenirler. Çocuklarımızın hayattaki anları farkındalıkla ve sağlıklı biçimde deneyimlemesini isteriz – sadece bir dijital kayıt oluşturmak için anları durdurup yeniden yaratmalarını değil. Ayrıca çocuklarımızın AKK'den mustarip olmaması için iyi rol modeller olmamız gerekir.

Ekranları kullanarak önemli anları kaydetmek ile aynı zamanda ânı yaşayıp keyfini çıkarmayı unutmamak arasında doğru dengeyi bulmaya çalışmak zor. Buna verecek yanıtım yok. Bu konuda bir denge bulmak zorundayız (bunun bizim için anlamı her neyse). Ayrıca anları kaydetme meşguliyetine, onları kaçıracak kadar gömülmediğimizden emin olmamız gerekir. Olayları telefonumuzun fotoğraf albümü kadar kendi harddiskimize de kaydetmeye dikkat etmeliyiz.

ÖRNEK OLAY

Bir itirafta bulunmam gerek. İkinci oğlum yürümeyi öğrenirken ilk adımlarını kocam işteyken attı. Babasıyla paylaşabilmek için o ânı tekrar yakalama çabasıyla, sonraki adımlarını videoya çekebileyim diye hemen telefonumu elime aldım.

Kıvançlı bir anne olarak videoyu çekerken heyecanla, "Bak... Billy ilk adımlarını atıyor!" diye bağırdım. Ancak dört yaşındaki çocuğum arka plandan araya girip, "Hayır anne, bu onun ikinci adımları. Daha az önce yürüdü ya. Görmedin mi?" dedi. Eyvahlar olsun!

Kendini-yönetme becerileri

Öfkesini yatıştırmak ya da sakinleştirmek için hiçbir numara, dikkat dağıtma çabası ya da strateji işe yaramadığında, çığlık çığlığa bağıran bir çocuğa iPhone'u uzatıvermek çok caziptir. Pek çok modern ebeveyn bir sinir ya da öfke nöbetini geçiştirmek için iPad' ya da iPhone kullandığını kabul eder. Amerikan Konuşma-Dil-İşitme Derneği'nin 2015'te yaptığı bir ankette, sekiz yaşında çocuğu olan ebeveynlerin neredeyse yarısının "davranış sorunlarını ve öfke nöbetlerini savuşturmak" için teknolojiye sık sık bel bağladığını ortaya koymuştur. İtiraf ediyorum, bunu ben de yaptım!

Ancak cihazları dijital emzik niyetine kullanmanın uzun vadede ortaya çıkarabileceği olumsuzlukları dikkatlice düşünmek zorundayız. Duygusal bir patlamayı önlemek ya da hafifletmek veya can sıkıntısı ya da öfke hissettiklerinde onları yatıştırmak için çocuklarımızın önüne sürekli ekranlar koyuyorsak, o zaman kendini-yönetme becerilerini geliştiremiyorlar demektir. Toplum içinde etkin davranabilmek için çocuklarımızın duygularla uygun biçimlerde baş etmeyi öğrenmesi gerekir. Sıkıntılı hissettiğimizde ya da zor bir duyguyla başa çıkmaya çalışırken her seferinde elimizi teknolojiye attığımızı öğretmek istemeyiz çocuklarımıza.

Kendini-yönetmeyi ve duygularımızla başa çıkmayı öğrenmek çok önemli bir yaşam becerisidir. Bu, çocukların ancak deneyimle öğrenebileceği bir beceridir. Sosyal bakımdan nasıl uygun tepkiler verebileceklerini öğrenmek için, çocukların duyguları kelimenin tam anlamıyla birinci elden deneyimlemesi gerekir.

ÖRNEK OLAY

Sophie sekiz yaşında çok mutlu bir çocuktu. Açık havada kardeşleriyle oynamaya bayılır, evde de bebekleriyle ve legolarıyla oynardı. Doğum gününde Sophie'nin abisine bir iPad gelince, annesiyle babası Sophie de ara sıra oynayabilsin diye cihaza birkaç uygulama yüklemeye karar verdi.

Sophie'nin abisi cihazını onunla paylaşmaktan mutluydu (Minecraft oynamadığı zamanlarda). Başta Sophie iPad'le okuldan önce, üstünü giyinip güne başlamaya hazırlandıktan sonra oynuyordu. Ancak kısa süre sonra daha fazla ve daha sık kullanmayı istemeye başladı. Sabah kalkar kalkmaz ve eve varıp da kapıdan girer girermez ilk işi iPad'i istemek oluyordu.

Ya abisi ya da annesiyle babası ona "hayır" dediğinde bunu bir tekno-öfke nöbeti izliyordu. Tipik çocuk öfkesine benzer biçimde Sophie kendini yerlere atıyor ve cihazı kullanmak için yalvarmaya başlıyordu. Bir gün Sophie'nin öfke nöbeti öyle şiddetli bir hal aldı ki duvarı yumruklamakla tehdit etti. Annesi ne yapacağını şaşırdı – pes edip Sophie'nin iPad'i almasına izin verdi.

O andan itibaren, Sophie iPad'i istediği her seferde annesiyle babası pes edip cihazı ona verene dek tekno-öfke nöbeti geçirmeye başladı. Annesi bu korkunç krizlerin "yeni yeni yürümeye başladığı zamanlardan daha da kötü" olduğunu söylüyordu.

Sophie bir ekranla kendini sakinleştirmeyi hemencecik öğrenmişti. Her canı sıkıldığında, üzüldüğünde ya da öfkelendiğinde iPad'i istiyordu (ve alıyordu). Sophie'nin davranışları kötüleşti ve annesiyle babası sonunda onu bir psikoloğa götürdü. Zamanla ailesi Sophie'nin bir cihaz olmadan kendini-yönetmesine yardımcı olabildi ama bunu yapmak birkaç ay aldı.

TEKNOLOJİK İPUCU

Ekran başında geçirilecek belli zamanlar belirleyin ve sınırlarını net bir şekilde koyup kurallara bağlı kalın. Tek seferlik "evet" demek ya da ekran başında daha fazla zaman geçirme isteklerine boyun eğmek çabucak riskli bir durum yaratabilir.

Sosyal beceri noksanlığı

Ekran başında geçirilen zamanın, çocukların yüz yüze etkileşimlerini etkilediğine dair endişeler vardır. Çocuklar kişiler arası temel becerileri geliştirmek ve beden diliyle duyguları okumayı öğrenebilmek için gerçek yüz yüze zamanlar geçirmeye ihtiyaç duyar.

2015'te *Journal of Developmental & Behavioral Pediatrics*'te yayımlanan bir araştırma, fazla televizyon izleyen küçük çocukların ergenliklerinde yaşıtları tarafından daha fazla ezildiğini göstermiştir. Bu araştırma, çocukları doğumdan altıncı sınıfa dek izlemiş ve 29 aylıkken daha fazla televizyon izleyenlerin ileri yaşlarda daha fazla zorbalığa maruz kaldığına dair örnekler ortaya koymuştur.

Araştırma her ne kadar televizyon izlemenin çocukların zorbalığa maruz kalmasına sebep olduğunu *kanıtlamasa* da aşırı televizyon izleyenlerin başkaları tarafından ezilmeye daha açık olabileceğini öne sürmektedir. Araştırmanın yazarları, çocukların iletişim ve sosyal becerilerinin ekran alışkanlıkları tarafından sekteye uğratılabileceğini ileri sürmüşlerdir.

2014'te yürütülen ve *Computers in Human Behaviour*'da yayımlanan başka bir araştırma, ekran medyasından uzak geçirilen sadece beş günde, on, on iki yaş grubundaki çocukların sözsüz duygusal ipuçlarını daha iyi yakalayabildiklerini göstermiştir. Araştırmanın yazarları, gerçek sosyal etkileşimle *ve* ekran aktivitelerinden uzakta geçirilen zamanın, çocukların duygusal ipuçlarını daha iyi yakalamalarının sebebi olduğunu iddia etmiştir.

Dahası, sosyal etkileşimle daha az zaman geçirmenin sosyal beceri noksanlığına yol açma ihtimali vardır. Temel sosyal becerileri oluşturmak için erken yaşlar kritik öneme sahiptir ve çocukların ekran alışkanlıklarının onların sosyal beceri geliştirmesini tehlikeye atmadığı konusunda dikkatli olmamız gerekmektedir.

Siber-zorbalık

Siber-zorbalığa maruz kalan çocukların sayısında da bir artış yaşanmaktadır. Çocukların internet üzerinden rahatsız edici ya da tacizkâr görseller, videolar ya da kısa mesajlar gönderip alması olarak tanımlanan siber-zorbalık, birinin çevrimiçi olduğu ve internet gruplarından çıkarıldığı imitasyonunu da içerebilir. New South Wales Üniversitesi Sosyal Politika Araştırma Merkezi tarafından 2014'te yapılan bir araştırma, 8-17 yaş aralığındaki çocukların yüzde 20'sinin siber-zorbalığa maruz kaldığını ortaya koymuştur.

İnternet dışındaki zorbalıktan farklı olarak siber-zorbalık çocukları her yerde izler. Her zaman, her yerde olur ve bu amansız yapısı küçük çocuklar için daha ciddi olabildiği anlamına gelmektedir. Defalarca buna maruz kalmak, depresyon ve kendi kendine zarar vermek dahil, ciddi olası sonuçlar doğurabilir. Aynı şekilde, siber-zorbalık kurbanı olmuş çocuklar böylesi senaryolarla uygun biçimde başa çıkabilmeleri için gereken duygusal becerilerden yoksundur. Bazı çocuklar, sınırlı teknoloji bilgileri dolayısıyla ebeveynlerinin böyle durumları idare edebilecek donanıma sahip olmadığını hisseder ve çoğu zaman bu tür davranışları bildirmez.

Ayrıca, uygun internet, anonimlik ve hızlı erişimin ne olduğunu bilecek sosyal becerilerden yoksun olabilmeleri, küçük çocukların internetteki faaliyetlerinin uzun vadeli sonuçlarını düşünmedikleri anlamına gelir. Bu durum yüz yüze gerçekleşmediği için çoğunlukla gerçek bir zorbalık gibi hissettirmez. Pek çok küçük çocuk, olayları ânında kavrama yeteneğinden, empatiden yoksundur ve siber-zorbalığa katılmanın olası sonuçlarını kolay kolay anlayamazlar.

Okul müdürünün ya da büyükannelerinin internette yayınladıkları şeyi görme ihtimali karşısında rahat hissetmeleri gerektiğini hatırlatmalıyız.

Çocuklarımızı siber-zorbalık faili olmaktan sakınmak için onları, bir mesajı yayınlamadan önce biraz durmaya teşvik etmeliyiz. Okul müdürünün ya da büyükannelerinin internette yayınladıkları şeyi görme ihtimali karşısında rahat hissetmeleri gerektiğini hatırlatmalıyız. Bu, çocuklar gönder ya da yayınla tuşuna basmadan önce çoğunlukla iyi bir filtredir, çünkü eylemlerinin sonuçlarını tahmin etmek için gereken önceden kavrayış ve felaket öngörüsünden genellikle yoksundurlar.

Çocukları bir havuza fırlatıp yüzmeyi bilmelerini bekleyemeyeceğimiz gibi, onları dijital bir nehre atıp yüzmek şöyle dursun, kafalarını suyun üstünde nasıl tutacaklarını bilmelerini de bekleyemeyiz. Teknolojiyi güvenli ve uygun biçimlerde kullanmak söz konusu olduğunda çocuklarımızın yol göstericiliğimize ihtiyacı vardır – ebeveynler ve eğitimciler olarak bizim de bir yol göstericiye ihtiyacımız var. İnternette çocuklarımızı nasıl güvende tutacağımız ve onlara uygun internet davranışını nasıl öğretebileceğimiz konusunda bilgilerimizi sürekli tazelemeliyiz.

Eğer çocuklarımız siber-zorbalığa maruz *kalırsa,* şunları yapmaları konusunda ısrarcı olmalıyız:

- **Dur:** zorbalık eden kişiye yanıt yazma.
- **Engelle:** zorbalığı yapan kişiyi engelle (ama olayın kanıtlarını tut).
- **Bildir:** bu olayı internet sitesinin yöneticisine ya da okula bildir.
- **Destekle:** tüm bu süreç boyunca çocuğun yanında ol.

Çocuğunuz bir zorbalık olayı anlatırsa aşırı tepki göstermeyin. Aslında, yardım istediği ve olayı bildirdiği için onları övün. Çocuğunuzu suçlamanın hiçbir faydası olmaz – bu zaman zarfında anlayışa ve korunmaya ihtiyaçları vardır. Mevcut durumla başa çıkabilmeleri için onlara yardımcı olabilecek pratik çözümler bulun, ardından böyle bir şeyin tekrar yaşanma ihtimalini azaltacak önleyici ölçütler getirmenin yollarını arayın.

Unutmayın ki teknolojiyi yasaklamak, çocuğumuzun zorbalığa uğramasının önüne geçmek için ille de uzun vadeli bir çözüm değildir. Bunun yerine sürekli yapılan açık ve net sohbetler, çocuğumuzun her türlü endişeyi ve sorunu, olay şiddetli bir hal almadan rahatça, vaktinde haber vermesini sağlar.

Şiddet içeriğine maruz kalma

Maalesef çocuklarımız medyada gittikçe artan miktarda uygunsuz içeriğe maruz kalıyor. Emm tarafından yürütülen bir araştırmada, YouTube'da *Susam Sokağı* ve *Peppa Pig* gibi popüler diziler izlerken çocukların çıplaklık ya da şiddet içeren materyallere sadece üç tıklama uzakta olduğu ortaya çıktı. Birlikte-izleme, yani teknolojiyi çocuğunuzla *birlikte* kullanma işte bu yüzden çok gerekli. (Bu konu 4. Bölüm'de incelenecektir.)

Medyadaki şiddet ile çocuk saldırganlığı ve diğer antisosyal davranışlar arasında net bir sebep sonuç ilişkisi vardır. Daha fazla şiddet medyası izleyen çocuklar saldırgan olmaya ve antisosyal davranışlar sergilemeye daha meyillidir.

Bundan başka, Anderson tarafından 2003'te gerçekleştirilen bir meta-analiz, saldırgan bilgisayar oyunlarının özellikle sorunlu olduğuna dair açık kanıtlar ortaya koymuştur. Bu çoğunlukla erkek çocukları için geçerlidir (bu tip oyunları oynamaya kızlardan daha eğilimli oldukları için) ve bu yüzden olumsuz etkilerin bazılarına daha yatkın olurlar.

Şiddet içeriğine sahip bilgisayar oyunları çocuklar için zararlı olabilir, çünkü:

- **Ayna nöronları onları karakterlerin eylemlerine benzer davranmaya yönlendirir** – bu da oyunlarında ya da boş zaman faaliyetlerinde daha saldırgan olabilmeleri demektir.
- **Aktif tepkiler vermelerine yol açar** – çocuklar şiddeti pasif biçimde gözlemlemez, bunun yerine aktif biçimde onun parçası olur.
- **Tekrar yoluyla nitelik kazanır** – bu, şiddet aktivitelerinin davranışsal bir provası gibidir.
- **Şiddet genelde ödüllendirilir** – oyunda ilerlemek ya da gelişmek çoğu zaman şiddet eylemleri gerektirir.

Bilgisayar oyunlarının aslında özü gereği kötü (veya hatta iyi) olmadığını kaydetmek önemlidir. Bütün teknolojiler gibi onlar da sadece araçtır. Bir çocuğun gelişimini desteklemeleri veya sekteye uğratmaları nasıl kullanıldıklarına bağlıdır. Bilgisayar oyunu içeriğinin olumlu toplumsal davranışları ve hatta akademik öğrenmeyi destekleyebildiğine dair pek çok örnek de bulunmaktadır.

Tedirgin edici ya da şiddet içeren haberleri yönetmek için ipuçları

Doğal afetlere ya da mantıksız şiddete dair yapılan haberler, çocuklarımız şöyle dursun, yetişkinler için bile çoğu zaman sinir bozucu. 7 gün 24 saat haberlerin yayınlandığı bir dünyada silahların ateşlenmesi, insanların kaybolması, doğal felaketler ve şiddet gibi ekranlarımızı dolduran küresel olaylardan çocuklarımızı sakınmamız bazen hayli zor.

Yetişkinlerden farklı olarak çocuklar, bu bilgileri filtre edecek kavrama yeteneğine ya da mantıklı düşünmeye sahip değildir. Tanık oldukları olayları anlamak ve bir bağlama oturtmak için yardıma ihtiyaç duyarlar.

Çok küçük çocuklar haberlerde ve güncel programlarda kullanılan dili anlayamayabilir ama yine de çarpıcı ve stres uyandırıcı görüntülerden etkilenebilirler. Bu nedenle, korkutucu medya programları çocuklarımızın duygusal gelişiminde uzun süren olumsuz etkilere yol açabilir.

Çocuklar endişelerini ya da öfkelerini ifade edecek dil becerilerine sahip olmayabilir ama yine de bu görüntüleri özümseyip işleyebilirler. Böyle olunca da kaygılı, gergin, üzgün ya da öfkeli hissedebilir ama bu duyguları ifade edemeyebilirler.

Eğer çocuklar tedirgin edici olaylar görür veya işitirlerse, güvende oldukları konusunda onlara güvence verin. Bu deneyimi akla yatkın kılmak ve belli bir yerle sınırlamak konusunda onlara yardım edin. Bunun bir sefere mahsus ve nadir bir olay olduğunu açıklayın. (Doğal felaketler ya da şiddet içeren dünya olayları meydana geldiğinde, haberlerde yer alan görüntüler çoğunlukla sınırlı olur ve bu yüzden aynı görseller tekrar tekrar yayınlanır. Dolayısıyla çocuğunuz olayın tekrar yaşandığını düşünme hatasına düşebilir, o yüzden güven vermek ve açıklama yapmak çok önemlidir.) Kendi tepkinize de dikkat edin, çünkü çocuklar ebeveynlerinin üzgün ya da endişeli olduğunu çoğu zaman hisseder.

Göz önünde bulundurulması gereken diğer üç şey şudur:

1. **Haberleri izlemeyi en aza indirin** – tedirgin edici dünya olayları gerçekleştiğinde televizyonu kapayın. Çocuklar bunlarla başa çıkabilecek duygusal becerileri geliştirmeden önce onlarda tedirginlik yaratacak olayları gösterme konusunda aceleye gerek yok. (Yedi yaş altı pek çok çocuk hâlâ neyin gerçek olduğunu, neyin olmadığını ayırt etmeye çalışır ve korkutucu görüntüler bu ayrımın bozulmasına yol açabilir.) Eğer güncel olayları yakalamak istiyorsak, çocuklarımızdan uzakta medyanın daha pasif biçimlerini (gazete ya da sosyal medya) kullanabiliriz.
2. **Onların korkularını ciddiye alın** – arkadaşlarından ya da kardeşlerinden duyacak olurlarsa, dünyadaki olaylar konusunda onlara gerçek bilgiler verin. Yine, güvende oldukları konusunda onları temin edin.
3. **Çocuğunuzun neyi kaldırabileceğini bilin** – çocuğumuzu en iyi biz tanırız. Bazı çocuklar üzücü dünya olaylarını öğrendiklerinde bununla başa çıkabilirken, bazılarının aynı haberi kaldıracak gücü olmayabilir.

Pornografi

Çocuklar pornografik içeriğe gittikçe daha fazla erişebiliyor. Sidney Üniversitesi'nden psikologlar Sitharthan ve Sitharthan'ın yürüttüğü araştırmaya göre, çocuklar 11-13 yaş aralığında pornografiyi görmeye başlıyor. Dahası, St. James Etik Merkezi'nin 2012'deki bir yayını, çocukların on bir gibi erken bir yaşta *kasıtlı olarak* pornoya erişiminde endişe verici bir artış olduğunu göstermiştir.

Cinsellikle ilgili sohbet etmek için çocukların ergenlik dönemine girmesini beklemek de çok geç kalmak olur.

Ayrıca Bobkowski, Brown ve Neffa'nın 2012'de yürüttüğü bir araştırmaya göre, gençlerin ürettiği çocuk pornografisinde artış olduğuna dair raporlar bulunuyor. 15 yaş altı çocuklar popüler internet sitelerini ve sosyal medyayı kullanarak bariz pornografik materyal oluşturuyor ve sergiliyor. Bazı ergenler ayrıca kendi ürettikleri pornografiye katılıyor, erotik ya da cinsel etkinliklerde bulunduklarını gösteren çıplak ya da yarıçıplak fotoğraflar, videolar çekiyor ve bunları sosyal medyada ve Instagram, Kik gibi hızlı mesajlaşma sitelerinde elektronik olarak paylaşıyor.

Öğretmenlerin ve ebeveynlerin pornografik içeriği izlemek ve oluşturmak konusunda çocuklarla açıkça konuşması bir mecburiyettir. Küçük çocuklar cinsel etkinliklere katılmalarının onlar için uygunsuz bir durum olduğunun çoğu zaman farkında değildir, özellikle de pornografi tüketiyorlarsa – ve bu sohbeti etmek için çocukların ergenlik dönemine girmesini beklemek de çok geç kalmak olur. Bu durum bizi ne kadar rahatsız ederse etsin, 8-12 yaş aralığındaki çocuklarımızla bu konuşmaları yapmamız hayati öneme sahiptir.

ÖRNEK OLAY

Dokuz yaşında bir kız çocuğu olan Cara cinsel organında bir "kaşıntı" olduğunu söyledi. Annesi onu aile doktoruna götürdü ve Cara'nın cinsel yolla bulaşan bir hastalık kaptığı ortaya çıktı. Annesi Cara'nın arkadaşlarıyla "seksçilik" dediği bir şey yaptığını öğrenince dehşete düştü.

Cara'nın annesi, kızının evde izlediği şeyler konusunda çok dikkatliydi ve evdeki bilgisayardan ve tabletten, Cara'yla küçük kız kardeşinin uygunsuz materyale erişmesini önlemek için internet filtreleri kullanıyordu.

Dokuz yaşına girince Cara'ya bir cep telefonu verilmişti ve annesi her ne kadar internet uygulamasını cihazdan kaldırmış olsa da bir Snap Chat hesabı açmasına izin verdi. (Cara'nın arkadaşlarından çoğunun anne babası çocuklarının bu uygulamayı kullanmasına izin verdiği için sorun olmayacağını düşünmüştü.)

Maalesef, Cara ve arkadaşları Snap Chat vasıtasıyla pornografik materyali izleme (ve bazı durumlarda yükleme) olanağı bulmuştu – bunun sonucunda yaşanan tecrübeler, cinsel yolla bulaşan hastalık kapmasına sebep olmuştu.

Bazen Cara'dan daha küçük çocukların cinsel eylemlerde bulunduğu ve bazı durumlarda cinsel olarak birbirlerini taciz ettiği, rahatsız edici bir eğilim söz konusudur. Sağlık merkezleri de çocukların gittikçe artan oranlarda cinsel davranışlarda bulunduğunu bildirmekte ve bunun sorumlusunun kısmen, pornografik materyale kolayca erişim olduğuna dair endişeler bulunmaktadır.

Çocuklar medyada, cinsellik içeren yüksek miktarda içeriğe maruz kalıyor. Bazı televizyon ve film karakterleri, uygulamaların ve bilgisayar oyunlarının kahramanları sık sık son derece cinsellik içeren biçimlerde resmediliyor. Bu da çocukların beden algılarının oluşumunu etkileyip vaktinden önce cinsel davranışlar göstermelerine sebep oluyor.

Eskiden ergenliğin başlangıcının, çocukların ideal beden algısı oluşturmaya başladığı zaman olduğu düşünülürdü ama Avustralya Aile Araştırmaları Enstitüsü artık bunun çok daha erken başladığını iddia ediyor. *The British Journal of Psychiatry*'de yayımlanan, çocukların sekiz gibi erken bir yaşta bedensel hoşnutsuzluk ifade ettiğini gösteren araştırma bunu destekliyor. Bu durum sosyal sorunlara, depresyon belirtilerine, düşük özgüvene ve çocuklarımızı yeniyetmelik dönemlerinde yeme bozukluğu geliştirme riskine sokabilen yeme sorunları oluşmasına yol açıyor.

Uygunsuz içeriğe erişimi en aza indirmek için ipuçları

Yukarıdaki olguların bir kısmı korkutucu olsa da tetikte olmak paniğe kapılmaktan iyidir. Bunlara maruz kalmayı ve olası hasarı en aza indirebilmek için yapabileceğiniz bazı şeyler şunlar:

1. **İnternete filtreler yükleyin** – çocuğumuzun erişmesini istemeyeceğimiz siteleri filtreleyebiliriz ve belli alan adlarını engellemek isteyebiliriz. Family Zone'u şiddetle tavsiye ederim.
2. **Bilgisayarlara, akıllı telefonlara ve tabletlere ebeveyn kontrolleri ve filtreler kurun** – ayarları kullanarak kullanıcı hesapları oluşturabilir ve her bir kullanıcı için farklı korumalar yükleyebiliriz.
3. **Google'da Güvenli Arama'yı açın** – bu, cinsel içerikli videoları ve görselleri Google arama sonuçlarından kaldırır ve müstehcen içeriğe yönlendirebilecek olası linkleri filtreler.
4. **YouTube'u kullanırken Güvenlik Modu'nu açın** – bu, pornografi ya da nahoş dil içeren uygunsuz materyalleri engeller. (Diğer kullanıcıların içeriği uygunsuz olarak işaretlemesine bağlı olduğundan, bu özelliğin yüzde yüz doğru çalışmayabileceğini unutmamak önemlidir.)
5. **Çocuklar için olan internet tarayıcılarını kullanın** – bu tarayıcılar özellikle oyun oynayan çocuklar için, önceden onaylanmış internet siteleri, e-posta ve diğer yaşa uygun aktiviteleri içerecek biçimde tasarlanmıştır. Popüler örnekler olarak Zoodles, Kidoz ve Kidzui verilebilir. Genellikle aylık bir üyelik ücretleri vardır.

6. **YouTube'da listeler oluşturun** – uygun videolardan listeler oluşturmak için KidsVideo: Kids YouTube Playlist gibi uygulamalar kullanın. Bu, çocuklarımızın uygunsuz içeriğe erişme ihtimalini en aza indirir.
7. **Açık ve net sohbetler edin** – çocuğunuzun internette neler yaptığı konusunda sık sık, açık ve net sohbetler edin. (Çocuğumuzun seks hakkında bilgisini yaşıtlarından ya da internetteki kaynaklardan değil, bizden almasını daha çok tercih ederiz.)

Not: Bu stratejiler çocuklarımızın uygunsuz içeriğe erişimini azaltmaya yardımcı olabilse de hiçbir filtre ya da ayar yüzde yüz etkili değildir ve aktif ebeveyn gözetimi yine de çok gereklidir. Aile evinde teknolojinin nerelerde kullanılabileceğine dair net kurallar oluşturmak bunun için önemlidir – cihazlar sadece mutfak, salon ya da oturma odası gibi evin yoğun bölgelerinde kullanılmalıdır (ve yatak odalarının dışında tutulmalıdır).

Sosyal ağ oluşturma

On yaşındaki tüm çocukların yarıdan fazlasının internette bir sosyal medya sitesi kullandığı tahmin edilmektedir. Çocuklar gittikçe artan miktarlarda çevrimiçi ilişkiler kuruyor ve internet siteleri, bazı uygulamalar ve Minecraft ile Club Penguin gibi bilgisayar oyunlarının içinde yer alan çevrimiçi forumlarda sohbet edip etkileşime girebiliyor. Ebeveynler, bunların çocuklar için sosyal medya örnekleri olduğunu öğrenince çoğu zaman hayrete düşer.

Bu çevrimiçi forumlar çocuklar için harika etkileşim ve bağlantı yolları olsa da ebeveynlerin, bu platformları kullanırken çocukları izlemesi çok önemlidir. Pek çok örnekte, bu sohbet odaları denetlenmemekte, doğru düzgün gözlenmemektedir ve çocuklar siber-zorbalığa ya da siber güvenlik risklerine maruz kalabilir.

ÖRNEK OLAY

James sorumluluklarını bilen on yaşında bir oğlandı ve kısa süre önce Minecraft'a fena halde kendini kaptırmıştı. Çok çeşitli malzemeler toplayarak ve çok oyunculu modda internet arkadaşlarıyla kendi çevrimiçi dünyasını kurarak saatler harcıyordu. Sohbet özelliğini kullanarak arkadaşlarıyla ve sunucuda oyun oynayan başka insanlarla sık sık görüşüyordu.

James yurtdışındaki arkadaşlarının biriyle kavga etti. Sinirlenen arkadaşı James'in şifrelerine ve akabinde James'in anne babasının kredi kartı bilgilerine, kimliklerine ulaştı ve James'in ailesine ilişkin, adres ve telefon numaraları dahil olmak üzere çok özel bilgileri internette yayınladı. James'in annesiyle babasının aklı başından gitti, müdahale için polisi aramak zorunda kaldılar.

TEKNOLOJİK İPUCU

Çocuklarınızın internetteki aktivitelerini izleyin ve çevrimiçi yaymak için hangi bilginin uygun (ve hangisinin uygunsuz) olduğu konusunda onlarla konuşun.

Ebeveynler ve eğitimciler olarak, sosyal medya sitelerinde neyi paylaşmanın güvenli ve uygun olduğunu, çevrimiçi nasıl uygun etkileşimler kurulabileceğini çocuklara öğretmemiz gerekir. Pek çoğumuz, dijital dünyaya doğuştan aşina oldukları için çocukların internette nasıl davranılacağını bildiğini varsayarız ama çocukların yine de çevrimiçi görgü kuralları, etkileşim ve güvenlik becerileri konusunda *detaylı biçimde* eğitilmeleri gerekir: Osmozla öğrenmeleri mümkün değildir.

Çocuklarımızı sosyal medya siteleriyle vaktinden evvel tanıştırmama konusunda çok dikkatli olmalıyız. (Her şeyden önce, bu yasal değil: Çoğu durumda gereken yaş sınırı 13.) Sosyal medya siteleri dikkatli biçimde yönetilmezse, çocuklarımız söz konusu yaş sınırının üstünde olsa bile, dışarıdan gelen onaylanma ve değerlendirilme konusunda çok hevesli oldukları bir yaşta bu, narsistik eğilimlere ve gereksiz sosyal anksiyeteye sebep olabilir.

Çocuklarımızlayken sosyal medya sitelerinin önemini aşırı abartmama konusunda da dikkatli olmalıyız. Çocuklar bizim dijital alışkanlıklarımızı özümser ve eğer çocuklarımızın fotoğraflarını sosyal medya sitelerine yükleyip duruyor ve onlara paylaştığımız şeyin ne kadar beğeni, paylaşım ya da yorum aldığını söylüyorsak, değer algıları konusunda onlara çok güçlü mesajlar iletiyoruz demektir.

Teknoloji gerçek iletişimin yerini tutmaz ve bir çocuğun ilişkiler kurup sürdürmesi, gelişimi için büyük öneme sahiptir. Hiçbir uygulama ya da sosyal medya sitesi, bizzat kurulan temasların sunduğu zengin ve manalı ilişkilerin yakınına bile yaklaşamaz. Çocukların gerçek yaşamda ilişki kurması gerekir (ironik biçimde, 8-12 yaş arası çocuklarımızla ergenlerimiz bu fenomeni anlatmak için IRL* kısaltmasını kullanır).

Teknolojiyi dikkatli kullanırsak çocuklarımızın hem bizlerle hem de hayatlarındaki diğer önemli insanlarla ilişkilerini destekleyip güçlendirebiliriz. Bununla birlikte, teknolojiyi çocuklarımızla ya da onların yanındayken aşırı ve uygunsuz biçimlerde kullanırsak, ilişkilerimizin kalitesini potansiyel olarak düşürebiliriz, bu da sevdiklerimizle aramızdaki bağın kopmasıyla sonuçlanabilir.

BİR BAKIŞTA

Dijital bir çağda ilişkileri nasıl kurmak gerek:

- **Teknolojiyi çocuklarla *birlikte* kullanın** – mümkün olan yerlerde, teknolojiyi küçük çocuklarla *birlikte* kullanın. Televizyon izleyin, bilgisayar oyunu oynayın ya da onlarla tablet bilgisayar kullanın. Bu onların dil becerilerini ve öğrenme kapasitelerini

* IRL: *In Real Life*. "Gerçek yaşamda" anlamına gelen bir tabir. (ç.n.)

geliştirmekle kalmaz, aynı zamanda teknolojiyi kullanarak yaptıkları şeylerle ilgilendiğimizi gösterir. (Bunun faydasını yıllar sonra, çocuğumuzun teknoloji konusunda bizimle açık ilişkiler kurup dürüst konuşmalar yapmasını istediğimizde görürüz.)

- **İnteraktif teknolojiler bulun** – Skype ve interaktif kitap uygulamaları, seyahat eden ya da denizaşırı ülkelerde yaşayan aile üyeleriyle ilişkiler kurmak için teknolojiden faydalanmanın harika bir yoludur. İlişkiler kurup sürdürmek için bu araçları kullanın.
- **Kendi teknoloji alışkanlıklarınız konusunda dikkatli olun** – çocuklar doğal olarak bizim alışkanlıklarımızı benimser, bu yüzden çocuklarımızın yanında teknolojiyi nasıl kullandığımız konusunda çok dikkatli olmamız elzemdir. Ayrıca teknolojiden bağımsız zamanlar belirlememiz ve sosyal medyaya aşırı önem atfetmekten kaçınmamız da gerekir.
- **Ebeveyn kontrolleri ve filtreler kurun** – küçük çocukların hangi içerikleri görüp kullanabileceklerine karar verin. İnternette ne yaptıklarını aktif biçimde izleyin (kontrolleriniz ve filtreleriniz kurulmuş olsa bile).

Sonraki bölümde, gelişimin ikinci yapıtaşı olan dil ve bu yapıtaşına hangi teknolojinin faydalı, hangisinin zararlı olduğu incelenecektir.

4

Yapıtaşı #2: Dil

Teknoloji uygun biçimde ve gerçek yüz yüze etkileşim fırsatlarını ihlal etmeden kullanıldığında çocukların dil gelişimini destekleyebilir.

Dil çocukların insanlara, nesnelere, duygulara ve yerlere isim vermesini sağlar. Ayrıca onları yeni öğrenme durumlarına taşıyan daha fazla bilgi edinmelerini sağlar. Çocuklar dünyayı dil aracılığıyla anlamlandırır.

Dil edinimi doğumdan önce başlar – hatta bebekler ilk kelimelerini söylemeden önce. İlk yaşlar dil gelişimi için hassas bir dönemdir, çünkü dil için nöral yollar o dönemde oluşur, ilerideki öğrenmeyi kolaylaştırır.

Bir çocuk dildeki en hayati kazanımlarını ömrünün ilk üç yılında edinir – kelime dağarcığı ve cümle kullanımında, kelimenin tam anlamıyla bir patlama yaşanır. (On iki aylık bebeklerin 50 kelimeye kadar bir kelime dağarcığı varken, altı yaşına geldiklerinde bu 5000 kelimeye kadar çıkar.)

Araştırmaların sürekli gösterdiği gibi, bebeklerin ve küçük çocukların dili hem işitip hem kullanması zaruridir. Hard ve Risley tarafından yürütülen bir araştırma, üç yaşına kadar çocukların kullandığı kelimelerin yüzde 86-98'inin ebeveynlerinin kelime dağarcığından türediğini göstermiştir. Ebeveynlerin küçük çocuklarını evde dil bakımından zengin ortamlara sokması bu nedenle çok önemlidir. Ayrıca teknolojinin bu süreci tıkamamasına dikkat etmek şarttır.

BEBEKLERLE ETKİLEŞİME GİRMEK ÇOK ÖNEMLİDİR

Dil edinimi araştırmacısı Patricia Kuhl, yaptığı araştırmalarla bebeklerin ve küçük çocukların ebeveynleriyle ve/veya bakıcılarıyla karşılıklı etkileşimlerden fayda sağladığını göstermiştir. Bu karşılıklı etkileşimler, bebeklerin ifade etme ve kavrama dili gibi önemli dil becerilerini geliştirmesini sağlar.

> Bebeklerin ve küçük çocukların, ekranlarımızdan yansıyan ışığın aydınlattığı görüntümüze değil, doğrudan bakışımıza ihtiyacı vardır.

Bebekler agulayarak, el kol hareketleriyle, sesler çıkarıp yüz ifadeleri yaparak başkalarıyla doğal biçimde iletişim kurar ve bu basit eylemler ebeveynlerle/bakıcılarla ilişkiler kurup geliştirmelerini sağlar (3. Bölüm'de anlatıldığı gibi). Önemli olan bunların aynı zamanda beyin yapısını biçimlendirip güçlendirmesidir.

Yeni beyin görüntüleme teknolojileri, yetişkinler bebeklerle iletişim kurduğunda nörolojik açıdan neler olduğunu gösteren net kanıtlar sunmuştur. 2015'te yapılan bir araştırma *hem* ebeveynlerden bebeğe yönelmiş konuşmanın *hem de* doğrudan göz teması kurmanın beyin aktivitesinde artışa yol açtığını göstermiştir.

Ses gelişimi için çok önemli bir dönem 8-10 aylık arasıdır, çünkü bebekler kendi anadillerindeki özel sesleri o zaman tanıyıp ayırt etmeye başlar. Bebeğin çevresinde duyulmayan sesler için olan nöral yollar bu zamanlarda kısalır ya da tamamen küçülür, bu yüzden bebeklerin ve küçük çocukların bizimle karşılıklı iletişim kurma fırsatları yakalaması kritik önemdedir. Bu karşılıklı etkileşim gelişimleri için hayati önem taşır.

Biz ebeveynlerin sürekli teknolojiye bağlı olmaması ve bebeklerimizle karşılıklı etkileşim halindeyken cihazlarımız tarafından rahatsız edilmememiz esastır. Onlar sadece dili kullanışımızı ya da bizimle etkileşimde olmayı istemez, aynı zamanda etkileşim kurmak için kullandığımız görsel ipuçlarına bel bağlar ve ağız hareketlerimizi izlemek isterler. Kendimizi ekranlarımıza fazla kaptırırsak ya da bu etkileşimlere tümüyle dahil olmazsak, bu durum çocuğumuzun dil gelişimini potansiyel olarak olumsuz etkiler. Bebeklerin ve küçük çocukların, ekranlarımızdan yansıyan ışığın aydınlattığı görüntümüze değil, doğrudan bakışımıza ihtiyacı vardır.

Akıllı telefonumu bebeğimle kullanmak için uygun bir yaş var mı?

Çocuklarımızı teknolojiyle tanıştırmak için güvenli ya da ideal bir yaş yok ve bunu yapmak için kesinlikle hiçbir acelemiz de yok. Ebeveynlerin tedbiri elden bırakmamasını tavsiye ediyorum. İlk aylarda ve yıllarda çocukların gelişmek için gerçekten basit şeylere ihtiyacı vardır: Bol hareket imkânının yanı sıra dille sık sık iç içe olmaya (yetişkinlerle bol miktarda karşılıklı etkileşim dahil olmak üzere), dünyalarını inceleyip bedenlerinin neler yapabildiğini görmeye (daha fazla bilgi için 7. Bölüm'e bakınız) ihtiyaç duyarlar. Ekran karşısında geçirilen zaman bu becerilere köstek vurabilir: Küçük bebeklerle çocukların uygulamalara değil, kucaklanmaya ihtiyacı vardır.

Bebeklerle küçük çocuklar televizyondan ve dokunmatik ekranlardan, canlı göstergelerden olduğundan daha az şey öğrenir, çünkü ekranda gösterilen bilginin gerçek dünyayla nasıl bir ilişkisi olduğunu anlamak onlar için zordur. Bu, aktarma noksanlığıdır. Anderson ile Pempek'in yaptığı araştırma, dokunmatik ekran kullandıklarında bebeklerin ve küçük çocukların normalin yarısı kadar öğrendiğini ve bunları daha kısa sürelerle hatırladıklarını ortaya koymuştur.

Şimdi, bebeğimize ilk iki yıl televizyon ya da başka ekranlar izlettiğimiz için kendimizi yiyip bitirmeye ya da endişelenmeye başlamadan önce, azıcık teknolojinin zarar verme ihtimalinin pek bulunmadığından emin olabiliriz. Günde 15-30 dakika civarı kısa zamanlar söz konusu olduğunda büyük ihtimalle sorun yoktur. Sadece iki yaş altı çocuğu olan ebeveynlere ekran başında geçirilen bu zamanı kısıtlamasını ve bunu bir amaç doğrultusunda kullanmasını tavsiye ediyorum.

Eğer çocuklarımızla teknolojiyi kullanmak istiyorsak, onu birlikte kullanmaya çalışmalıyız. Teknolojiyi, onlarla olan ilişkinizi pekiştirecek ve dille ilişkilerini artıracak şekilde kullanın. Örneğin, akıllı telefonlardan videolar izleyip fotoğraflara bakarak neler gördüklerini konuşun. İnternette yeni kelimeler ya da fikirler, sesler ve görüntüler keşfedin. DVD'lerden ve televizyondan izlediklerini yaşamlarıyla ve deneyimleriyle ilişkilendirmeye çalışın (video noksanlığını dengelemek için).

Çocuğumuzla ekran başında geçirilen zamanı sosyal ve interaktif bir deneyime dönüştürmeli ve ekranlarla geçirilen zamanın bizimle ya da başka bir bakıcıyla geçirilen zamanın yerini almadığından emin olmalıyız.

KELİME AÇIĞI

Roben, Cole ve Armstrong 18 aylık civarı ortaya çıkan ve çocuk büyüdükçe genişleyip kötüleşmeye devam eden ve kelime noksanlığını gösteren kapsamlı bir araştırma yürüttüler. Dahası, Hart ile Risley'in çalışması, dil bakımından zengin çevrelerden gelen çocukların (dört yaşına geldiğinde yaklaşık 45 milyon kelimeyle karşılaşmış olanlar) dil bakımından fakir çevrelerden gelen (dört yaşına geldiğinde yaklaşık 15 milyon kelimeyle karşılaşmış) çocuklardan 30 milyon daha fazla kelime duyduğunu ortaya çıkarmıştır.

Bu yüzden, ilk yıllarda çocuğumuzun dil becerilerini geliştirmeye olabildiğince zaman harcamamız çok önemlidir. Bu da çocuklarımızla etkileşime girmek için hayati fırsatları, dikkatimizin cihazlarımızda olması yüzünden kaçırmamamız konusunda çok dikkatli olmamız gerektiği anlamına gelir. Küçük çocuklarımızın ekran alışkanlarının onların dil becerilerini olumsuz yönde etkilememesi konusunda neden çok dikkatli olmamız gerektiğinin bir başka nedeni de budur.

Dijital çağda çocukların dil becerilerini artırmak için basit fikirler

- **Bebeklerle bebekçe konuşun** – *Beyin Kuralları*'nın yazarı John Medina bebeklerle konuşurken kullandığımız çok tiz, abartılı, uzun ünlü seslerinin ve kısa kesilen ünsüz seslerinin, dili öğrenirken beyinlerinin tam da ihtiyaç duyduğu şey olduğunu iddia eder.
- **Şarkı söyleyin** – şarkılar, çocukların dil becerilerini oluşturmanın ideal bir yoludur (ayrıca çok eğlencelidir).
- **Tekerlemeler ve şiirler okuyun** – çocuklar tekerleme duymaya bayılır ve ritme olumlu karşılık verirler; bunlar çocukların dil becerilerini oyunculukla geliştirmeye yardım eder.

Şarkıların ya da kelimelerin sözlerini hatırlayamazsınız YouTube'a ya da Baby Karaoke sayfasına ve uygulamasına bakın. (http://raisingchildren.net.au/baby_karaoke/baby_karaoke_landing.html)

TEKNOLOJİ ÇOCUKLARIN DİL BECERİLERİNİ NASIL DEĞİŞTİRİYOR?

Çocuklar ekranları kullandığında bir gölge maliyet söz konusudur, çünkü başka bir şey *yapmazlar.* Bebekler ve küçük çocuklar söz konusu olduğunda ekran kullanımıyla ilişkili bu yer değiştirme etkisi, uyanık geçirdikleri günlük sınırlı zaman düşünülünce gayet önemli olabilir.

Eğer küçük bir çocuğun ekran başında geçirdiği zamanı uyanık zamanlarının bir yüzdesi olarak düşünürsek, bunun ara sıra başka önemli gelişimsel fırsatların yerini aldığını görebiliriz. Örneğin, bir çocuk günün sadece on saatini uyanık geçiriyor olabilir, bu yüzden günde bir iki saat televizyon izlemesi, uyanık zamanının yüzde 10-20'sini ekran başında geçirmesi anlamına gelir. Bu durum dil bakımından zengin deneyimler yaşamaları için ayrılan zamanı açık biçimde kısıtlar.

Bir İngiliz hükümet araştırmasında öğretmenler ve sağlık uzmanları, gittikçe artan sayıda çocuğun az gelişmiş dil becerileriyle anaokuluna geldiğini rapor etmiştir. Bu araştırmaya göre, 2005 ile 2011 yılları arasında, konuşma ve dil güçlüğü çektiği için uzmana ihtiyaç duyan okul çocuklarının sayısında yüzde 71'lik bir artış olmuştur. Avustralya ve diğer gelişmiş ülkelerde de benzer endişeler bulunduğu, pediyatrik sağlık uzmanları tarafından dile getirilmektedir.

ÖRNEK OLAY

Michelle bir konuşma patoloğu. Küçük çocukların dil becerilerinde bir düşüş olduğunu fark etmiş durumda; dil gecikmeleri ve dili kavrama zayıflığı (dili dinleme ve işleme) gibi iletişim güçlükleri sergileyen, gittikçe artan sayıda çocuğu tedavi ediyor.

O ve meslektaşları çocukların ekran başında geçirdikleri zamanın ebeveynleriyle doğrudan sohbet etme fırsatlarını gasp ettiği konusuna kafa yoruyorlar. Şöyle açıklıyor Michelle: "Çocuklar yetişkinlerle, kardeşleriyle ve yaşıtlarıyla yüz yüze etkileşime girmeye daha az zaman harcarken, ekran başında daha fazla vakit geçiriyor. Yemeklerde oturup gerçek konuşmalar yapmaya vakit ayırmıyor ve eskiden ebeveynleriyle birlikte yaptıkları gibi şarkı ve tekerleme söylemiyorlar."

Michelle çocukların dil becerilerinin ekran alışkanlıkları yüzünden zayıflaması konusunda endişe duyuyor. Şöyle devam ediyor: "İlk üç yıl beyin gelişimi için kritik öneme sahiptir. Çocuklar öncelikle, teknolojinin yerini dolduramayacağı biçimde, sözlü iletişim aracılığıyla öğrenir. Küçük çocukların insanlarla etkileşimde bulunmaya ihtiyacı vardır. Ekranlar bu tür etkileşim sağlayamaz. Beni yanlış anlamayın. Teknoloji düşmanı değilim. Aslında zaman zaman, tedavilerinin bir parçası olarak çocukların uygulamalar kullanmasını tavsiye ediyorum. Ama ebeveynlerin iletişim kurması ve tüm tedaviyi uygulamalardan beklememesi de çok önemli."

Ekran başında geçirilen zamanın artması, çocuklarımızın dil becerilerindeki olası düşüşün tek sebebi değildir. Ekranların bu sorunun bir *parçasını* oluşturması büyük olasılık olmakla birlikte, çocuklarımızın dil becerilerindeki düşüşten sorumlu tutulabilecek diğer faktörleri de göz önünde bulundurmalıyız. Örneğin, aile yaşam tarzlarının temposundaki değişimler (etkileşim ve sözlü iletişim için ayrılan zamanın azalması) ve erken müdahale hizmetlerindeki artış da (yani dil gecikmeleri ya da güçlükleri olabilen çocukların artık çok daha erken yaşta, çoğu zaman okulöncesi ortamlarda tespit edilebilmesi) bunun sorumlusu olabilir.

TEKNOLOJİ ÇOCUKLARIN DİL GELİŞİMİNE NASIL FAYDA SAĞLAYABİLİR?

Teknoloji uygun kullanılırsa ve gerçek yüz yüze etkileşim fırsatlarının önüne geçmezse, çocukların dil gelişimini destekleyebilir. Teknoloji, dil gelişimine şu biçimlerde yardımcı olabilir:

1. birlikte-izleme
2. televizyon
3. kitap uygulamaları
4. sesli kitaplar
5. interaktif teknolojiler

Birlikte-izleme

Teknolojiyi çocuklarımızla birlikte kullanmayı içeren birlikte-izleme, özellikle onların öğrenme ve dil gelişimi için çok faydalıdır. *Journal of Broadcasting and Electronic Media*'da 1999-2008 arası yayımlanan üç ayrı araştırma, birlikte-izlemeyi destekleyen çok güçlü kanıtlar sunar.

Birlikte-izlemenin iki amacı vardır:

1. **Çocuklar üstündeki olası olumsuz medya etkilerini hafifletmek ve uygunsuz içeriğe maruz kalma ihtimallerini azaltmak** – bu, çirkin ya da şiddet içeren bir şey görmeleri halinde, ebeveynlerin çocukların endişelerine ve sorularına hızlıca yanıt verebilmesi anlamına da gelir.
2. **Çocukların teknolojiyi kullanarak öğrenme ve ondan faydalanma ihtimallerini artırmak** – Susam Sokağı'na dair kırk yılı aşkındır yapılan araştırmalar göstermiştir ki çocuklar birlikte-izlediklerinde öğrenme bakımından daha büyük faydalar ortaya çıkar.

Pek çok modern evde dijital manzara değişmiş durumdadır. Birlikte-izleme, çocuğumuzla sadece televizyon izlemekle sınırlandırılamaz artık. Aile evlerinde izlenen ve kullanılan bir dizi dijital teknolojinin olması, birlikte-izlemenin uygulanmasını çok

ÖRNEK OLAY

Dört yaşındaki oğlum *The Octonauts*'u* izlemeye bayılırdı. Bölümlerin birinden sonra, o deniz yaratıklarından birinin yiyecek kaynağı bulmak için nasıl ekolokasyon kullandığını anlattı. Komplike bir dil kullanarak, bazı deniz canlılarının zayıf görüşlerini telafi etmek için bu özel adaptasyon yöntemini kullandığını söyledi. (Evet, bu açıklamayı işitmek beni de çok şaşırttı.)

Ardından ekolokasyonun ne olduğu, hayvanların bunu nasıl kullandığı konusunda derin bir sohbete koyulduk (Google'a şükürler olsun) ve başka hayvanların da bu yeteneğe sahip olduğunu keşfettik. O bölümü izlememiş olsa, böyle bir imkânın doğması mümkün değildi.

* Televizyon için hazırlanmış, bir İngiliz çocuk dizisi. (ç.n.)

daha zorlaştırmıştır. Bu değişimlere karşılık, ortak medya katılımı (OMK)* adında yeni bir terim geliştirilmiştir. Her yerde, her zaman olabilir ve birden fazla insanın dijital (hatta geleneksel) medyayla birlikte etkileşime girmesiyle gerçekleşir.

OMK'nin faydaları sadece televizyon izlemenin ötesine geçer. 2009'da *International Journal of Learning and Media*'da yayımlanan bir araştırma çoğu çocuğun medya aktivitesinin yetişkinlerle, hatta kardeşlerle veya akranlarla olan etkileşimden fayda sağladığını göstermiştir. Bilgisayar oyunları, e-kitaplar ve dokunmatik ekran oyunları, çocuklar bunları başka biriyle birlikte kullandığında çok daha zenginleşir. Sözlü iletişim yoluyla çocuklar ekranlarla daha derin seviyelerde bağlantı kurar, dili kullanıp problemleri çözer ve tartışırlar. Ebeveynler anında açıklama sağlayabilir, sorulara hemen yanıt verebilir, kendi düşüncelerini paylaşabilir ve çocukları katılımcı olmaya teşvik edebilirler.

* Joint Media Engagement: JME. (ç.n.)

Çocukların öğrenmesi OMK'yle desteklenir, çünkü ebeveynler çocukların deneyimden anlam çıkarabilmesini sağlayacak kaynakları sağlayabilirler. Leibham, Alexander, Johnson, Neitzel ve Reis-Henrie tarafından yapılan araştırma, eğer ebeveynleriyle birlikte-izliyorlarsa çocukların içerik bilgilerini güçlendirebilecek bir konuyu ya da fikri uzun bir süre araştırma ihtimalinin daha yüksek olduğunu ortaya çıkarmıştır. Bu ayrıca, çocukların çevrelerinde olup bitenden bihaber olacak kadar bir oyuna ya da uygulamaya gömüldüğü dijital-zombi etkisinin de (yani akşam yemeği için çikolata önerdiğinizde bunun hiç farkında olmayacak kadar büyülenmiş halde olmalarının) önüne geçer.

Modern aile yaşantısının çılgın temposu, teknolojiyi çocuklarımızla *birlikte* kullanmayı *her zaman* mümkün kılmıyor. Elbette teknolojiyi çocuklarımızla mümkün olduğunca çok *birlikte* kullanmayı hedeflemeye çalışıyoruz ama bir anne olarak, bazen bir telefon görüşmesi yapmak, bir işi tamamlamak ya da yemek hazırlamak için ekranların çocuklarımızı eğlendirip meşgul etmesine bel bağlayışımızı kesinlikle anlıyorum. Ayrıca bu bir sorun değil. Böyle durumlarda suçluluk duygusuyla harap olmanın âlemi yok.

Birlikte-izleme için ipuçları

Makul zamanlarda teknolojiyi çocuğumuzla olabildiğince fazla kullanmak çok önemlidir. Özellikle de çok küçük çocuklar (iki yaş ve altı) ikiboyutlu ekranlar ile gerçek yaşamdaki üçboyutlu nesneler arasındaki bağlantıyı kurmakta güçlük çekerler ve bizim yardımımıza ihtiyaçları vardır. (Araştırmacılar buna video noksanlığı der.)

Örneğin, çocuklar televizyonda bir at görebilir ama bir kitaptaki ya da gerçek yaşamdaki bir atı anında tanıyamayabilir. Onlarla sadece konuşmak, beyindeki dilden sorumlu nöral yolların pekişip güçlenmesi kadar, bunları kavramalarına da yardımcı olabilir.

Daha büyük çocuklar söz konusu olduğunda ilişkiler kurmamız ve onların internette yaptıklarına değer verdiğimize dair güçlü mesajlar göndermemiz için birlikte-izlememiz yine önemlidir. Bunun gizli saklı bir şey ya da tabu olmadığını göstermek için teknoloji etrafında açık bir çevre oluşturup bunu desteklemeliyiz, yani internetteki davranışlarımızın önemli olduğunu göstermeliyiz.

Birlikte-izlemeyi bütün yaşlar için kolay ve uygulanabilir kılan bazı fikirler:

1. **Cihazları evin merkezi ve erişilebilir alanlarında tutun** – oturma odası ve mutfak gibi. Böylece bütün önemli sınırları koyup bunlara dahil olabilirsiniz.
2. **Bunu tek başınıza yapmaya çalışmayın** – kardeşlerin, arkadaşların ve büyükannelerle büyükbabaların yardımını alın, böylece çocuklar teknolojiyi kullanırken konuşabileceği ve yanında bulunabileceği birisiyle birlikte olabilir.
3. **Sorular sorun** – yaptıkları, izledikleri hakkında, özellikle de oturup onlarla teknolojiyi kullanamıyorsanız. Ekran başı aktiviteleriyle ilgilendiğinizi gösterin.
4. **Konuşmayı sürdürün** – teknolojiyle geçirilen zaman öncesinde, sırasında ve sonrasında. Bu, dijital-zombi etkisinin önüne geçebilir, yine de çocukların ekran başında geçirdiği her zamanda böyle yapmaya kendinizi mecbur hissetmeyin! Onlar teknolojiyi kullanmadan önce hemen ne yapmayı planladıklarını ve dizi bölümünün ya da uygulamanın ne hakkında olmasını beklediklerini sorun. (Buna bilişsel hazırlama denir ve beyni neye dikkat etmesi gerektiğine duyarlı hale getirerek hazırlar.) Onlar teknolojiyi kullanırken zaman zaman sorular sorun. Unutmayın, istediğimiz onların dikkatini dağıtmak değil ama karakterlerin televizyon dizisindeki sorunla nasıl başa çıktıklarını ya

da oyunda nasıl ilerlemeyi planladıklarını sormaya çalışın. Teknolojiyi kullandıktan sonra, onları ne yaptıkları ya da gözlemledikleri konusunda konuşmaya teşvik edin. Bu onların –ve bizim– ne anladıklarına (ya da belki anlamadıklarına) karar vermelerine yardımcı olur ve biz de öğrenmeye en açık oldukları anlarla ilgili deneyimimizi daha öteye taşıyabiliriz.

5. **Hazırlıklı olun** – birlikte-izleyemediğiniz zamanlarda çocuğunuzun kullanmasında sakınca görmediğiniz televizyon programlarının, bilgisayar oyunlarının bir listesini yapın ya da uygulamalardan bir klasör oluşturun. Kelimenin tam anlamıyla televizyon programlarının isimleri yazın, YouTube gibi sitelerde çalma listeleri oluşturun, televizyon programlarını önceden kaydedin ya da fiziki bir DVD koleksiyonunuz olsun.
6. **Rahatlayın** – kurduğumuz iletişimin daima öğrenme hedefleriyle ya da televizyon programlarıyla ilgili olması gerekmez. Eğitici olmayan programlar izlerken de etkileşim sağlayabiliriz ve çocuklarımız bundan yine de faydalanabilir; örneğin, televizyon programlarındaki karakterlerin sosyal durumları nasıl ele aldıklarını tartışabiliriz. Bu, bazı büyük meselelere dair verimli sohbetler için harika bir platform olabilir. Unutmayın, bazen sadece eğlenmek de iyi bir şeydir!

Televizyon

Çocuklar ve teknoloji konusunda en yaygın efsanelerden biri televizyonun onlar için kötü olduğudur; bu yüzden, televizyonun çocuklarımız için aslında faydalı olabileceğini işitmek çoğu zaman şaşırtıcıdır (ve memnun edicidir).

Mares ve Pan 2013'te, *Susam Sokağı*'nı ve okulöncesi çocuklar üstündeki etkisini inceleyen çok sayıda araştırmayı değerlendirdi. Eğitsel ve yaşa-uygun içeriğin okulöncesi çocukların öğrenmesinde faydalı olduğu, dil ve bilişsel gelişimlerini artırdığı ortaya çıktı. Elbette içerik çok önemlidir ve küçük çocuklara eğitsel programlar sunarken onların ekran başında aşırı zaman geçirmediğinden emin olmak kritik öneme sahiptir.

Çocuklar için kaliteli televizyon programlarında aranması gereken özelliklere dair ipuçları

Çocuklara yönelik televizyon programları, ideal olarak şu özellikleri içermelidir:

- **Tekrar** – insan beyni kelimenin tam anlamıyla tekrarı arzular. Çocuklarımızın her gece aynı kitabı okumamızı istemesi bu yüzdendir. Dora da bu sebeple her bir bölüm boyunca aynı dili tekrarlayıp durur. Çocuklara yönelik televizyon programları, çocukların yeni kelimeler ya da kavramlar öğrenmesine yardımcı olmak için dil tekrarını kullanır.
- **Doğrusal bir hikâye örgüsü** – çocuklar için hazırlanan televizyon programları dolaysız, anlaşılır bir hikâye örgüsü izlemelidir. Bir serim, düğüm ve çözüm olmalıdır. Çok fazla ters köşe ya da bu formattan fazla sapma çocukların kafasını karıştırabilir.
- **Öngörülebilirlik** – öngörülebilir formatlar bir aşinalık sağlar ve çocukların, bir sonraki olayın ne olabileceğini tahmin etmeye çalışmaktansa, dikkatlerini izledikleri bölümü anlamaya vermeleri demektir.
- **Çok ağır bir tempo** – çocuk beyni seri geçen, hızlı tempolu ekran aksiyonuna genellikle odaklanamaz ve bu durum onların dikkatini fazla talep etmek olur. Bu, çocuğun televizyon programının daha az önemli kısımlarına odaklanma eğilimi geliştirmesine yol

açan, bilişsel aşırı yüklenmeye sebep olabilir (yani konuyu değil de çizgi film karakterlerinin eylemlerini ve önemsiz yorumları alabilirler).

- **İnteraktivite** – çocuklara sorular soran ya da onları izlerken fiziksel bir şey yapmaya teşvik etmek gibi katılımcı etkileşimi destekleyen programlar seçin. Örneğin, *Play School* ve *Susam Sokağı* bölüm sırasında genellikle çocuklara sorular yöneltir ve bölümlerin sonunda ekran dışında aktiviteler yapmalarını önerir.

TEKNOLOJİK İPUCU

Pek çok medya geliştirici, programlarını eğitici olarak tarif eder, çünkü eğitici kaynaklar kullanılırsa ebeveynlerin yaşadığı tekno-suçluluğun azalacağını bilirler. Ama aslında bu programların hepsi eğitici değildir.

Kaliteli televizyon programları bulmak için ebeveynlerin/bakıcıların Common Sense Media uygulamasını (http://www.commonsensemedia.org/mobile) indirmesi ve Avustralya Çocuk Televizyonu Vakfı'nın internet sitesini (http://www.actf.com.au) incelemesi önerilir; buralarda çocuklara yönelik en iyi güncel televizyon programlarını (hem eğitici hem de eğlendirici) bulabilirler.

Kitap uygulamaları

Kitap uygulamaları ve dijital masallar geleneksel kitabın yerini hiçbir biçimde alamaz ama geleneksel kitap deneyimlerini tamamlayıp dil becerilerinin artmasını kesinlikle sağlayabilirler. Kitap uygulamaları animasyonlar, ses efektleri, arka plan müziği ve interaktif unsurlar içerir. Bunlar iyi tasarlandığı ve çocuğun masalı kavrama becerisini ihlal etmediği sürece kitap deneyimini artırmanın harika bir yolu olabilir.

İleriyi düşünen pek çok yayıncı artık geleneksel basılı kitapları canlandırmak için artırılmış gerçeklik özelliğinden yararlanmaktadır. Örneğin, *Numberlys* kitapları, onlara eşlik eden bir Im-ag-no-tron uygulamasıyla hayat bulabilir. Basılı kitap sayfası dokunmatik ekran kamerası kullanılarak tarandığında arka planda müzik çalar ya da dokunmatik ekranda animasyon karakterleri belirir. Bunlar okumaya kesinlikle eşsiz bir yön kazandırır ve geleneksel kitaplardan oldukça farklıdır.

TEKNO EFSANE AVCISI

EFSANE: Kitap uygulamaları ve dijital masallar geleneksel kitaplardan daha iyidir.

GERÇEK: Geleneksel kitaplardan daha faydalı olup olmadığını kitap uygulamasının tasarımı belirler.

Kitap uygulamalarını ve dijital kitapları okumak, geleneksel basılı kitaplardan çok daha farklı bilişsel süreçleri ortaya çıkarır. Bazı kitap uygulamalarında masal çocuğa –animasyonlarla, arka plan müziğiyle ve ses efektleriyle– net bir biçimde iletilir, öyle ki bazen onların çok az bir bilişsel çaba göstermesi gerekir. Örneğin, geleneksel kitaplarda olduğu gibi masalı kendi kafalarında inşa etmelerine gerek kalmaz.

Bir kitabı okuduğumuzda ve ardından gidip onun film versiyonunu izlediğimizde biz de aynı deneyimi yaşarız. Film nadiren kitap kadar iyi çıkar, çünkü biz hikâyeyi kendi hayal gücümüzde yaratmışızdır.

Geleneksel kitaplarda durum böyle değildir ve okumaya dengeli bir yaklaşım geliştirmek bu yüzden şarttır. Çocukların *hem* dijital *hem de* geleneksel kitaplar okumaya ihtiyacı vardır.

TEKNOLOJİK İPUCU

Kitap uygulamalarında basit tasarımlar arayın. Dikkat dağıtıcı çok fazla özelliğin (aşırı arka plan müziği ya da dikkat çeken animasyonlar gibi) çocukların kavrayışını güçleştirdiği bilinmektedir.

Sesli kitaplar

Sesli kitaplar hem kitap uygulamalarına hem de geleneksel kitaplara harika bir alternatif oluşturur. Yine, basılı kitap okumanın yerini hiçbir şekilde almazlar. Çocukların dinleme, kavrama, canlandırma ve hayal etme becerilerini geliştirir, çünkü çocuklar görüntüleri, onlara gösterilmesinin ve sunulmasının aksine kendi kafalarında canlandırırlar.

Sesli kitaplar kelime dağarcığını zenginleştirip çocuklara önemli odaklanma becerisini de öğretebilir (bazen arka plan müziği ve ses efektleri gibi dikkat dağıtıcı unsurları filtrelemeleri gerekir). Sesli kitaplar, gönülsüz ya da okumayı zor bulan çocukları çekmenin de harika bir yolu olabilir.

İnteraktif teknolojiler

Dokunmatik ekranlı cihazlar daha fazla interaktif ekran deneyimine katılma konusunda çocuklara yeni fırsatlar sunar. Pasif medya türlerinden farklı olarak, tablet cihazlar (uygulamanın tasarımına bağlı olarak) çocukları aktif katılıma ve etkileşime teşvik eder, böylece bu artan katılımın öğrenmeyi artırdığı varsayılmaktadır.

Okulöncesi çocuklar ile interaktif uygulamalar konusunda yayımlanmış birkaç araştırmadan biri, 2012'de 109 okulöncesi çocuğu ve onların okuryazarlık alışkanlıklarını ele alan bir Avustralya araştırmasıdır. Bu araştırma, çocukların evdeki tablet cihazlara erişiminin onların okuryazarlık becerilerini etkileyip etkilemediğini tespit etmek üzere tasarlanmıştı. Bulgular, bir tablet cihaza erişebilen 3-5 yaş aralığındaki çocukların okuryazarlık becerilerinin (daha iyi harf ve ses bilgisi ile isim yazma becerisi) bu erişime sahip olmayan akranlarından daha üstün olduğunu gösterdi.

Bunun bir korelasyon araştırması olduğuna dikkat etmek önemlidir. Tablet cihazların öğrenmeyi daha iyi hale getirdiğini *kanıtlamamış*, ancak tablet cihazlara erişim ile okuryazarlık becerileri arasında bir ilişki olduğunu göstermiştir. (Tablet cihazlara yatırım yapan ebeveynlerin çocuklarına bir şeyler okuyarak daha fazla zaman geçirdiğini ya da okuryazarlığı geliştiren aktivitelere daha fazla katıldığını düşünmek akla yatkındır.)

TEKNOLOJİ ÇOCUKLARIN DİL GELİŞİMİNE NASIL KÖSTEK OLABİLİR?

Teknoloji çocukların dil gelişimini destekleyebileceği gibi, dil becerilerine köstek de olabilir. Teknoloji çocukların dil becerilerine şu müdahalelerde bulunabilir:

- tekno-ihmal
- aktarma noksanlığı
- bebek DVD'leri ve programları
- arka planda açık televizyon

Tekno-ihmal

3. Bölüm'de çerçevesi çizildiği üzere, dijital cihazlara kendimizi kaptırmamız çocuklarımızla kurduğumuz ilişkiyi potansiyel olarak değiştiriyor. Dil gelişimi için hayati öneme sahip karşılıklı etkileşimlerde bulunmadıkları için bunun çocukların dil becerilerini kısırlaştırması da olası.

Amerikan Konuşma-Dil-İşitme Derneği'nin 2015'te yürüttüğü bir araştırmada, ebeveynlerin yüzde 52'sinin teknoloji alışkanlıkları yüzünden çocuklarıyla istediklerinden daha az sohbet ettiklerine inandığı ortaya çıkmıştır. Çocuklarımızla yeterince etkileşime girmeyecek ve yakın ilişkiler kurmayacak kadar dijital cihazlarımıza gömülmediğimiz konusunda dikkatli olmamız gerekir.

Aktarma noksanlığı

Anderson, Pempek ve Barr'ın yürüttüğü araştırma, küçük çocukların televizyon ve dokunmatik ekranlardan, gerçek, canlı sergilemelere nazaran daha az şey öğrendiğini gösteren kanıtlar sunmuştur. Bu fenomen, küçük çocukların ekranlardan öğrendiklerini gerçek yaşam durumlarına aktarma yetersizliğini tarif etmektedir.

Çocuklar yaklaşık otuz aylık olana dek aktarma noksanlığının sürdüğüne inanılmaktadır. Bu da küçük çocukların verimli, uygulamalı görevlere katılmak için geniş olanaklara ihtiyaç duyduğu anlamına gelir. Ayrıca bu kadar erken yaşta ekranları kullanıyorlarsa, o zaman Lisa Guernsey'in önerdiği şu üç unsuru dikkatle göz önünde bulundurmalıyız: Çocuk, İçerik, Bağlam.

> Çocukların ekran başında geçirdiği zamanın içeriğine ve bağlamına odaklanırsak gelişimleri üstünde olumlu bir etki yaratabiliriz.

Özellikle, çocukların ekran başında geçirdiği zamanın *içeriğine* ve *bağlamına* odaklanırsak gelişimleri üstünde olumlu bir etki yaratabilir, aktarma noksanlığının iyileşmesine de yardımcı olabiliriz. *İçerik* bakımından, çocukların yaşa-uygun içeriğe eriştiğinden emin olmalıyız. (Önerilen televizyon programları ve uygulamalar konusunda, aileler ve eğitimciler için en yeni teknolojiyi bir araya getirip tanıtan Common Sense Media uygulamasına bakın: https://www.commonsensemedia.org/mobile)

Bağlam bakımından, arka plan medyasına maruz kalışı en aza indirmek zorundayız (sayfa 105'teki "Arka Planda Açık Televizyon" başlığına bakınız) ve ayrıca olabildiğince birlikte-izleme yapmalıyız (sayfa 90'daki "Birlikte-izleme" başlığına bakınız).

İki yaş altı küçük çocukların ekran başında geçirdiği zaman illaki zarar verici olmak durumunda değildir; sadece zamanlarını en iyi değerlendirmelerinin yolu sayılmaz pek. Temel olarak, çok küçük çocuklarla *ne tür* bir medya kullandığımız konusunda çok dikkatli ve seçici olmak zorundayız (aslında bu *bütün* çocuklar için önemlidir). Ne izledikleri ve onlar izlerken bizim nasıl bir etkileşim kurduğumuz kesinlikle kritik öneme sahiptir.

İçerik gerçekten kraldır! Ama çocukların teknolojiyi kullanma biçimleri, yani bağlam da onun kadar önemlidir.

Bebek DVD'leri ve programları

Bebek DVD'si endüstrisinin sadece ABD'de yılda 200 milyon dolardan daha fazla bir değere sahip olduğu tahmin edilmektedir. Yeni ebeveynler, iyi niyetli büyükannelerle büyükbabalar ve arkadaşlar, bu eğitici ürünler bebeklere gelişim konusunda avantaj sağladığına ve beyin ile dil gelişimlerini artırdığına dair pazarlama vaatleri taşıdığından sık sık bebek DVD'leri satın alırlar.

Bebek DVD'si endüstrisinin, sadece ABD'de yılda 200 milyon dolardan daha fazla bir değere sahip olduğu tahmin edilmektedir.

Sadece bebek DVD'leri değil, üç yaş altı çocuklar için özel olarak tasarlanmış çok çeşitli bilgisayar oyunları, tekno-oyuncaklar ve dokunmatik tabletler de vardır. Bebeklere medya cihazları satın almak ve çocuklarımıza avantajlı bir başlangıç sunmak konusunda gittikçe artan bir baskı altındayız.

Bebeklere medya cihazları satın almak ve çocuklarımıza avantajlı bir başlangıç sunmak konusunda gittikçe artan bir baskı altındayız.

Pek çok bebek DVD'si ürününe dair yanıltıcı reklamlara ve iddialara rağmen, bu cihazların bebeklere herhangi bir eğitsel avantaj sağladığı savını doğrulayacak araştırma bulunmamaktadır. 2007'de *Bebek Einstein* DVD'lerinin sahibi Disney, Federal Ticaret Komisyonu, internet sitesinde ve paketlerde yer alan iddiaların araştırmayla desteklenmediğini ortaya çıkarınca bebek DVD serisini iade alma teklifinde bulunmaya zorlandı.

2007'de *The Journal of Pediatrics*'te yayımlanan bir makale bebek medyasının bebeklere eğitici faydalar sağlamadığı sonucuna vardı. Pazarlama vaatleri aksini iddia etse de onlar oturma odasındaki öğretmenler değildir. Zimmerman, Christakis ve Meltzoff, bebek DVD'si izleyen 8-16 aylık bebeklerin, bunları izlemeyen bebeklere nazaran altı ila sekiz kelime daha az bildiğini ortaya koydu. Ayrıca bebek medyasının, DVD'lerinin ve videolarının, 17-24 aylık bebekler üstünde olumlu ya da olumsuz hiçbir etkisi olmamıştı. Bu yüzden bu tür ürünlerin dil becerilerini artırdığına dair pazarlama vaatleri aslında araştırmalara dayanmaz.

Pek çok medya ürününün bir anlatısı, hikâyesi, formatı vardır. Çocuk gelişimi araştırmaları, bebeklerin 18-22 aylık olana dek hikâyeleri anlama kabiliyeti bulunmadığı için çoğu eğitici DVD'nin aslında gelişimsel açıdan uygun olmadığını ortaya koyar.

Şimdi, çocuğumuz bebek DVD'leri *izlediği* ya da *kullandığı* için paniğe kapılmadan önce içinizi rahatlatmama izin verin. Çocuklarımızın bu DVD'leri izlemiş olması, onlara zarar verdiğimiz ya da her şeyi elimize yüzümüze bulaştırdığımız anlamına gelmez. Bu videoların ve DVD'lerin küçük dozlarının zararlı olma ihtimali yok gibidir. Dengeli bir öğrenme deneyimi dizisinin parçası olarak, bu ürünlerin küçük çocuklarımızı olumsuz etkileme ihtimali yoktur.

Aslında, bir bebek DVD'sini ortalama izleme süresi dokuz dakika olarak bildirilmiştir, yani öylesine geçirilen birkaç dakikanın uzun vadeli sorunlara ya da yan etkilere sebep olması pek ihtimal dahilinde değildir. Ama biz bebek DVD'leri kullanmayı seçiyorsak, bunları tedbirli bir şekilde ve bebeğimize bir şey "öğretmeyeceğini" bilerek kullanmalıyız. Söz konusu DVD'leri kullandığımızda da olabildiğince bunları bebeğimizle birlikte izlemeye çalışmalı, televizyonda ne gördüklerini onlarla konuşmalı ve bunları gerçek yaşam deneyimleriyle ilişkilendirmelerine yardım etmeliyiz.

Bebek DVD'lerinin ve medyasının eğitici olduğunu, bebeğinizin IQ'sunu ya da dilini yükselteceğini düşünerek kendinizi kandırmayın. Sadece durum böyle değil, ayrıca bebek medyasının faydalarını destekleyen açık kanıt da yok. Bu yüzden çocuklarınızı bunlarla buluşturmak konusunda baskı altında hissetmeyin.

Daha önce bahsedildiği gibi, bebeklerin gün içinde geçirdiği sınırlı uyanık süre göz önünde bulundurulduğunda, bu zamanı ekran başında olmaktan ziyade katılımcı aktivitelerle geçirmeleri daha iyidir. Bir ebeveyn olarak, bazen bir molaya ihtiyacımız olabileceğini ve bebek medyasının (duş almamız ya da önemli bir telefon etmemiz gerektiğinde) çocuklarımızı eğlendirmek için etkin bir yol olduğunu anlıyorum ama bu dijital bebek bakıcısına *her zaman* bel bağlamama konusunda çok dikkatli olmalıyız.

Onları sakinleştirmek ya da eğlendirmek için sürekli bebek medyası kullanıyorsak, bebekler ekranlar ve teknoloji tarafından pasifize edilmeye kolayca alışabilirler. Bunun yerine, yalnız zaman geçirmeye ihtiyacımız varsa bebeğimizin angaje olabileceği başka yollar aramalıyız. Bloklarla oynatmak ya da yüzüstü yatırıp etrafına oyuncaklar dizmek bebekleri eğlendirmek *ve* beyin gelişimlerini sağlamak için yapılabilecek en etkili şeylerden bazılarıdır.

Journal of Educational Psychology'de 2014'te yayımlanan bir araştırma bebeklerin okumayı bebek medyasından öğrenmediğini teyit etmiştir. DVD'ler, bilgi kartları ve videolar da bebeklere okumayı öğretemez. Aslında bebeklere okumayı öğretmemize hiç gerek yoktur – formel akademik becerileri kazandırmak konusunda acele etmek yersizdir ve gelişim açısından da uygun değildir.

Çocuklarımızın dilini zenginleştirmek için de birtakım ürünler satın almamıza gerek yoktur. Araştırmalardan biliyoruz ki bebekler en çok ebeveynlerle kurdukları basit, karşılıklı etkileşimlerden fayda sağlar. Aslında çocukluk dönemini aceleye getirmeye hiç gerek yoktur.

Peki bebekler bebek medyasını neden sever?

Kolik bebeği olan olan pek çok ebeveyn sık sık bebek DVD'lerinin durumu kurtardığını söyler. Bebekleri çığlık atarken bile televizyonları açıksa veya bir bebek DVD'si izleniyorsa, çocuklarının ağlaması neredeyse hemen kesilmektedir.

Bebeklerin neden bebek DVD'lerine kapıldıklarını (ve televizyon ekranının nerede olduğunu hemen fark edip ona bakmak için başlarını neden hemen çevirdiklerini) açıklamak için Pavlov etkisi kullanılmaktadır. Görüntülerin hızla akması ve bunlara müziğin eşlik etmesi –sürekli değişen görüntüler ve sesler bir yönelme tepkisine yol açtığından– bebeklerin ekranlara kendilerini kaptırmasının başlıca sebebidir. Bu ilkel bir reflekstir, dolayısıyla beynin ilkel kısmı aktif hale geçer (irkilme refleksi gibi diğer ilkel reflekslere çok benzer biçimde). Ayrıca koruyucu bir reflekstir, bizi potansiyel tehlikelere karşı otomatik olarak uyarır ve dikkatimizi odaklar. Yenilik ve sürekli değişen görüntülerle sesler aslında bebeğin ilgisini çeker ve ekranda gördükleri şeyden neden o kadar büyülenmiş (ve kolik nedeniyle hissettiği acıyı unutmuş) göründüklerini açıklar.

TEKNO EFSANE AVCISI

EFSANE: Küçük çocuklar uygulamalardan ve DVD'lerden ikinci bir dil öğrenebilir.

GERÇEK: Dijital cihazlar, gerçek etkileşimin yerini hiçbir şekilde tutmaz. Çocuklar en çok gerçek insanlarla girdikleri etkileşimlerden fayda sağlar.

The Journal of Neuroscience'ta 2013'te yayımlanan bir araştırma, dört yaşından önce çiftdilli bir ortama giren çocukların her iki dili de akıcı bir şekilde konuşmak için en iyi şansı elde ettiklerini öne sürer. Bir çocuğun beyninin, başka bir dili öğrenmeye en açık olduğu zaman bu dönemdir. Bu durum, ikinci bir dil öğrenme konusunda çok önemli olan bu bilişsel dönemde ebeveynlerden para kazanmak için bol bol ürün tasarlanmasına ve pazarlanmasına yol açmıştır.

Pek çok ebeveyn, televizyon programları, DVD'ler, bilgisayar yazılımları, CD'ler ve uygulamalar gibi medyayı kullanarak çocuklarına ikinci bir dil öğretmeye heves eder. Ancak Kuhl, Tsao ve Liu'nun yaptığı bir araştırma, küçük çocukların dili dijital medyadan, yüz yüze etkileşimden olduğu kadar etkin biçimde öğrenemediklerini ortaya çıkarmıştır. Bu araştırma 6-12 aylık bebeklerin, kişisel ve sosyal etkileşim olduğu sırada önceden kaydedilmiş ses kayıtlarından, sadece kaydedilmiş Mandarin'i işiten bebeklerden daha fazla Mandarin dili öğrendiğini ortaya koymuştur.

Arka planda açık televizyon

"Arka planda açık televizyon" tabiri, çocuk başka şeylerle meşgulken bir odada televizyonun açık olmasını anlatır. Çok masum görünmekle birlikte, özellikle bir çocuğun dil gelişiminde ve sosyal sağlığında bunun kasıtsız sonuçları olabilir.

Ortamdaki sigara dumanının pasif içiciliğe yol açması gibi, ortamdaki televizyon da çocukların gelişimini, özellikle de dil becerilerini olumsuz etkileyebilir. Nature Play Western Australia yöneticisi Griffin Longley günde iki saat açık televizyonların (ya da ekranların) olduğu evlerde, ev ahalisinin birbiriyle günde toplam 6 bin kelime konuştuğunu iddia etmiştir. Evde herhangi birinin bulunduğu her seferde televizyonun açık olduğu evlerin sakinleri ise toplamda 500 kelime konuşurlar.

Pek çok evde televizyonun arka planda açık olması sık görülen bir durumdur ve genellikle her günün alışıldık sesini oluşturur. Gerçekten de *Pediatrics Journal*'da 2013'te yayımlanan bir araştırma, sekiz aylıktan sekiz yaşa kadar olan çocukların günde neredeyse ortalama dört saat arka planda açık televizyona maruz kaldığını ortaya koymuştur.

Arka planda açık televizyon çocuğun dikkatini oyun ya da öğrenme gibi başka değerli ve önemli aktivitelerden uzaklaştırabilir.

Bu da onların dil ve sosyal gelişimlerini etkileyebilir. Arka planda açık olan televizyonun çocuklar üstünde olumsuz etkisi olduğunu, oyunlarını böldüğünü ve dil becerilerinin gelişimine engel oluşturduğunu biliyoruz. Ayrıca ebeveynlerin çocuklarla olan etkileşimini de değiştirir.

Arka planda açık televizyon, bebeklerin ve küçük çocukların oyun modellerini belli biçimlerde değiştirebilir. Küçük çocukların etraflarındaki sohbetlere katılmasını çok daha zorlaştırabilir, bu da yeni kelimeler öğrenmelerini ve konuşma temposuna ayak uydurabilmelerini güçleştirir. Televizyondan gelen rakip sesler, başka insanların söylediklerine odaklanıp bunları anlamayı da zorlaştırabilir.

> Ortamdaki sigara dumanının pasif içiciliğe yol açması gibi, ortamdaki televizyon da çocukların gelişimini, özellikle de dil becerilerini olumsuz etkileyebilir.

Arka planda açık televizyon, oyun zamanında dikkatin daha az odaklanmasına da sebep olabilir. Birkaç dakika bir oyuncakla oynamaktansa, küçük çocuklar bir oyuncakla oynamaya, televizyona kulak kabartmaya ve ardından başka bir oyuncağa geçmeye eğilimli olurlar. Bu uçucu dikkat hali odaklanmalarını zayıflatabilir.

Televizyon açık olduğunda sık sık dikkatimiz dağılabileceği için ebeveynlerin çocuklarla etkileşim biçimleri de değişebilir. Bu da çocuklarımızla tümüyle daha az etkileşim anlamına gelebilir. *Child Development*'ta 2009'da yayımlanan bir araştırmada, arka planda açık televizyonun çocuklarla etkileşimlerimizin niteliği ve niceliği üstünde etkisi olduğu ortaya çıkmıştır.

Konuştuğum ebeveynler, arka planda açık bırakılan televizyonun böylesi zararlı bir etkisi olabildiğini duyunca genellikle şok olurlar. Bu yüzden, olumsuz sonuçlarından bihaber olduğumuz için kendimizi endişeli –hatta suçlu– hissediyorsak, bunun kesinlikle yaygın bilinen bir şey olmadığını öğrenmek içimizi rahatlatabilir. Unutmayın, Maya Angelou'nun dediği gibi, "Daha iyisini bildiğinizde daha iyisini yaparsınız."

TEKNO EFSANE AVCISI

EFSANE: Gördükleri şeyin ne olduğunu anlamadıkları için bebeklerin spor programı izlemesinde sakınca yoktur.

GERÇEK: Televizyonda spor programı izlemenin bebekler için illa zararlı olması gerekmez, ancak dikkatlerini dağıtır ve gelişimleri için elzem olan, ebeveynlerle karşılıklı etkileşim zamanını sınırlar.

Bebekler, televizyondan gelen dikkat çekici ses ve görsel efektlerden genellikle hoşlanmış görünürler –özellikle de spor programları söz konusu olduğunda– ancak bu onlar için yararlı değildir. Unutmayın, yönelme tepkisi yüzünden dikkatleri oraya odaklanmıştır. İster haber, ister spor, isterse de yarışma programları olsun yetişkinlere yönelik içerikler bebekler için anlamlı değildir. Ebeveynlerin dikkati, televizyon izlerken daima bebeklerine yönelik değildir. Bebekler bunu hissedebilir. Onların da bol bol karşılıklı etkileşime ihtiyacı vardır ve televizyon izlemek bu etkileşimleri kesintiye uğratır.

Ara sıra biraz spor izlemek bebeklere zarar vermez ama uyanık geçirdikleri sınırlı zaman düşünülecek olursa, bu değerli zamanı *hep* ekranların egemenliğinde geçirmek istemeyiz.

Televizyonun müdahalesini en aza indirmek için ipuçları

Televizyonla ilişkili her türlü potansiyel zararlı etkiyi en aza indirmek için aileler şunları yapabilir:

- **Kimse izlemediğinde televizyonu kapayın.**
- **Etrafta küçük çocuklar varken medya kullanımını en aza indirin** – ondan tümüyle kaçınmamıza gerek yok ama medya alışkanlıklarımızın çocuklarla kurduğumuz etkileşimlere karışmaması konusunda dikkatli olmamız gerekir
- **Medyanın olmadığı zamanlar programlayın** – gün içinde çocuklarımızın kendi kendilerini sakinleştirmeyi öğrenebilmesi ve teknolojiyle sürekli uyarılmaması için arka planda hiçbir medyanın olmadığı zamanlar planlayın. Çocukların zaman zaman sessizliğe ve beyaz gürültüye alışık olması gerekir. Okulda başarılı bir performans gösterebilmeleri için bunlar çok gerekli becerilerdir.

TEKNO EFSANE AVCISI

EFSANE: Arka plan müziği çocuklar için zararlıdır.

GERÇEK: Yumuşak, hafif ve aşina arka plan müziği çocukların gelişimini destekleyebilir.

Küçük çocuklar için yüksek tempolu, gürültülü ve yabancı olan arka plan müziği öğrenmelerini ve oyunlarını engeller. Ayrıca gelen bilgiyi işlemek için sınırlı kaynaklara sahip olan çocuk beyinlerinde aşırı bir bilişsel yüklemeye neden olur. Eğer yeni lirikler ya da ritimler işlemeye çalışıyorlarsa, bu onlardan ekstra dikkat talep eden bir durum yaratır.

Psychology of Music'te 2012'de yayımlanan bir araştırma yetişkinlerin müzik dinlerken okuduğunu anlama becerilerini ele almıştır. Bu araştırma, hızlı ve gürültülü müziğin okuduğunu anlamayı sekteye uğrattığını ortaya çıkardı. Çocukların kavrayışlarının da hızlı ve gürültülü müzikten olumsuz etkilenmesi yüksek bir olasılıktır. Bu yüzden küçük çocukların bulunduğu ortamlarda yumuşak, hafif ve aşina bir arka plan müziği önerilir.

EFSANE: Bebeklere ve küçük çocuklara Mozart çalmak IQ'larını yükseltir.

GERÇEK: Mozart çalmak çocuğunuzun IQ'sunu illa yükseltecek diye bir şey yoktur. Çocuğunuzun gelişimine herhangi bir zararı olmaz ama öğrenmeyi de hızlandırmaz.

Bu nöro-efsane sürekli tekrarlanıp pazarlanmış ve binlerce ebeveynin kandırılmasına yol açmıştır.

Nature'da 1993'te yayımlanan bir araştırma, klasik müzik dinlemenin beyin fonksiyonlarını iyileştirdiğini öne sürmüştür. Mesele şudur ki, California Üniversitesi'nin bu araştırması 36 genç yetişkin öğrenciyi içeriyordu – bebekleri ve çocukları değil.

Katılımcılara tamamlamaları istenen bir dizi zihinsel görev verilmişti ve her bir görevden önce ya on dakika sessizlik, ya on dakika gevşeme egzersizi ya da on dakika Mozart'ın iki piyano için D Majör sonatını dinlemişlerdi. Araştırmada, Mozart'ı dinleyen grubun zihinlerinde bir şekil yaratmalarını gerektiren (uzamsal beceri) görevleri daha iyi tamamladığı ortaya çıktı. Ancak bunun etkisi sadece on beş dakika sürmüştü.

Şimdi gerçekten ilginç olan şey, araştırmanın yazarları asla Mozart etkisi terimini kullanmadılar ve cüretkâr iddialarda bulunmadılar. Aslında bulguları konusunda gayet muhafazakâr davrandılar. Yine de tek bir araştırmadan koca bir Mozart endüstrisi doğdu.

Bu, nörolojinin yanlış yorumlandığı ve tek bir araştırmadan genellemelerin yapıldığı bir örnektir. Ama kandırılan sadece ebeveynler değildi. ABD'nin Georgia eyaletinin valisi, hükümetin, her yeni doğan bebeğe bir klasik müzik CD'sinin gönderileceği bir girişime fon ayırması teklifinde bulundu.

Mozart etkisini test etmek üzere başka araştırmalar da yürütüldü ve hepsi, bazı faydaları olmakla birlikte, bunların uzun vadeli olmadığı sonucuna vardı. Klasik müzik dinlemenin getirdiği faydalar zaman içinde çabucak geçer ve bu faydaların çoğu uzamsal beceriler geliştirilmesinde toplanır.

Genel olarak bu araştırmaların çoğu, ister Mozart olsun ister daha modern bir ezgi, müziğin beyinlerimizin aktif hale geçip katılımcı bir hale gelmesine yardım edebildiğini ve *bu yüzden* uzamsal görevleri daha sonra daha iyi yerine getirebildiğimizi (sadece kısa bir zaman süresince olsa bile) göstermiştir.

Ama etrafa Mozart CD'leri saçmamıza gerek yok. Bunlar çocuklarımıza zarar vermese de evladımızın beyin gücünü artırdığımızı zannederek bunları kullanmamalıyız.

Beynin her iki yarıküresini bütünleştiren birkaç aktiviteden biri olan müzik, yine de bir çocuğun gelişimine destek olabilir. Ayrıca çocuğumuzun ruh halini etkileyebilir, şalter rolü oynayabilir (ebeveynleri "Mini Mini Bir Kuş Donmuştu"yu söylediğinde yüzünde bir gülümseme belirmeyen pek az çocuk vardır). Müziğin ayrıca çocukların ritim duygusunu ve işler bellek becerilerini (bunların her ikisi de okumak için çok gerekli becerilerdir) geliştirdiği ortaya çıkmıştır, bu yüzden müziği açın (çok yüksek olmasın) çünkü müzik küçük çocuklar için faydalı olabilir.

BİR BAKIŞTA

Dijital bir çağda dil nasıl geliştirilir:

- **Ekranların çocuklarla etkileşimlerimiz sırasında araya girmesine izin vermeyin** – çocuklarla bol bol karşılıklı etkileşim kurun ve onlarla konuşurken akıllı telefonları bir kenara bırakın.
- **Evde teknolojinin kullanılmadığı alanlar ayırın** – teknolojinin girmeyeceği yerler belirleyin.
- **Teknolojinin kullanılmadığı zamanlar yaratın** – örneğin okuldan önce ve ekransız pazar günleri gibi.
- **Birlikte-izleyin (mümkün olduğunca)** – teknolojiyi mümkün olduğunca çocuklarla birlikte kullanın. Ekranı açmalarından önce, sonra ve açtıkları sırada ne izledikleri veya ne yaptıkları konusunda onlarla konuşun.
- **Konuşmak için fırsatlar sunun** – ve evde (ya da arabada) çocuklarla etkileşim kurmayı ve sohbeti teşvik edin. Ekranların bu imkânları bölmesine izin vermeyin.

Dil bakımından zengin deneyimler çocuklarımızın gelişimi için çok önemlidir. Uygun ve bilinçli bir şekilde kullanıldığında teknoloji çocukların dil gelişimini artırabilir ama dikkatle idare edilmezse ekranların potansiyel olarak onların dil gelişimine engel oluşturması da mümkündür.

Bir sonraki bölüm, öğrenme için üçüncü yapıtaşını irdeleyecektir: uyku.

5

Yapıtaşı #3: Uyku

Çocuklarımızın uyku düzeni ve alışkanlıkları çok sayıda dijital teknolojinin tehdidi altındadır.

Bu bölüm, çocuk gelişimi için uyku düzeninin neden çok önemli olduğunu ve çocuklarımızın dijital yaşamlarının uyku alışkanlıklarını nasıl etkilediğini ele alacaktır.

BEYİN GELİŞİMİ İÇİN UYKU HAYATİ ÖNEME SAHİPTİR

Küçük çocuklar sağlıklı beyin gelişimini sağlama almak ve gelişen bedenlerine gereken zamanı kazandırmak için uykuya ihtiyaç duyar. Buna ek olarak, büyüme hormonları uyku sırasında salgılanır, bu yüzden çocuklarımızın yeterince dinlenmesi hayati önem taşır.

Yetişkinler olarak, yeterince uyumadığımız zamanlarda ne kadar iş göremez halde olduğumuzu biliyoruz. Yeni doğmuş bir bebeğin ebeveyni olarak geçirdiğiniz ve gözlerinizi azıcık kapayabilmek için *her şeyi* yapabileceğiniz o uykusuz geceleri hatırlıyor musunuz?

Uykusuz dönemlerde, yeni deneyimlerin akışını takip etmek ve aynı anda bunlardan bir anlam çıkarmak bir çocuğun beyni için çok meşakkatli bir iştir. Uyku sırasında beyinleri yeni bilgi girişine kapanır ve halihazırda görülüp yaşanmış olanları düzenler.

Çocuklar uyurken beyinleri birleştirilen bir harddisk gibi çalışır. Format atıp etrafı toparlar, iki önemli görevi yerine getirir: budama ve pekiştirme. Artık ihtiyaç *duyulmayan* sinapsları (beyin hücreleri arasındaki bağlantılar) budar. Örneğin, gereksiz hatıralar çöpe atılır.

Uyku ayrıca beynin gün boyu karşılaştığı bilgiyi işleyerek pekiştirmesini sağlar. Beyin çok etkin bir organdır ve en etkin hale gelebilmek için neden kurtulması gerektiğini bilir. Uyku kalitesi ve süresi belleğin pekiştirilmesi için büyük öneme sahiptir.

YETERSİZ UYKUNUN ETKİLERİ

2014 tarihli bir Avustralya raporu, çocukların kötü uyku alışkanlıklarının vergi mükelleflerine, fazladan doktor ziyaretleri ve uyku klinikleri ile yılda fazladan 27 milyon dolara mal olduğu; iş hayatındaki aksamalarla ve gittikçe artan akıl sağlığı sorunlarıyla ilişkisi bulunduğu tahmininde bulunmuştur.

Sadeh, Gruber ve Raviv tarafından yapılan bir araştırmaya göre, yetersiz uykunun çocukların sağlığı ve gelişimi üstünde pek çok olumsuz etkisi vardır. Ruh hallerini (küçük bir çocuğun yorgunluktan kaynaklanan duygusal tsunamisini hepimiz görmüşüzdür), davranışlarını, dikkatlerini, öğrenme kapasitelerini, bellek yapılarını, duygusal sağlıklarını, konsantrasyonlarını, bağışıklıklarını, tepki sürelerini, obezite oranlarını ve dürtü kontrollerini olumsuz etkiler.

ÇOCUKLARIN NE KADAR UYKUYA İHTİYACI VARDIR?

Çocuklara yönelik çoğu öneride olduğu gibi, onların uyku ihtiyaçlarına dair olanlar da –benzer bir kronolojik yaş söz konusu olsa bile– büyük çeşitlilik gösterir. Aşağıdaki öneriler, Avustralya Uyku Sağlığı Derneği'nin kılavuzuna göre her bir yaş aralığı için önerilen uyku sürelerini göstermektedir. Bunlar, 2015'te *Sleep Health*'te yayımlanan uyku önerilerine dayanmaktadır.

Yaş aralığı	Gereken uyku süresi /24 saatlik dönem
Yeni doğanlar (0-2 ay)	14-17 saat
Bebekler (4-11 ay)	12-15 saat
Küçük çocuklar (1-2 yaş)	11-14 saat
Okulöncesi (3-5 yaş)	10-13 saat
İlkokul çocukları	9-11 saat
8-12 yaş ve ergenler	8-10 saat
Yetişkinler	7-9 saat

BUGÜNÜN ÇOCUKLARI UYKUSUZLUK MU ÇEKİYOR?

Dijital insomnia modern bir salgın olarak görülüyor. Çocuk doktorları ve öğretmenler pek çok çocuğun kronik yorgunluk çektiği gerçeğini vurguluyor. Uyku uzmanları, bazı çocukların hiperaktivite gibi davranış sorunlarının ve öğrenme problemlerinin bazı durumlarda kronik yorgunluğa *bağlanabileceğini* de söylüyorlar.

Güney Avustralya'da bir üniversite, 10-15 yaş arası okul çocuklarının, yirmi yıl önce aynı yaştaki çocuklardan en az 30 dakika daha az uyuduğunu göstermiştir. Bu, uyku süresinde önemli bir düşüştür. Biyolojik ihtiyaçlarımız söz konusu zaman zarfında kesinlikle değişmedi, dolayısıyla bu uyku alışkanlıklarımızda köklü bir değişiklik olduğunu göstermektedir.

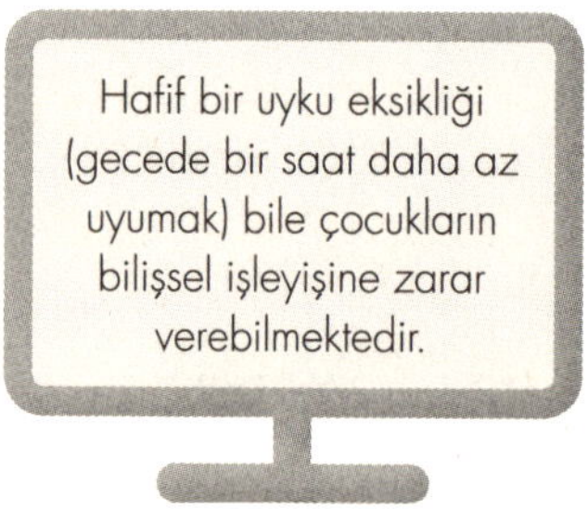

Bu bulgu, *Developmental Neuropsychology*'de yayımlanan 2013 tarihli bir araştırmaya bakıldığında da ürkütücüdür. Bu araştırmaya göre, hafif bir uyku eksikliği (gecede bir saat daha az uyumak) bile çocukların bilişsel işleyişine, özellikle de dil becerilerine zarar verebilmektedir. Bu araştırma, ilkokul çocuklarının gecede sadece bir saatlik uyku kaybının, onların bilişsel becerisini iki sınıf seviyesinde aşağı indirmeye denk olduğunu göstermiştir. Dolayısıyla, gecede bir saat az uyuyan bir dördüncü sınıf öğrencisi, bir ikinci sınıf öğrencisiyle aynı seviyededir.

Öğretmenler, çocukların okul gününde uyuyakaldıklarını bildirmiş, bazı sağlık uzmanları da randevuları sırasında aynı sorunları rapor etmiştir. 2000 yılında yürütülen ve *Journal of Developmental and Behavioral Pediatrics*'te yayımlanan bir araştırma, öğretmenlerin anaokulundan dördüncü sınıfa dek olan öğrencilerin yüzde 10'unun okulda düzenli olarak uyuyakaldığını bildirdiğini göstermiştir. 2012'de *Boston College*'da yapılan bir araştırma, öğretmenlerin çocukların uykusuzluk yüzünden derslerinde başarısız olduğuna inandığını ortaya koymuştur.

TEKNO EFSANE AVCISI

EFSANE: Çocukların odalarında televizyon bulunmasında sakınca yoktur.

GERÇEK: Çocukların odalarındaki televizyon uyku kalitesi ile süresini olumsuz etkileyebilir ve obeziteyle ilişkisi olduğu ortaya çıkmıştır.

Televizyon izlemek uyku problemleriyle ilişkilidir, özellikle de televizyon çocukların odasındaysa. Bir çocuğun odasındaki diğer medyanın varlığının da –bilgisayarlar, bilgisayar oyunları ya da internete bağlanabilen cihazlar– kötü uyku kalitesi ve süresiyle ilişkisi vardır. Yatak odalarındaki ekranlar uykuya dalmayı geciktirebilir ve çocukların uyku döngülerini kesintiye uğratabilir (bu bölümde bu konu da incelenecektir).

Küçük çocukların mobil teknolojilere –oyun konsolları, tabletler ve akıllı telefonlar– erişimi gittikçe artmakta ve bunlar sık sık kolayca odalara götürülmektedir (ya da kaçırılmaktadır). Bu cihazlar odalarına girdiği zaman çocuklarımızın medyayı *ne kadar* kullandığını gözlemleyip buna sınırlamalar getirmek çok daha zor olur.

Televizyonları yatak odalarına sokmaktan vazgeçirmeye çalışan tavsiyelere rağmen, bunların çoğu zaman göz ardı edildiğine dair kanıtlar vardır. Beş yaşındaki Avustralyalı çocukların yüzde 30'nun odalarında televizyon olduğu tahmin edilmektedir.

Sağlıklı uyku düzenleri ve alışkanlıkları kurmak önemlidir. Teknolojiyi çocukların odasından çıkarmak, dijital cihazlarla dikkatlerinin dağılma ihtimalinin düşmesi, yani beyinlerinin uykuya hazırlanması ve mavi ışığa maruz kalmalarının azaltılması (bu konu da bu bölümde incelenecektir) anlamına gelir.

TEKNOLOJİK İPUCU

Çocuklarda iyi uyku alışkanlıkları geliştirmenin en kolay yollarından biri, odalarını teknolojinin bulunmadığı bölgeler olarak tasarladığımızdan emin olmaktır. Bir park bölgesi belirleyin – evde cihazların her gece belli bir saatte şarj edilmeye konulduğu, belli bir yer. Böylece hızlıca bir sayım yapmak ve bütün cihazların (yorganların ya da yastıkların altında değil) park alanında olduğunu kontrol etmek ebeveynler için çok daha kolay olacaktır.

TEKNOLOJİ ÇOCUKLARIMIZIN UYKU DÜZENİNE NASIL FAYDA SAĞLAYABİLİR?

Çocukların uyku alışkanlıklarını iyileştirdiğini iddia eden bir dizi yeni teknoloji vardır. Bu cihazlar çocukların uyumasına *bazen* şüphesiz yardımcı olabilse de çocuklarımız için bir dijital desteğe dönüşmemeleri konusunda dikkatli olmalıyız. İdeal bir dünyada, çok doğal bir şeyi yapmak –uyumak!– için teknolojiye bel bağlamak istemeyiz.

Çocukların uyku alışkanlıklarına yardım edebilecek bazı teknolojik ilerlemeler şunlardır:

- egzersiz takip programları
- beyaz gürültü uygulamaları
- bebek monitörleri ve uygulamaları
- ekran karartıcılar
- duyarlı gece lambaları

Egzersiz takip programları

GPS-uyumlu, fitness takibi yapan cihazlar ve uygulamalar çocukların uyku düzenlerini görüntüleyebilir. Bu izleme teknolojileri hareketi ölçmek için akselerometreler kullanır ama çocukların aktif uykucu olmak gibi kötü bir şöhreti bulunduğundan, genellikle uyku alışkanlıklarını doğru biçimde kaydedemeyecek kadar aşırı duyarlıdırlar.

Bu cihazlar yine de bir uyku sorunu olabileceğini düşünen, belki de tıbbi yardıma başvurmadan önce kendi sezgilerini değerlendirmek isteyen endişeli ebeveynler için faydalı olabilir.

Beyaz gürültü uygulamaları

Beyaz gürültü hem yüksek hem de alçak frekanslara sahip ses dalgalarını birleştirir. Televizyon statiği, elektrikli süpürge, saç kurutma makinesi ya da vantilatör gibi sürekli tekrarlayan seslerdir. Beyin bir sesi diğerinden ayırmakta güçlük çeker, bu yüzden beyaz gürültü uykunun gelmesine ve rahatsız edici ya da sinir bozucu arka plan seslerinin etkisini ortadan kaldırarak uykunun sürmesine yardımcı olabilir.

Bugünün uygulama mağazalarında ve internetteki müzik dükkânlarında bol bol beyaz gürültü uygulaması ve müzik dosyaları bulunabilmektedir. Ebeveynler yeni doğmuş bebeklerini rahatlatmak için rahme benzer sesleri ya da vantilatör gürültüsünü kolayca taklit edebilir ya da onların uykuya dalıp derin bir uyku çekmesi için elektrikli süpürgelerini açabilirler.

Yine de beyaz gürültü uygulamalarının bir tür uyku eşlikçisi olduğunu unutmayın. Çocuklarımızın uykuya dalmak için burada belli nesnelere ve durumlara *ihtiyacı* olması demektir. Bu yüzden, mesela akıllı telefonumuzu almayı unutursak (veya bebek uyurken onu kullanmamız gerekirse veya cihaz donarsa) bu durum uyku sorunlarına yol açabilir.

TEKNOLOJİK İPUCU

Bir bebeğin uyuduğu alanın yakınında kullanmaya başlamadan önce telefonunuzu uçak moduna alın. Bu, çocuğumuz için zararlı olma ihtimali bulunan elektromanyetik radyasyona (EMR) maruz kalışını en aza indirir. EMR'nin sağlığa olası etkileri konusunda 11. Bölüm'e bakınız.

Bebek monitörleri ve uygulamaları

Bebek monitörleri, bazı video özellikleriyle, ebeveynlerin sürekli karyolaya eğilmeden (ve bebeği uyandırma riskine girmeden) bebeklerini işitip görmelerini kolaylaştırır. Ayrıca bebek belli bir süre/dakika ağladığında ebeveynlere –ya da çocuk bakıcılarına– kısa mesaj gönderen bebek monitörleri de vardır. Bir de bebeğin sağlığı konusunda ebeveynlerin içinin rahatlamasına yardımcı olan sensörlü bebek tulumları bulunmaktadır. (Bu sensörler bir uygulamaya bebeğin ateşini, hareketlerini, solunumunu ve kalp atışını gösteren veriler yollar.)

Ayrıca geleneksel bebek monitörlerine çok benzeyen taşınabilir seçenekler de mevcuttur. Bir akıllı telefonun kamerası bebeğimizi gözlemleyebilir ve bebek uyandığında ya da ağladığında cihaz bizi arayabilir (eğer el altında başka bir cihaz varsa). Bu teknolojilerin hiçbirinin ebeveyn gözleminin yerini tutmayacağını kaydetmek önemlidir.

İşleri aşırı karmaşıklaştırmama konusunda gerçekten çok dikkatli olmalıyız, özellikle de yeni ebeveynler öyle olmalı. Bu ürünlerin pek çoğu ebeveynlere iç rahatlığı vermek için tasarlanıp pazarlanmış olsa da çocuğumuzun sağlığı ve uykusu konusunda bazen gereğinden fazla endişeye yol açabilirler.

> Mutsuz bir bebek, gürültülü çığlıklarla sıkıntısını ebeveynlere bildirme konusunda gayet beceriklidir.

Şahsen, bir sağlık uzmanı önermediği sürece bu cihazları kullanma konusunda tereddütlerim var. Mutsuz bir bebek gürültülü çığlıklarla sıkıntısını ebeveynlere bildirme konusunda gayet beceriklidir (en azından iki gürültülü çığırtkanla benim yaşadığım deneyim bu oldu). Ayrıca bebekler ve bebek monitörlerinden yayılan EMR'ye maruz kalmaları konusunda olası sağlık endişeleri bulunmaktadır, bu yüzden bu cihazları küçük çocuklarla dikkatle ve tedbirli şekilde kullanmamız gerekir. Daha fazla bilgi için 11. Bölüm'e bakınız.

Ekran karartıcılar

Bilgisayar monitörlerinde ekran parlaklığını otomatik ayarlayan, kullanabileceğimiz pek çok uygulama vardır. Örneğin, f.lux, gün sonuna doğru ekranın renk tonunu düşürür. Mavi renk salınımını en aza indirmek için ekranların önüne takabileceğimiz fiziki filtreler de bulunmaktadır. Ekranlardan yayılan mavi ışığı azaltarak çocukların günlük ritimlerinin olumsuz etkilenmesinin önüne geçebiliriz (mavi ışığın yan etkilerine dair daha fazla bilgi için sayfa 122'deki "Melatonin Üretimini Engelleyen Mavi Işık" başlığına bakınız).

Ekran karartıcılar ve fiziki filtreler, yatmadan önce ekranları kullanmaya gerçekten mecbursak ara sıra faydalı olabilir ama ideal bir dünyada, çocuklarımızın uyku vaktinden 90 dakika önce teknolojiden uzaklaşabileceği sağlıklı teknoloji alışkanlıkları geliştirmesini isteriz. (Bu, sonraki bölümde daha geniş açıklanmıştır.)

Duyarlı gece lambaları

Artık çocuklarımızın bedeninin doğal biçimde uyanmasını sağlayarak, kademeli olarak aydınlanan (güneşin doğuşuna çok benzer biçimde) gece lambaları ve ışıklar vardır. Bunlar ayrıca çocuklarımızın uyumasına yardım etmek için aynı biçimde kararabilir. Böyle bir ürün elbette çocuğu şafak söker sökmez uyanmayan şanslı ebeveynlerden biriyseniz kullanışlıdır.

Ayrılabilen küreler halinde ışık topları da vardır. Yaklaşık otuz dakika süren huzurlu bir ışık yaymaları için odada herhangi bir yere yerleştirilebilir; bu süre çocukların uykuya dalması için genellikle yeterlidir. Bunlar ayrıca çocukların yatak odalarında canavarlar olduğuna ilişkin endişelerini gidermek için de harikadır (ve gece lambalarına ucuz bir alternatif oluşturur).

Bu cihazların hepsi çocukların uyku düzenlerine yardımcı olabilir, ancak bunlara bel bağlama konusunda dikkatli ve uyku sorunlarını daha da beter bir hale getirmediklerinden emin olmalıyız. Çocukların sağlıklı ve sürdürülebilir uyku alışkanlıkları geliştirmesini isteriz, bu da uyumak için teknolojiye daha fazla bağlanmaktansa, her şeyden önce ondan uzaklaşmayı içerir.

TEKNOLOJİ ÇOCUKLARIMIZIN UYKU DÜZENİNE NASIL KÖSTEK OLABİLİR?

Çocuklarımızın uyku düzeni ve alışkanlıkları bir dizi dijital teknolojinin tehdidi altındadır. Yatmadan önce ekranları ve dijital cihazları kullanmanın, çocukların uyku alışkanlıkları ve düzenleri üstünde ciddi yan etkileri vardır.

Pediatrics, The Journal of School Nursing ve *Sleep* gibi dergilerde yayımlanan çeşitli araştırmalar, ekran başında zaman geçiren –televizyon izleyen, bilgisayar oyunu oynayan ya da bilgisayar kullanan– çocukların (ve ergenlerin) uykuya dalmasının, uykudan kısa bir süre önce dijital medyayı daha az izleyen ya da hiç izlemeyenlere nazaran daha uzun sürebildiğini göstermiştir.

Ayrıca 2013'te yapılan iki ayrı araştırma, çocukların yatmadan 90 dakika önce ekran başında zaman geçirmelerinin uyku gecikmelerine sebep olabildiğini ortaya çıkarmıştır. Bu uyku kaybı zaman içinde birikir ve geniş kapsamlı bir uyku noksanlığına sebep olabilir. Bu da çocukların entelektüel yeterliliklerini, davranış ve gelişimlerini etkiler.

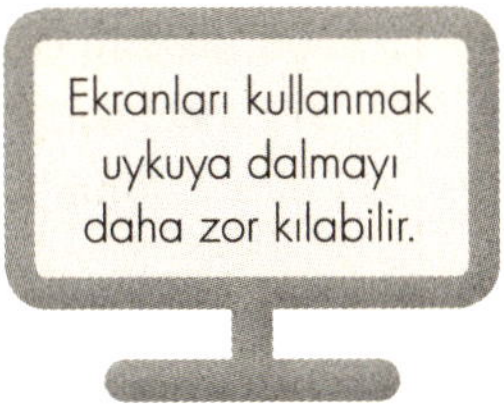

2014'te tamamlanan kapsamlı bir literatür incelemesi, okul çağındaki çocukların ve ergenlerin ekran başında geçirdiği zaman ile uyku sonuçları arasında bir ilişki olduğunu ortaya koymuştur. En mütevazı uyku borçlarının bile uzun vadeli etkileri olabilir. Örneğin, her gece otuz dakika daha az uyumak, sadece bir haftalık dönemde üç buçuk saati aşkın bir uyku noksanlığı anlamına gelebilir.

Uyku borçları zamanla birikir, bunun çocukların tüm sağlığı ve öğrenme kapasitesi üstünde azımsanmayacak etkisi olabilir. Kötü uyku bir çocuğun gelişimini, sağlığını ve refahını olumsuz etkileyebilir.

Teknoloji çocukların uyku düzenini şu şekillerde olumsuz etkileyebilir:

- uykunun yerini alan ekranlar
- aşırı-uyarılmış beyinler
- melatonin üretimini engelleyen mavi ışık
- kötü uyku hijyeni
- korkutucu içerik
- elektromanyetik radyasyon salınımı

Uykunun yerini alan ekranlar

Dijital cihazların kullanımı çocukların yatmasını geciktirebilir, bu da basitçe uyumak için daha az zamanın kalmasına yol açar. Bu, dijital cihazlar için de yatma vakti belirleyerek kontrol edebileceğimiz bir şeydir.

Aşırı-uyarılmış beyinler

Ekranları kullanmak çocukları uyandırabilir, uykuya dalmayı daha zor kılabilir. Görüntülerin çok hızlı değiştiği televizyon ya da bilgisayar oyunları, küçük çocukları aşırı uyarabilir ve beynin, uykuya dalmadan önce daha pasif aktivitelere ihtiyaç duyan kısımlarını harekete geçirebilir. Ama bütün ekran aktiviteleri, bunun tam zıddına ihtiyaç duyan, gelişen beyinler ve bedenler için aşırı uyarıcı değildir. İnteraktif ekran kullanımı sadece televizyon izlemekten daha uyarıcı olabilir. Çocukların gevşemeye, sakinleşmeye ve öngörülebilir kalıplara ihtiyacı vardır. Teknoloji bu uyku öncesi koşulları sağlamaz.

Melatonin üretimini engelleyen mavi ışık

Cihazlardan yayılan mavi ışık 24 saatlik ritmi etkileyebilir ve bir çocuğun uykuya dalabilmesine ters etki yapabilir. Tabletlerden ve diğer ekranlardan yayılan, kısa dalga boyundaki doğrudan mavi ışık, bedenin karanlıkta salgıladığı melatonin (bedenin uyumaya yardımcı olan hormonu) üretimini sekteye uğratır. Yeterli melatonin seviyesi olmayınca çocukların uykuya dalması ve kaliteli bir uyku uyuması çok daha zor olur. Bu da uykuda gecikmelere sebep olur ve bunlar zaman içinde birikip uyku noksanlığına yol açabilir.

TEKNO EFSANE AVCISI

EFSANE: Uykudan önce e-kitaplardan ve kitap uygulamalarından uzak durun.

GERÇEK: Uykudan önce kullanılan e-kitap ve kitap uygulamalarını dikkatle seçin (özellikle de uykudan 90 dakika önceki süreçte). Bazı cihazlar gece okunmak için mavi ışıksız olacak şekilde, özel olarak tasarlanmıştır.

Her ne kadar uykudan önce okuma amacıyla cihazları tümüyle yasaklamaya gerek olmasa da onları temkinli bir biçimde ve geleneksel kitaplarla bir arada kullanın.

Animasyon ve ses efektleri gibi çok fazla zil ve ıslık barındıran kitap uygulamalarından kaçının, çünkü bunların çocukları uyandırma ihtimali yüksektir. Dikkat dağıtıcı unsurları en az ve interaktif özellikleri (kitap içindeki eşleştirme oyunları ve yapbozlar gibi) sınırlı olan basit e-kitaplar ve kitap uygulamaları kullanın.

Çok basit tasarımı olan e-kitaplar ile kitap uygulamaları arayın ve mavi ışığa maruz kalmayı azaltmak için parlaklığı kısmayı unutmayın.

ÖRNEK OLAY

Melanie, ailesi dokunmatik ekranlı bir cihaz alınca, yatak vaktinden önce video izlemenin iki kızını uyumadan önce sakinleştirmek için harika bir yol olduğunu düşündü. Eskiden yatmadan önce yaklaşık yirmi dakika televizyon izlerlerdi ve bu onları sakinleştirir gibiydi. Dolayısıyla Melanie bunun dokunmatik ekranlı bir cihaz için de geçerli olabileceğini varsaydı.

Bir hafta ya da biraz daha uzun bir süre sonra Melanie, kızlarının ikisinin de uykuya dalmalarının önceye nazaran daha uzun sürdüğünü fark etti. Başta bunun tesadüf olduğunu sandı ama birkaç hafta daha geçtikten sonra uyku meselesi hâlâ çözülmemişti. Melanie şaşkına dönmüştü, çünkü çocukları tablette, televizyonda izledikleriyle aynı programları izliyorlardı. Melanie, bir ebeveyn seminerinde, yatmadan önce ekran başında geçirilen zamanla ilgili söylediklerimi hatırladı ve noktaları birleştirdi.

Ertesi gece Melaine rutinini değiştirdi, böylece kızları hâlâ iPad'de bir şeyler izlemeye devam ettiler ama bunu akşam yemeğinden *önce* yaptılar (yatmadan önce değil). Ayrıca dokunmatik ekranlı cihazın parlaklığını da düşürdü ve kızlarından ekrana belli bir mesafeden bakmalarını istedi. Melaine, sonraki üç gecede uyku alışkanlıklarının ciddi biçimde değiştiğini (ve böyle de kaldı) görünce hayrete düştü. Bu kadar basit bir değişikliğin böylesi etkili sonuçlar doğurabildiğini görmekten çok mutlu oldu.

TEKNOLOJİK İPUCU

Çocuklar uyku vaktinden önce kullanıyorsa ekran parlaklığını düşürün. Ayrıca mavi ışık emilimini azaltmak için çocuk ile cihaz arasındaki mesafeyi artırın. (Daha az mavi ışık yaydığı ve çocuklar ondan çok daha uzakta oturduğu için televizyon, uykudan önce tabletten ya da akıllı telefondan daha iyi bir seçenektir; böylece mavi ışık etkileri bir mobil cihazınki kadar zararlı olmaz.)

Kötü uyku hijyeni

Teknoloji gittikçe daha taşınabilir olduğundan, çocuklar sık sık tabletleri ya da oyun konsollarını odalarına götürür (ya da gizlice sokar). (Bizim küçüklüğümüzde televizyonu gizlice odamıza sokmamız çok daha zordu.) Çocukların odalarındaki ekran alışkanlıklarından çoğu zaman bihaberiz. Bazen çocuklarımız aslında cihaz başındayken biz onların uyuduğunu ya da en azından dinlendiğini varsayıyoruz. Yatak odalarında teknolojiyi ve ekranları kullanmak sağlıklı bir uyku düzeni yaratmaz. Yatak odaları, dinlenme ve rahatlamayla ilişkilendirilmesi gereken özel yerlerdir. Başka bir şey değil.

Bazı çocuklar teknolojiyle kötü uyku düzenleri oluşturmaktadır. Thompson ve Christakis 2015'te, televizyon ile üç yaş altı çocukların düzensiz uyku vakitleri arasında ilişki kuran bir araştırma yürütmüştür.

Pediatrics'te 2005 ve 2014'te yayımlanan iki ayrı araştırma da televizyon izlemenin ve çocukların odasında televizyon bulunmasının, bebeklikten çocukluk döneminin ortasına kadar daha kısa uyku süreleriyle ve bozuk uyku düzeniyle ilişkili olduğunu göstermiştir. Bu araştırmalardan çıkan ilginç bir sonuç, uyku konusunda oğlanların televizyon etkisine kızlardan daha dayanıksız olmasıdır.

Başka örneklerde, çocuklar uykuya dalmak için teknolojiye bel bağlıyor. Pek çok ebeveyn, çocuklarına televizyon ya da DVD izletmenin onların uykuya dalmasına yardım ettiğini ve bunun uyku vakti rutininin bir parçası haline dönüştüğünü söylüyor. Bu, çocuklarımızın geliştirmesini istediğimiz sağlıklı ya da sürdürülebilir bir alışkanlık değildir (çünkü yatak odalarındaki ekranlar uyku döngülerini kesintiye uğratabilir).

TEKNO EFSANE AVCISI

EFSANE: Çocukların televizyon açıkken uykuya dalmasında sorun yoktur.

GERÇEK: Televizyon (veya başka cihazlar) açıkken uykuya dalmak çocukların uyku kalitesini etkileyebilir.

Çocuklar, uykuya dalmalarına yardım eden cihazlara, emziklerine veya sarılıp yattıkları oyuncaklarına olana çok benzer bağlar geliştirir. Küçüklerin uykuya dalmasına yardım eden, odada açık bir televizyon ya da uykuya dalarken izledikleri bir DVD olabilir. Bazı çocuklar uyumadan önce kelimenin tam anlamıyla teknolojiye hasret duyabilir. Örneğin, bilgisayar oyunu oynamak ya da tablet kullanmak öyle alışkanlık haline dönüşür ki cihazın yardımı olmaksızın uykuya dalamazlar.

Çocukların uyumasına yardım etmek için teknolojiyi kullanmak işe yarıyor görünse de kesinlikle tavsiye edilmez. Televizyon çocukların uykuya dalmasına yardım edebilir ama bunun bir bedeli vardır: Televizyonla uyuyan çocuklar gittikçe artan oranlarda uyku kesintileri ve bozuk uyku düzenleri yaşar. Çocukların uyumasına yardımcı olarak ekranları kullanmak, yaşları ne olursa olsun, kesinlikle önerilmez.

EFSANE: Uyuyan bebeklerin yanında ekranları kullanmak sorun değildir.

GERÇEK: Bebeklerin yanında ekranları kullanmanın potansiyel olumsuz etkileri olabilir ve bilinen hiçbir olumlu etkisi yoktur, özellikle de iki yaş altı olanlarda.

Çocuklar güçlü uyku ilişkileri kurar. Eğer bebekleri sakinleştirip onları uyumaya teşvik etmek için ekranlar ve başka teknolojiler *sürekli* kullanılırsa, uykuya dalmak için bu tip bir uyarılmaya çabucak alışabilirler. Bebeklerin böylesi bağlar geliştirmesi sağlıklı değildir.

Ses ve/veya görsel uyaranlar vaktinden evvel uyanmalarına yol açtığı ya da uyku döngüleri arasında tekrar uykuya dalmalarını zorlaştırdığı için televizyonun bebeklerin uykularını kesintiye uğratabildiğini de biliyoruz. Bir bebeği televizyonun karşısında sakinleştirebilmek bazen bu yüzden imkânsızdır.

Bebeklerin iyi gelişmiş 24 saatlik ritimleri yoktur. Bu yüzden gün ve geceyi karıştırır, iyi uyku alışkanlıkları edinebilmek için karanlığa ihtiyaç duyarlar. Televizyonlar ve diğer parlak aydınlatmalı dijital cihazlar bebeklerin yanında kullanıldığında, 24 saatlik döngü geliştirme becerileri zarar görebilir. Bu ritimler yaklaşık altı haftalıktan itibaren geliştirmeye başlar ve çoğu bebek 3-6 aylık olduğunda düzenli bir uyku/uyanma döngüsüne sahip olur.

Bu, bebeğimizin ya da küçük çocuğumuzun yanında asla televizyon izlemeyelim ya da herhangi bir ekran kullanmayalım demek değil. Bu ne yapılabilir ne de gerekli. Sabaha karşı emzirdiğim ve bebeklerimle birlikte uykuya dalmaktan korktuğum zamanlarda, iPhone'um benim kurtarıcım oldu. Kesinlikle her zaman yapmadım ama bebeği beslerken biraz televizyon izlemek ya da Facebook'ta gezinmek bana iyi geldi ve bunun bebeklerime bakmak ya da onlarla iletişim kurmak konusunda bana herhangi bir zararı olduğunu düşünmüyorum.

Yani endişelenmeyin. Bebeklerimizi beslerken ya da onları sakinleştirmeye çalışırken arka planda ara sıra açık olan televizyonun zararlı olduğunu söylemiyorum. Sadece televizyonu açma, karanlık bir odayı tablet cihazımızla aydınlatma ya da çocuğumuzu uyutmaya çalışırken cihazları açık bırakma konusunda dikkatli olmalıyız. Çünkü bunlar zararlı olabilir.

ÖRNEK OLAY

Jessica'nın annesiyle babası her akşam 20.30'da yatması ve sabahları 6.30 ile 7 arasında uyanması konusunda çok dikkatliydi. Instagram'a uzun süre direndiler ama Jessica üç ay sonra, on üç yaşına girince yasal olarak hesap açabileceğini söyleyince sonunda pes ettiler. Ama Jessica onu kullanmaya başladıktan sonra, annesiyle babası onun uyandığında çok uyuşuk, halsiz olduğunu fark etti. Öğretmeni de okulda Jessica'nın dikkatindeki değişimi görmüştü.

Jessica tuvalete gitmek için gece yarısı doğal olarak uyanıyor, son yayınladığı fotoğrafın ne kadar beğeni ve yorum aldığını görmek için hemen Instagram hesabına bakıyordu. Bu, Jessica'nın uykusunun kaçmasına ve uyku döngüsünün kesintiye uğramasına sebep oluyordu. Uykusu yeterli saatte (nicelik) olsa da uyku döngüsü bölündüğü için yeterli kalitede uyku uyumuş olmuyordu.

Tipik bir döngünün tamamlanması yaklaşık 90-110 dakika sürer – dört NREM (*non-rapid eye movement*) periyodu ve bir REM (*rapid eye movement*) periyodu. Jessica bu döngüler arasında uyanıyor ve her bir döngüye en baştan başlaması gerekiyordu, bu yüzden de bedeni yeterli uyku döngüsünü tamamlayamıyor, dolayısıyla kendini çok yorgun hissediyordu (Jessica'nın yaşındaki çocukların her gece dört ila altı uyku döngüsünü tamamlaması gerekir). Yeni doğmuş bir bebeğiniz varken, her gece süre olarak normal uykunuza yakın bir uyku uyumanıza rağmen kendinizi çok yorgun hissetmenizin sebebi de tam olarak budur – yeterince uyku döngüsü tamamlayamazsınız, çünkü yeni doğmuş bir bebek uyku döngülerinde kesintilere yol açar.

Korkutucu içerik

Pek çok çocuk zaman zaman gece korkuları yaşar ve bunun sorumlusu ekran alışkanlıkları olabilir. Gece korkuları kâbuslardan farklıdır ve uykunun ilk iki üç saatinde gerçekleşir, kâbuslar ise uykunun ikinci yarısında ortaya çıkar. Her ikisi de bir çocuğun gelişiminin normal bir parçası kabul edilir; özellikle de çocuklar fantezi ile gerçeklik arasında ayrım yapmayı öğrenmeye başlarken.

Uygunsuz içerik izledikten *sonra* pek çok çocuğun daha sık gece korkusu yaşadığı rapor edilmiştir; ayrıca çocuklar bir filmde ya da bilgisayar oyununda gördükleri bir durum karşısında endişe hissederlerse daha haşin olabilirler. Garrison ve Christakis'e göre, şiddet içeren ya da uygunsuz programlar çocukların uykuya dalması ve/veya uykuyu sürdürmesi ya da kâbus görmesi ihtimallerini artırabilir.

Dikkatli olmamız gereken sadece korkutucu filmler ya da oyunlar değil, aynı zamanda haberlerde, film fragmanlarında ve tanıtımlarda gösterilen korkutucu görüntülerin ve olayların tekrarlanma sıklığıdır. Çoğu reklam içeriğini önceden tahmin etmek mümkün değildir ve yaklaşık 3-5 yaşa gelene dek fanteziyi gerçekten ayırmayı genelde öğrenemeyen küçük çocuklar için uygun olmayan hassas ya da rahatsız edici içerik barındırabilirler. On yaş altı çocuklar, bağlam dışı görüntüler, yoğun şiddet ya da yıkım görmenin bir sonucu olarak derin korkular yaşamaya hâlâ özellikle duyarlıdır. Birlikte-izlemenin gerekliliğinin ve çocukların ekranlarda neler izledikleri –ya da arka plan medyasından neyi aldıkları– konusunda dikkatli olmanın nedenlerinden biri de budur.

TEKNOLOJİK İPUCU

On yaş altı çocuklarla sinemada ve DVD'lerde film tanıtımları izlemekten kaçının. Sinemaya film başlamadan hemen önce girin ve DVD izlerken tanıtımları atlayın.

ÖRNEK OLAY

2014 yılı sonunda Sidney'de rehine krizi yaşandığında Tom sekiz yaşındaydı. Annesi Christine genelde sabah haberlerini izlemezdi ama sosyal medyada bu korkunç olayı görünce, neler olup bittiğine dair daha fazla bilgi alabilmek için o sabah televizyonu açmaya karar verdi. Tom televizyonda gösterilenlerle pek ilgilenmiş görünmedi ve her zamanki sabah rutinini sürdürdü.

Birkaç hafta sonra bir gece Tom yatmaya gitmeden önce bu olayla ilgili Christine'e sorular sormaya başladı. Annesi onu soru sormaya teşvik etti. Bu sorulardan, Tom'un o sabah televizyonda tekrar tekrar gösterilen bazı görüntülerden büyük endişe duyduğunu fark etti. Kafeden kaçan kurbanların ve karşılıklı açılan ateşin keskin parıltılarının görüntüleri Tom'un kafasına iyice işlemişti.

Christine çok telaşlandı. Tom'un görüntülerden bu kadar etkilenebileceğini düşünmemişti ve olayın onu böylesi korkuttuğundan bihaberdi. Gerçekten de Tom o kadar korkmuştu ki haberi izlediğinden beri gece korkuları yaşıyordu ama Christine bunları tipik büyüme sancıları olarak değerlendirme yanılgısına düşmüştü.

Televizyonlarda acil durum ya da felaket haberleri verilmeye başladığında genellikle sınırlı miktarda görüntü olur. Yayıncılar aynı görüntüleri tekrar tekrar verirler. Bunları bir mantık çerçevesine oturtacak becerilere sahip olamayan çocuklar durumu bazen yanlış yorumlayıp aynı olayın tekrar tekrar yaşandığını sanabilirler. Küçük çocuklar televizyonda gördükleri olayları genellikle bir bağlama oturtamazlar ve söz konusu tehdit büyüyor görünürse kendi güvenliklerinden endişeye düşebilirler.

Elektromanyetik radyasyon salınımı

Her ne kadar şu aşamada kanıtlanmamış olsa da akıllı telefonlardan, tabletlerden ve başka dijital cihazlardan yayılan elektromanyetik radyasyonun (EMR) çocukların uykusunu sekteye *uğratabildiği* kabul edilmektedir. EMR'nin çocukların uykusu üstündeki etkilerine dair şu aşamada yeterli araştırma bulunmamaktadır. EMR'nin uyurlarken yetişkinlerin uyku düzenini ve beyin fizyolojisini kısmen bozduğuna dair başlangıç aşamasında kanıtlar olsa da literatürdeki bulgular halen yetersiz. EMR'nin uykularımızda yol açtığı sağlık sorunlarına dair henüz net bir resme sahip değiliz, özellikle de çocukların uyku düzeniyle ilişkisi konusunda. Bu yüzden, ebeveynlere çocuklarının EMR'ye maruz kalışları konusunda dikkatli olmalarını tavsiye ediyorum – eşeği sağlam kazığa bağlamak iyidir! (EMR'ye ilişkin detaylı bilgi 11. Bölüm'de bulunabilir.)

TEKNO EFSANE AVCISI

EFSANE: Bebek monitörleri tehlikeli seviyelerde EMR yayar.

GERÇEK: Bebek monitörlerinin kullanım yaygınlığı, Avustralya standartlarının çok altındadır.

Kablosuz modemler ve telefonlar gibi evlerde kullanılan diğer genel kablosuz cihazlara benzer şekilde, dijital bebek monitörleri de EMR yayar.

Biliminsanları, yüksek seviyelerde radyasyonun tehlikeli olduğunda hemfikirdir ama düşük seviyelerin sağlığa uzun vadeli etkileri büyük oranda test edilmemiş ve küçük risklerin olabileceği ihtimali elenmemiştir. Avustralya dahil pek çok ülke, EMR'ye maruz kalış –özellikle de çocukların yanında– söz konusu olduğunda, tedbirli yaklaşımlar tavsiye etmektedir.

Bebek monitörleri, kullanma kılavuzuna uygun biçimde kullanıldığında bebekler için sağlıksız bir durum oluşması pek ihtimal dahilinde değildir ama ebeveynler antenleri bedene çok yakın bir noktaya yerleştirirlerse, bebekler standartlara daha yakın seviyelerde EMR'ye maruz kalabilir. Yine, ev içinde kullanılan genel cihazlardan yayılan EMR'nin sağlığa zararlı etkileri olduğuna dair kati bilimsel kanıt yoktur ama özellikle bebeklerin yanında tedbirli yaklaşımlar tavsiye edilir.

TEKNOLOJİK İPUCU

Tedbiri elden bırakmayın. Monitör ile bebek karyolası arasındaki mesafeyi artırarak bebeğin monitöre çok yakın olmamasını sağlayın, kullanmadığınız zamanlarda cihazı kapayın.

EFSANE: Bebek monitörleri Ani Bebek Ölümü Sendromu'na (ABÖS) ve otizme yol açabilir.

GERÇEK: ABÖS'ün ya da otizmin kablosuz bebek monitörleriyle ilişkili olduğunu gösteren, araştırmaya dayalı hiçbir kanıt bulunmamaktadır.

Tıp uzmanları, bebek monitörlerinin ABÖS veya otizmle herhangi bir ilişkisi bulunduğuna dair bazı medya iddialarına son vermişlerdir. Bazı bebek monitörü üreticileri, cihazlarının ABÖS'ü önleyebildiğini iddia etseler de bu iddialar araştırmayla desteklenmemiştir.

TEKNOLOJİYİ ÇOCUKLARIN UYKU RUTİNİNDEN ÇIKARMAK

Eğer teknoloji çocuğumuzun uyku rutininin düzenli bir parçasıysa, bu yaklaşımımızı yeniden düşünmenin vakti gelmiş olabilir. Çocuklar ani değişimleri hoş karşılamayabilirler, bu yüzden televizyonu (ve cihazları) gece uykusu ve gün içindeki kısa uyku rutinlerinden yavaş yavaş ve aşamalı olarak çıkarmak önemlidir.

İşte, gece uykuları ile gün içindeki kısa uyku zamanlarında ekran alışkanlıklarını değiştirmek için bazı ipuçları:

1. **Yatmadan önce ekran karşısında geçirilen süreyi yavaş yavaş azaltın** – bir anda vazgeçirmeye çalışmayın. Bu, gözyaşından ve sinir krizlerinden herkesi kurtaracaktır.
2. **Ekran zamanıyla kısa uyku ve gece uykusu zamanlarını birbirinden uzaklaştırın** – yine, bunu da yavaş yavaş yapın ve değişiklikler olacağına dair çocukları önceden uyarın.
3. **Ekran başında olmayan, alternatif aktiviteleri çocukların uyku rutinlerine sokun** – çocuğunuzun televizyonun (ya da iPad'in) boşluğunu doldurmaktan hoşlanacağı alternatif, sakin bir aktivite bulun. Kitap okumayı deneyebilir veya masaj, yap-

boz ya da bloklarla oynamak için zaman ayırabilirsiniz. Bu, çocukların uyumadan önce sakinleşmesine yardım edecektir.

4. **Yatak odalarını teknolojisiz bölgelere dönüştürün** – ve bütün dijital cihazları buralardan çıkarın. Bunları havuç olarak kullanmayın.

BİR BAKIŞTA

Teknolojinin çocuklarımızın uyku alışkanlıkları üstündeki etkisini en aza indirmek için aşağıdaki önerileri deneyin:

- **Yatak odalarını teknolojisiz alanlara dönüştürün** – en zor ama en etkin olan bu çözüm, çocukların odalarında hiçbir akıllı telefon, tablet, oyun konsolu ya da televizyon olmaması anlamına gelir. Bu yöntem yetişkinler için de mucizeler yaratır! Çocuklar uykuyla güçlü bağlantılar kurar, bu yüzden odalarını bir dinlenme alanı haline getirmek önemlidir.
- **Teknoloji yasağının başladığı saatler belirleyin** – çocukların gece uykusuna yatmadan (gün içindeki kısa uykular dahil) 90 dakika önce ekranları kullanmasını en aza indirmek ve dijital cihazlar için net zamanlar belirleyip bunu desteklemek için. Ayrıca ekran parlaklığını kısmayı, ekranla çocuk arasındaki mesafeyi artırmayı ve biraz ekransız zaman yaratmayı unutmayın. Psikolog Jocelyn Brewer bunu "dijital günbatımı" olarak adlandırmaktadır.
- **Teknoloji park alanları belirleyin** – dijital cihazların gece boyu şarj edilmeye bırakılabileceği ve toplanabileceği yerler. Bu hızlıca bir sayım yapmayı ve bütün cihazların yatak odalarının dışında bulunduğundan emin olmayı çok daha kolaylaştırır!
- **Yatmadan önceki 90 dakikalık sürede ekranlardan uzak durun ve mavi ışığa maruz kalışı azaltın** – ve çocukları, mobil cihazları yüzlerinden en az 40 cm ötede tutmaya teşvik edin. Çocukların sabahları daha çok ışığa maruz kalmasını sağlamak, sağlıklı uyku düzenleri oluşturmalarına yardım eder ve 24 saatlik ritimlerini geliştirir.

- **Çocukların maruz kalışını azaltın** – eğer 90 dakika ekransız zaman uygulamak çok zorsa, yavaş yavaş ve daha kısa süreli zamanlarla başlayın. Uykudan önce ekran zamanını azaltmak (herhangi bir zaman süresi için) sağlıklı uyku alışkanlığı kazandırmak için etkili bir stratejidir.
- **Uykudan önce uygulamalardan uzak durun** – ve sonrasında da. Bebeklerin uyku düzenleri genellikle çocuklardan ve yetişkinlerden daha hassastır.
- **İçeriği gözlemleyin** – şiddet içeren ve çocukların yaşına uygun olmayan programlardan kaçının (haber programları bile fazla betimleyici ve şiddetli içerik barındırabilir) çünkü çocukların gece korkularına ve kâbus görmelerine yol açabilir.
- **Uykudan önce çok hızlı değişen, tempolu ekran aksiyonundan uzak durun** – bu, çocukları heyecanlandırıp uykuya dalmalarını geciktirebilir. Bir teknoloji değiştokuşu yapın. Yatmadan önce bir bilgisayar oyunu oynamak yerine, çocukların ağır tempolu bir televizyon programı izlemesine ya da belki müzik dinlemesine izin verin.
- **Ekrandan bağımsız yatma ritüelleri oluşturup bunları sürdürün** – her gece uygulanan ritüeller konusunda tutarlı olun, özellikle de cihazları kullanmak söz konusuysa. Çocukları sakinleştirmek ve uykuya hazırlamaya yardım etmek için onları bazı rahatlatıcı aktivitelerde bulunmaya teşvik edin. Zaman içinde bu ritüeller alışkanlığa dönüşecek ve çocuklarımız hayat boyu bunları yapmayı sürdürecektir.
- **Sağlıklı uyku alışkanlıkları konusunda örnek olun** – ve uykuya olumlu yaklaşımlar konusunda model oluşturun. Uykusuzluğu bir onur madalyası gibi taşımayın. Uyku çocuklarımıza öğretmemiz gereken temel bir ihtiyaçtır.

Uyku çocukların tüm gelişimleri için çok önemli bir yapıtaşıdır. Dijital cihazların yaygınlığı ve cazibesi çocuklarımızın uyku alışkanlıklarını önemli ölçüde etkileyebilir. Bu, dijital cihazları yasaklamamız gerektiği anlamına gelmez, ancak özellikle uyku söz konusu olduğunda, nasıl sağlıklı teknoloji alışkanlıkları geliştirebileceklerini çocuklarımıza gerçekten öğretmemiz gerekir. Bu zor bir süreç değildir ama bilinçli seçimler yapmayı ve tutarlılığı gerektirir.

Bir sonraki bölüm, çocukların gelişimi için gereken dördüncü yapıtaşını inceleyecektir: oyun.

6

Yapıtaşı #4: Oyun

Siber-oyunu, bugün çocuklarımızın oyun oynayabilmesinin bir başka yolu olarak görmeliyiz. Geçerli bir oyun biçimidir.

Çoğu çocuk doğuştan oyun oynama arzusuna sahiptir – gelişen beyinlerinin ve bedenlerinin ihtiyaç duyduğu da tam olarak budur. Oyun, küçük çocukların bu kitapta söz edilen diğer yapıtaşlarının çoğunu –ilişkiler, dil, hareket ve ifa-işlevi becerileri– geliştirmesine yardım ederken, öğrenmelerinin de organik bir biçimini oluşturur.

Araştırmalar oyunun, çocukların sosyal, bilişsel, duygusal ve fiziksel becerilerini geliştirdiğini doğrulamaktadır. Bir araştırmada, okulöncesinden (dört yaş) 5. ve 6. sınıfa kadar üç çocuk grubu takip edilmiştir. Bu araştırma üç farklı okulöncesi modelin daha sonraki okul başarılarındaki etkiyi incelemişti. Araştırma, 6. sınıfa gelindiğinde, okulöncesi deneyimleri akademik olarak yönlendirilmiş çocukların, okulöncesi oyun sınıflarına katılan çocuklardan önemli ölçüde düşük olduğunu ortaya çıkarmıştı. Bu araştırmanın yazarları, daha sonraki okul başarılarının yaşamın ilk yıllarında yaşanan aktif, çocuklara yönelik deneyimlerle artabildiğini öne sürmüştür.

Oyunun, bir çocuğun gelişimi için kritik öneme sahip olduğu konusunda, özellikle okulöncesi eğitimcileri arasında evrensel bir kabul vardır. Ama modern çocukların oyun kalıplarının kısmen teknoloji yüzünden değiştiğine dair endişeler bulunmaktadır. Eğitimciler ve sağlık uzmanları, oyun oynama imkânlarındaki azalmanın küçük çocukların eğitim ve gelişimine zararlı bir etkisi olacağından kaygı duymaktadır.

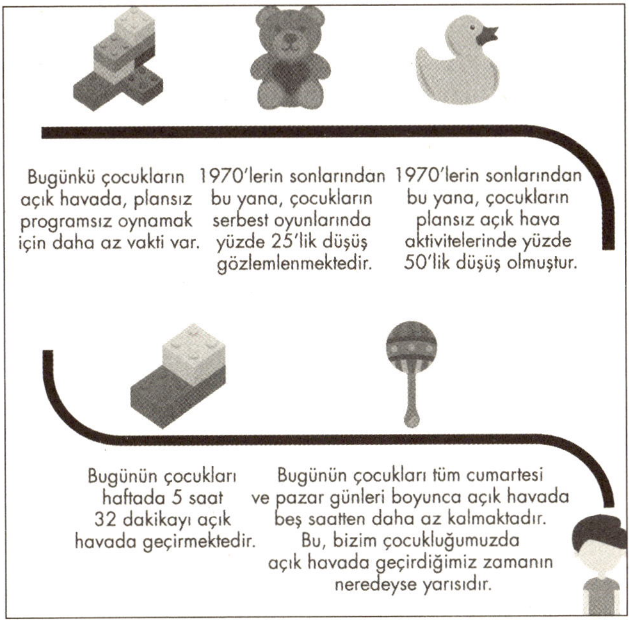

ÇOCUKLARIMIZ YETERİNCE OYNUYOR MU?

Yukarıdaki infografiğin gösterdiği gibi, araştırmalar pek çoğumuzun yakındığı bir konuyu destekliyor: Günümüz çocuklarının plansız programsız açık hava oyunları için daha az vakti var. 2006'da *The Journal of the American Medical Association*'da yayımlanan bir araştırma, 1970'lerin sonlarından beri çocukların serbest, planlanmamış oyunlarında kademe kademe düşüş olduğunu göstermektedir. Bugünün çocukları önceki nesillere nazaran çok daha az dışarıya çıkıyor.

ÇOCUKLARIMIZ NEDEN OYNAMIYOR?

Pek çok kuvvet birleşip çocukların oyun oynaması önünde engel oluşturuyor. Çocukların oyun kalıplarının değişimi için çoğunlukla ekran başında geçirilen zaman suçlanır ama çocukların oyun aktivitelerindeki değişimlerin açıklaması sadece bu değildir. Daha başka toplumsal faktörler birleşerek çocukların oyun imkânlarının azalmasına yol açmaktadır.

Aceleye getirilen çocuk fenomeni

Bugünün hummalı dünyasında çocuklarımızın hızlıca büyümesi konusunda bir baskı var. "Aceleye getirilen çocuk fenomeni" psikolog Dr. David Elkind'in *The Hurried Child* (Aceleye Getirilen Çocuk) kitabında kullandığı bir terimdir. Bazı ebeveynlerin, çocuklarının gelişimini hızlandırma amacıyla gelişimsel gidişatlarını gereksiz hızlara çıkarmak için onları zorlamalarını anlatır. Bu, oyun ve fiziksel aktiviteler gibi gelişimsel olarak uygun aktiviteler pahasına, çocukların derslerdeki programlarının yoğunlaştırılmasına ve akademik başarının teşvik edilmesine (özellikle de çok küçük yaşlarda) yol açar.

> Çocuklara aslında nasıl yavaşlayacaklarını öğretmemiz gerekir.

Bazı ebeveynler çocuklarının yürüdüğü, kitap okuduğu ya da bir müzik enstrümanı çalmaya başladığı yaşla övünür – anne gruplarında *bu anneden* bir tane mutlaka vardır! Bazı ebeveynler çocuklarının gelişimini hızlandırmaya ve yeterliliklerini abartıp küçük yaşlarda aşırı akademik baskıya maruz bırakarak onlara avantaj sağlamaya çalışır.

Ancak çocuklara aslında nasıl yavaşlayacaklarını öğretmemiz gerekir. Küçük çocukları çılgın bir telaş içindeki dünyada yaşamaya koşullandırıyoruz. Onları sürekli hareket halindeki bir dünyada, meşguliyeti bir onur nişanı gibi taşıyarak büyütüyoruz. Çocuklarımız da hummalı yaşam biçimine uyum sağlıyor ve bu onların gelişimi için ideal değil. Çocukluk çok kıymetli bir zamandır. Çocukların koşuşturmaca içinde olmaması gerekir. Yavaşlayıp çocukluğun keyfini çıkarmalıyız. Çünkü bu, hayatlarının çok kısa bir dönemi.

Aşırı yoğun programlanmış çocukluklar

Çoğu çocuk genellikle çok erken yaşlardan itibaren düzenli aktivitelere ve derslere kaydolur. Modern ebeveynler olarak, küçük çocuklarımızı sanat, müzik ya da tiyatro derslerine veya spor aktivitelerine kaydettirme konusunda gittikçe artan bir baskı altındayız. Çocukların ve gençlerin fiziksel aktiviteleri konusunda hazırlanan *Active Healthy Kids Australia Report Card on Physical Activity for Children and Young People*'a göre, aşırı disiplinli programlar çocuklarımızın plansız programsız oyun oynama imkânlarının yerini alıyor.

TEKNO EFSANE AVCISI

EFSANE: Ekran başında geçirilen zaman baskın çıktığı için, çocuklar organize spor yapmakla daha az vakit geçiriyor.

GERÇEK: Araştırmalar, Avustralyalı çocukların önceye nazaran daha fazla spor yaptığını ama ironiktir ki her zamankinden daha az fiziksel aktivitede bulunduğunu öne sürüyor.

Çocukların fiziksel aktivitesine dair Avustralya'da hazırlanan bir rapor, çocukların düzenli spor aktivitelerine eskisinden daha fazla katılmasının ve ekran başında daha fazla zaman geçirmesinin, oyun oynama fırsatlarının yerini aldığını teyit etmiştir. Dışarıda dolaşıp etrafı incelemek diye bir zaman yok artık. Modern aileler planlı spor aktiviteleri ile plansız oyun zamanları arasında bir denge kurmakta zorlanıyor. Eskiden çocuklar planlı aktivitelerle zaman geçirirdi ama bu aktiviteler açık havada yapılır, arkadaşları kovalamak, parkta ya da bahçede oyun oynamak gibi aktif olmayı gerektiren faaliyetler içerirdi. Artık ekran medyası bu aylaklık zamanlarının yerini almış durumda.

Pamuklara sarılı çocuklar

Önceki nesillerde çocuklar başlarında bir büyük olmadan ya da katı sınırlar konulmadan bahçelerini, mahallelerini keşfederek saatler harcardı. Bugün böyle bir şey söz konusu değil: Çocukların serbestçe oynama imkânlarını sınırlıyoruz.

Çocukların yaralanmasıyla ilişkili dava riskleri yüzünden, ebeveynler, eğitimciler ve bakıcılar üstünde, daha geleneksel oyun deneyimlerini sınırlama konusunda gittikçe artan bir baskı var. Küçük çocuklar ve oyun imkânları söz konusu olduğunda da aşırı bir teyakkuz hali söz konusu. Bazı aşırı örneklerde, bazı okullar, oyun alanı yaralanmalarını azaltmak için teneffüste oynamayı ya yasaklıyor ya da bunun için imkânları azaltıyor.

Çocukların serbestçe oynayabilme fırsatlarına ihtiyacı vardır; risk almayı, özgüven ve mukavemet kazanmayı, başarısızlıkların üstesinden gelmeyi, korkularla ve belirsizlikle başa çıkmayı böyle öğrenebilirler. Oyun deneyimleri kırpılıp budanırsa bu çok önemli yaşam deneyimlerini geliştiremezler.

Minecraft bilgisayar oyununun çocuklar arasında bu kadar popüler olmasının sebeplerinden biri budur. Ebeveynleri sınırlamalar ve kısıtlamalar getirip onları gözetlemeden, internette aylak aylak gezinme, yaratma ve yeni fikirler deneme imkânı bulurlar. Kelimenin tam anlamıyla, dijital bir bağlamda aylak aylak gezinmeyi, kendi kapasitelerini ve problem çözme becerilerini tecrübe ederler. Bugünün çocukları, gözetim altında olmadan dolaşma ve yaratma özgürlüğünün hasretini çekmektedir. Minecraft pek çoğuna bu imkânı sunar.

Helikopter ebeveynler

Yanlış yönlendirilen ebeveyn korkuları, çocukların güvenliği ve korunmasına ilişkin algılanan riskler, bazı ebeveynlerin çocukların serbest oynama imkânlarını kısıtlamasıyla sonuçlanmaktadır. Ebeveynler, kaçırılma ve fiziksel yaralanmaya dair yanlış bilgilendirmeler ve korkular yüzünden helikopterin pilot koltuğuna tırmanır. Bunun sonucunda bazılarımız çocukları planlı, yetişkin gözetiminde yapılan aktivitelerle iç mekânlara hapsederiz.

ÖRNEK OLAY

Julia erken dönem çocuk eğitimcisi ve kendisini bir "tırtıl" ebeveyni olarak görüyor. Şöyle açıklıyor: "Tırtılların kelebeğe dönüşmek üzere kozadan çıkmak için kendi yollarını bulması gerekir, çocuklarımız da böyledir. İnsanlar olarak bu tırtıl dönüşümü sürecine müdahale edersek tırtıl ölür. Eğer sürekli müdahale ediyorsak, etrafında dolaşıyorsak ve yaptıklarını kısıtlıyorsak, biz de çocuklarımızın gelişiminin bir kısmını öldürüyoruz bence. Zorlukların içinde öğrenme ve gelişme saklıdır. Başarısızlıkları ve öfkeleri, karakterin, mukavemetin ve savunma mekanizmasının gelişmesine, bir ebeveyn ya da öğretmen olarak öğretebileceğim herhangi bir dersten daha fazla fayda sağlar. Ben de müdahale ediyorum ama sadece ciddi bir yaralanma riski olduğunda ya da bir çocuk bir durum karşısında çok fazla bocalıyorsa. Bunun dışında, tırtıllarımı kendi başlarına çözmeye bırakıyorum."

Akademik baskı

Eskiden tipik olarak anaokullarına ve hatta 1. sınıflara uygulanabilir olan müfredat hedeflerinin şimdi okulöncesindekilere dayatıldığı bir akademik yayılmaya da tanıklık ediyoruz. Ebeveynler ve eğitimciler sık sık, çocukların öğrenmesini hızlandırmak için gittikçe artan bir baskı hissettiklerini bildirmektedir.

İroniktir ki bu aslında çocukların öğrenmesine yardımcı bir durum değildir. Öyle ki, 1997 ve 2002'de yayımlanan iki kapsamlı araştırma, okulöncesi müfredat modellerinin çocukların sonraki akademik durumlarını nasıl etkilediğini incelemiştir. Her iki araştırma da oyun temelli, çocuğa yönelik okulöncesi dönemler geçirenlerin, daha resmi bir akademik müfredata tabi tutulan yaşıtlarından daha üstün başarı sağlandığını ortaya koymuştur.

Eğlendirirken eğiten ürünler alma baskısına da maruz kalıyoruz. 4. Bölüm'de irdelendiği üzere, ebeveynlere öğrenme hızını artırdıkları izlenimini veren, bebek medyası ve eğitici ürünlerden oluşan büyük bir pazar bulunmaktadır.

ÇOCUKLARIN NE KADAR OYUNA İHTİYACI VAR?

Çocukların her gün bir saat plansız programsız, ucu açık oyuna ihtiyacı vardır. Gevşemek, rahatlamak ve her gün yaratıcı, plansız oyunlara katılmak için zamana ihtiyaç duyarlar. Plansız programsız oyun, zamana ek olarak fiziksel aktivite de gerektirir.

1-5 yaş arasındakilerin, güne yayılmış hafif, orta ve yoğun egzersize ihtiyacı vardır. 5-12 yaş arasındakilerin çoğu, günde bir saat ortadan yoğuna değişiklik gösteren bir egzersiz ihtiyacı hisseder. Düzenlenmiş aktiviteler ya da dersler olmaksızın çocukların haftada en azından bir öğleden sonra geçirmesi gerekir.

TEKNOLOJİ ÇOCUKLARIN OYUNUNU NASIL DESTEKLEYEBİLİR?

Zaman zaman siber-oyun olarak da adlandırılan dijital oyun imkânları, ebeveynler ve eğitimciler için çok yeni bir şeydir. Çocuklar siber-oyunlar oynarken, biz yetişkinlerin uzman değil de acemi rolünde olduğunu varsaymamız gerekir. Bilgisayar oyunlarının nasıl oynanacağını veya uygulamaların nasıl kullanacağını çoğu zaman çocuklarımızla birlikte öğrenmemiz gerekir ve oyunlarına mutlaka yol göstericilik edemeyebiliriz. Bu yüzden doğal eğilimimiz, siber-oyun deneyimlerinin çocuğumuzun gelişimi için mutlaka zararlı olacağı düşüncesiyle elimizin ayağımıza dolaşması ve endişelenmek şeklinde olur.

Genellikle rahat ve aşina olduğumuz daha geleneksel oyun deneyimlerini teşvik etmemiz gerektiğini hissediyoruz – dışarıda oynamayı, ağaçlara tırmanmayı, bisiklete binmeyi. Analog çocukluğumuzun bu önemli unsurları çocuklarımız için hâlâ çok önemli deneyimler.

Ama siber-oyunu, bugün çocuklarımızın oynayabilmesinin bir *başka* yolu olarak görmeliyiz. Geçerli bir oyun biçimidir. Elbette siber-oyunun daha geleneksel oyun deneyimleri yaşama fırsatlarının önüne geçmesine izin vermememiz çok önemli ama dikkatle tasarlanmış teknolojiler, küçük çocukların oyun imkânlarını destekleyebilir ve kolaylaştırabilir.

Teknoloji temelli olumlu oyun deneyimleri arasında şunlar vardır:

- tekno-oyuncaklar kullanma
- bilgisayar oyunları oynama
- keşfetme imkânlarını genişletme
- etkileşimli oyuna katılma
- çocukların sosyal medya becerilerini genişletme
- oyunu ekranın ötesine taşıma

Tekno-oyuncaklar kullanma

En yeni oyuncak kataloglarını karıştırınca ne kadar çok tekno-oyuncağın (pille çalışan, dijital oyuncaklar) olduğu görülür. Pençelerine monte edilmiş cep telefonuyla ayıcıklar, bebekler için tasarlanmış akıllı telefon cihazları ve okulöncesi çocuklar için sesle kumanda edilen bebekler vardır.

Tekno-oyuncaklar dikkatle seçildiğinde çocuklara bir dizi fayda sağlayabilir. Örneğin, bazı oyuncakların ses kaydetme becerisi vardır ve çocukları konuşmaya teşvik edebilir. Başka tekno-oyuncaklar çocukların söylediklerine yanıt verebilir, bu da onları eleştirel düşünceye yönlendirebilir (interaktif atlas oyuncakları gibi). Bazı tekno-oyuncaklar yeni oyun fırsatları sağlayabilir (insan bedenini keşfettiren interaktif uygulamalar gibi).

Dijital oyuncakların başka değerli analog oyuncakların yerini almadığından emin olmalıyız. Oyuncak kutusunda geleneksel ve teknolojik araçlar için yerler olması gerekir. En iyi gelişim için çocukların oyuncak çeşitliliğine ihtiyacı vardır.

Ebeveynlerin küçük çocuk oyuncaklarında kalite bakımından neleri araması gerekir?

Çocuklar ister geleneksel ister dijital oyuncaklarla oynuyor olsun, çocukları düşünmeye, keşfetmeye, hareket etmeye ve dili kullanmaya teşvik eden oyuncaklar bulmalıyız. Tekno-oyuncaklar önceden programlanmış oldukları için oyun deneyimlerini zaman zaman sınırlayabilir (sayfa 151'deki "Tekno-oyuncak Korkusu" başlığına bakınız).

Susan Linn çocuklar için oyuncak seçerken şu basit formülü uygulamayı önerir:

> İdeal oyuncak = yüzde 90 çocuk-yönlendirmeli + yüzde 10 oyuncak-yönlendirmeli

Çocukların oyuncaklarla düşünmesini ve etkileşime girmesini isteriz. Tüm zor işi, çocuğumuz *yerine* oyuncağın yapmasını istemeyiz. Düşünme becerilerini, problem çözmelerini ve etkileşimi destekleyen oyuncaklar arayın.

Bilgisayar oyunları oynama

Bilgisayar oyunlarının eğitsel kullanımını desteklemek için yapılan araştırmaların sayısı giderek artıyor. Eğitsel araştırmacılar ve eğitiler, bilgisayar oyunlarını geçerli öğrenim araçları olarak görmekte, öyle ki araştırmacılar eğitimde oyunlaştırmayı incelemektedir.

Adachi, Willoughby, Gentile ve meslektaşları tarafından yayımlanan araştırma, oyun oynamanın bilişsel, motivasyonel, sosyal ve duygusal faydalarla olumlu biçimde ilişkilendirilebileceğini göstermiştir. Bilgisayar oyunlarının çocukların görsel işleme becerisini, uzamsal akıl yürütmesini, dikkatini, görsel algısını, problem çözmesini ve planlama becerilerini iyileştirdiği gösterilmiştir.

Çocuklarının oyun oynayarak geçirdiği saatlerin illaki ziyan sayılmayacağını öğrenmek ebeveynlerin içini rahatlatacaktır. Çocuklar yaşlarına uygun oyunları uygun sürelerle oynadıkları sürece, esasında bu deneyimden fayda sağlayabilirler.

Yine de oyunla ilişkilendirilen bağımlılık, depresyon ve agresyon gibi olumsuz etkiler de vardır. Oğlanlar oyun oynamanın yan etkilerinden bazılarına çok daha duyarlılık gösterebilir, özellikle de şiddet ve agresyonla ilintili olanlara. Karmaşık ve gerçekçi grafikler, cinsellik ya da şiddet içeren öğelere kolay erişim, çocukların bilgisayar oyunlarının içeriği konusunda ebeveynlerin son derece tetikte olması gerektiği anlamına gelir. Dijital cihazların aile evinde neden görünür yerlerde kullanılması gerektiğinin ve birlikte-izlemenin neden önemli olduğunun bir diğer nedeni de budur.

Dikkatle yönetildiğinde Minecraft'ın olumlu etkilerine dair ipuçları

Minecraft dünya çapında milyonlarca çocuğun evrensel ilgisini çeken, dijital bloklardan oluşan popüler bir evrendir. Çok çekici bir internet oyunudur, kullanıcıları çeşitli yerleşim yerleri ve arazileri olan dijital bir dünyada üçboyutlu bloklar inşa eder (el becerisi). Kapsayıcı bir deneyim olarak, kullanıcıların hayatta kalmak için malzemeler toplaması ve araçlar kullanması gerekir. Diğer pek çok bilgisayar oyunundan farklı olarak, Minecraft nispeten basit grafiklere sahiptir ve hiçbir seviye yoktur. Kelimenin tam anlamıyla asla bitmeyen bir oyundur.

Pek çok çocuk Minecraft'a takıntılı bir bağ geliştirmiştir. Dezuanni, O'Mara ve Beavis'in yayımladığı bir çalışmaya göre bu oyunun eğitsel faydaları da söz konusu. Dikkatle yönetildiğinde Minecraft'ın faydalı olabildiğini öğrenmek içimizi rahatlatacaktır. Minecraft oynarken çocuklar karmaşık problem çözme becerileri gösterir, ileri matematiksel kavramları kullanır ve bir dizi başka akademik beceri geliştirir. Eğitimciler ve araştırmacılar halen Minecraft'ın eğitsel potansiyelini incelemekte ve öğrenme konusunda olumlu etkileri olduğunu görmektedir.

Keşfetme imkânlarını genişletme

Çocuklar oyun vakitlerinde dijital cihazları gittikçe daha fazla kullanıyor, bu onların dünyayı keşfedip daha fazla şey öğrenmesine fayda sağlayabilir. İnteraktif kürelerde uzak ülkeleri keşfedebilir, yabancı bir dili öğrenip kullanabilir, uzaya yolculuk yapabilir, bir insan bedeninin içine girebilir ve Antarktika'ya dek yedi denizi gezebilirler – bunların hepsini dokunmatik ekranlı bir cihazla evlerinin salonunda otururken yapabilirler. Teknoloji oyun oynamak için tümüyle yepyeni imkânlar sunabilir.

Gerçekten de bu imkânlardan bazıları önceden, teknoloji *olmaksızın* tasavvur edilemez şeylerdi. Örneğin, insan bedenini anlatan geleneksel bir kitap, çocukların katılımcı, bilgilendirici ve dinamik biçimlerde keşfedip öğrenmesine imkân veren interaktif uygulamalarla hiçbir şekilde karşılaştırılamaz. Bu deneyimler artık çocukların her günkü oyunlarının bir parçasıdır.

Çocukların kendilerini ve içinde yaşadıkları dünyayı keşfetmesine ilişkin eşsiz imkânlar sağlayacak uygulamalar, internet siteleri ve oyunlar arayışında olmalıyız. Mevcut oyuncakların, kitapların ya da oyunların sadece dijital bir kopyası olan teknolojileri kullanmaktan kaçınmalıyız (ya da kullanmayı en aza indirmeliyiz). Bunun yerine, öğrenmeye ve oynamaya benzersiz bir biçim getiren ya da bir değer katan dijital oyun deneyimleri aramalıyız. Teknoloji yeni oyun fırsatları sunduğunda gerçekten çok heyecan vericidir.

Yenilikçi teknoloji deneyimlerinin çocukların oyun imkânlarını genişlettiğine dair başlıca bazı örnekler şunlar:

- **The Human Body**, çocukların insan bedeninin içini keşfetmesine imkân tanıyan harika bir uygulama.
- **Toca Hair Salon**, kötü bir saç kesiminin kalıcılığı riskini taşımadan, çocukların kuaförcülük oynayabileceği, harika bir artırılmış gerçeklik uygulaması. Çocuklar kendilerinin (veya ebeveynlerinin ya da kardeşlerinin) bir fotoğrafını yüklüyor, ardından bir dizi araç kullanarak ayrıntılı saç kesimleri ve tasarımlar yaratıyor.
- **Happi Full Throttle**, bir tablet cihazı, bir aracın (itfaiye aracı ve denizaltı dahil) gösterge panosuna dönüştüren bir uygulama. Bu uygulama, çocuğun aracın içindeymiş gibi gösterge panosunu kullanmasını sağlamak için tablet cihazın dahili kamerasını kullanır.
- **Portable North Pole**, ebeveynlerin Noel Baba'dan gelen şahsi mesajlar oluşturup, bunları çocuğun fotoğrafı ve önemli olaylar mesaja eklenmiş halde çocuklarına göndermesini sağlayan bir internet sitesi ve uygulamadır.

Uygulama bulmak için ipuçları

Popüler uygulama mağazalarında belli bir uygulamayı bulmak çoğu zaman zordur, özellikle de geliştirici uygulamanın isminde sıradışı büyük harf ya da boşluk kullanımı yapmışsa – bunlar genellikle çok iyi veritabanları değildir. Belli bir uygulamayı bulmak için uygulamanın ismi ve "ve uygulama" ("and app") tabiriyle Google araması yapmanızı öneririm. Doğrudan uygulama mağazasına gitmeyin. İlk birkaç Google arama sonucu genellikle uygulamayı doğrudan indirebileceğiniz uygulama mağazasının linkini verecektir.

TEKNO EFSANE AVCISI

EFSANE: Uygulamalar çocukların yaratıcılığını öldürüyor.

GERÇEK: Bazı uygulamalar çocukların yaratıcılığını kösteklerken bazıları yaratıcılığı besleyebilir. Bu aslında uygulamanın nasıl tasarlandığına ve çocukların onu nasıl kullandığına bağlıdır.

Ebeveynler ve eğitimciler genellikle dokunmatik ekranlı teknolojilerin çocukların yaratıcılığının önünü tıkadığından endişelidir. Uygulamanın tasarımı bir çocuğun ne ve nasıl öğrendiğini biçimler. Uygulamalar iki yaygın tiptedir:

Tüketim uygulamaları	Yaratıcılık uygulamaları
◆ Elyazısı, heceleme, ders programı, ses bilgisi uygulamaları, YouTube. ◆ Düşük seviye düşünme becerilerini besler. ◆ Doğru yanıt bulunana dek tıklanıp dokunulur, önceden belirlenmiş yanıt seçilir. ◆ Çocuklar *önceden hazırlanmış* içeriği tüketir. ◆ Çocuklara *pasif* bir rol yükler.	◆ Çizim, sanat, müzik, video oluşturma, animasyon, dijital kitap oluşturma uygulamaları. ◆ Yüksek seviye düşünme becerilerini destekler. ◆ Çocukların kendi dijital içeriklerini *üretmelerini* sağlar. ◆ Çocuklara *aktif* bir rol yükler.

Tercihen, çocukların *yaratıcılık* uygulamalarıyla daha fazla, *tüketim* uygulamalarıyla daha az zaman geçirmesini isteriz. (Onlardan tümüyle kaçınmamız gerekmez ama tedbirli bir biçimde kullanmalıyız.)

Eğer çocuklara yaratıcılık uygulamalarını (ve ara sıra da tüketim uygulamalarını) kullanma imkânı sunarsak hayal gücü becerilerinin beslenme ihtimali artacaktır.

Etkileşimli oyuna katılma

Çocukların gerçek interaktif teknoloji deneyimleri yaşamaları artık (sadece ekrana tıklamaktan ya da yanıtlardan oluşan bir mönüden doğru yanıtı seçmekten daha fazla) mümkün. Yenilikçi, interaktif oyun deneyimlerinden bazı örnekler şunlar:

- **Osmo** – Çocuklar üçboyutlu gerçek tangram* objelerini bir tabletin önünde elle birleştirir ve bir aynanın uygulamaya veri göndermesinin ardından geribildirim sağlanır. Örneğin, Tangram for Osmo'da bu uygulama ışık çakarak yanlış tangram parçasının nerede olduğunu çocuğa gösterir, ardından nasıl doğru yerleştirileceğini modeller. Ayrıca eğer bir tangram parçası doğru yerleştirildiyse kullanıcıya geribildirim de sağlar.
- **Make it Kids uygulaması** – Çocuklar kendi interaktif oyunlarını ve aktivitelerini yaratıp paylaşabilir. Bu uygulamanın, çocukların erişip kendi içeriklerini seçebileceği interaktif mönüleri, çizim, bellek, ilişki ve bilgi yarışmalarıyla bir dizi içerik (ses ve görüntü) kütüphanesi vardır.

Uygulamalara dair nitelikli tanıtımlar okumak ve çocuk teknolojilerinin en son yeniliklerini takip etmek için şunlar temel ebeveyn kaynaklarıdır:

* Çeşitli geometrik parçaların bir araya getirilerek yeni formlar oluşturulması esasına dayanan Çin bulmacası. (ç.n.)

- **Common Sense Media** (internet sitesi ve uygulama): https://www.commonsensemedia.org/
- **Children's Technology Review** (internet sitesi): http://childrenstech.com/
- **Kapi Awards** (internet sitesi): http://kapiawards.com/

Elbette teknolojinin oyunların önüne geçmemesi konusunda dikkatli olmalıyız. Yine de oyunun, cihazın değil de çocuğun kontrolünde olmasını isteriz (yüzde 90 ve yüzde 10 kuralını hatırlayın). Ayrıca çocukların bu teknolojileri kullanırken düşünmesini, katılmasını ve öğrenmesini de arzularız.

Çocukların oyununun yalnızca teknolojinin tasarımıyla belirlenmesini ve sadece oyuncağın gözlemlenmesiyle ya da ara sıra tıklayıp sonra oyuncağın talep ettiği türden yüzeysel bir etkileşimle sınırlanmasını istemeyiz.

Çocukların sosyal medya becerilerini genişletme

Pek çok siber-oyun aktivitesi birden fazla oyuncuyu gerektirir. Ekran başında geçirilen zamanın sosyal yalnızlığa yol açtığı sık sık eleştiri konusu olsa da siber-oyun deneyimlerinin olumlu etkileri olabilir. Yalnız oynamayı desteklediği düşünülen tablet tipi cihazları bile çocuklar nadiren tek başlarına kullanır. Bu birlikte-oynama durumu dil ve sosyal becerileri için çok iyidir, bu yüzden siber-oyunu birisiyle *birlikte* oynamaları mümkün olduğunca desteklenmelidir.

> Çocuklar medyayı yaratıcı biçimde, oyunları için sıçrama tahtası olarak kullanabilirler.

Oyunu ekranın ötesine taşıma

Teknoloji çocukların oyunlarını kamçılamanın harika bir yolu olabilir. Yıllar boyu çocukların, sevilen televizyon programlarındaki ve filmlerdeki sahneleri yeniden canlandırdıklarını, oyun deneyimlerinde çizgi film karakterlerine öykündüklerini gördük. Bu aşina bağlamlar ve karakterler, çocuklara sosyo-dramatik ve sembolik oyunlara katılmak için ihtiyaç duydukları dil becerilerini kazandırır. 2007, 2009 ve 2012'de yayımlanan araştırmaların hepsi, çocukların modern oyun kalıplarının çevrelerindeki ekran medyasıyla *biçimlendiğini*, illaki onun *yerini almadığını* teyit etmektedir. Çocuklar medyayı yaratıcı biçimde, oyunları için sıçrama tahtası olarak kullanabilirler.

TEKNOLOJİ ÇOCUKLARIN OYUNUNA NASIL KÖSTEK OLABİLİR?

Eğer teknoloji dikkatle seçilmezse ve/veya uygunsuz ya da aşırı biçimde kullanılırsa, çocukların oyun deneyimlerine gerçekten de ket vurabilir. Teknoloji, oyunu şu biçimlerde engelleyebilir:

- tekno-oyuncak korkusu
- kısıtlayıcı oyun
- plansız programsız oyunun yerini alma
- çocukluğu ticarileştirme
- doğadan kopuş bozukluğu yaratma
- mahremiyet korkuları

Tekno-oyuncak korkusu

Karmaşık, önceden programlanmış tepkileriyle tekno-oyuncakların daha geleneksel oyuncaklardan üstün olduğu yönünde bir varsayım vardır. Pek çok tekno-oyuncağa yüklenen pazarlama iddiaları bunların eğitsel faydaları olduğu ve avantaj sağladığı yönünde.

Bununla birlikte, araştırmalar bebeklerin tekno-oyuncaklardan mutlaka bir fayda sağlamasının söz konusu olmadığını öne sürmektedir. 2015'te yayımlanan bir araştırma, geleneksel oyuncaklarla ya da kitaplarla oynamaya nazaran elektronik oyuncaklarla oynamanın, dil girdisinin niteliği ve niceliğinde düşüşle ilişkilendirildiğini ortaya koydu. 4. Bölüm'de anahatlarıyla ele alındığı gibi, dil gelişimi küçük çocukların tüm gelişimi için kritik öneme sahiptir, bu yüzden bebeklerin elektronik oyuncaklarla oynaması teşvik edilmemelidir.

ÖRNEK OLAY

Monica'nın on aylık kızı Isla sürekli onun cep telefonunu alıyordu. Çoğu durumda Isla sadece cihazı dişlemek ya da fotoğrafları kaydırmak istiyordu. Monica, Isla'nın telefonunu bozmasını istemedi, bu yüzden Isla'ya plastik bir akıllı telefon almaya karar verdi (şu işe bakın ki bu da plastikten gelen kimyasalları sindirmekle alakalı potansiyel sağlık riskleri taşır).

Monica oyuncağın paketini okuyunca çok şaşırdı. Plastik akıllı telefon olduğunu iddia eden, 6-36 aylık bebekler için tasarlanmış bu ürün rakamları, saymayı ve selamlaşmayı öğretecekti. Böyle iddialar genellikle Monica'yı endişelendirirdi. On aylık kızının rakamlar gibi akademik kavramları öğrenmeye başlamasına *gerçekten* gerek var mıydı? (Hayır, bu on aylık bir bebek için gelişimsel bakımdan doğru bir beklenti değildir.) Diğer taraftan Monica, eğer Isla tekno-oyuncaklar kullanmazsa yaşıtlarının gerisinde kalır diye de endişeleniyordu. Bu, modern ebeveynlerin ikilemidir.

Kısıtlayıcı oyun

Çocuklara yönelik teknolojinin tasarımı, desteklediği oyunun türüne karar verir. Bir çocuğun bir bilgisayar oyunuyla ya da öğren-ve-yap uygulamasıyla yaptıklarını, bir küp setiyle, bir bebekle ya da birkaç kamyonla yaptıklarıyla karşılaştırın. Çocuklar geleneksel oyuncaklarla hayal güçlerini kullanır ve bu çocuğumuzun katkısını gerektirir.

Çok disiplinli bir öğren-ve-yap uygulaması ya da bilgisayar oyunuyla oynandığında (yine uygulamanın ve bilgisayar oyununun tasarımına bağlı biçimde) teknoloji potansiyel olarak bir çocuğun yapabileceklerini sınırlayabilir. Öğrenebilecekleri ya da oynayabilecekleri şeye bir tavan getirebilir.

Ayrıca genellikle önceden programlanmıştır, böylece oyunun akışına çocuk *değil* programcı karar verir. Bazı teknolojilerde (hepsi değil) önceden belirlenmiş yanıtlar vardır ve girdi istenir. Çocukların oyuncak üstünde en büyük etkiyi yaratabildiği ve oyun deneyimini yönlendirebildiği daha geleneksel oyuncaklarda böyle bir durum söz konusu değildir.

Ayrıca pille çalışan oyuncakların ve ticari karakterlerin çocukların oyun imkânlarını kısıtlayabileceğine dair endişeler vardır. Ticari karakterlere, dizi bölümlerine ve ekrandaki eylemlere özenme eğiliminden dolayı çocukların onlarla *neyi, nasıl* oynayacaklarını biçimlendirebileceğine dair kaygılar bulunmaktadır. Yine de popüler medya karakterleri çocukların yaratıcı oyunlarında yer bulabilir ve bunları başlatabilir.

Plansız programsız oyunun yerini alma

Eğer medya ve ekranlar *daima* çocukların oyun deneyimlerinin önüne geçerse, o zaman bu, çocukların yaratıcılığını ve hayal gücünü potansiyel olarak sekteye uğratabilir. Ekranların ve aceleye getirilen çocuk fenomeninin plansız programsız oyunu yıprattığına dair endişeler vardır. Dijital cihazlar sık sık dijital emzik gibi ya da sıkıntıyı gidermek için kullanıldıysa, çocukların bugün plansız programsız zamanlarında ne yapacaklarını bilememesine pek şaşırmamak lazım.

ÖRNEK OLAY

Maryanne otuz iki yıldır öğretmenlik yapıyor. Özellikle son beş yıldır çocukların oyun kalıplarında keskin bir değişim gözlemliyor. Şöyle anlatıyor Maryanne: "Yağmurlu günlerde okulda nöbetçi olmaktan nefret ediyorum. Eskiden yağmur yağdığında çocuklar kendilerini nasıl eğlendireceğini bilirdi. Bir oyun uyduruverirlerdi. Karton kutulardan bir şeyler yaparlardı. Bugünlerde çocuklar sızlanıyor ve şikâyet edip duruyor. Onlara bir karton kutu ve battaniye verecek olsam, bunlarla ne yapacakları konusunda hiçbir fikirleri yok. Kendilerini nasıl eğlendireceklerini bilemiyorlar. İnteraktif tahtada bir film izlemeyi ya da bilgisayarlarda, iPad'lerde oyun oynamayı isteyerek çaresizce yalvarıyorlar. Çocuklar bir ekran olmadan kendilerini eğlendirmeyi bilmiyor. Bu gerçekten çok üzücü."

Tüm Avustralya'da eğitimciler Maryanne'in hikâyesini yineliyor. Öğretmenler, çocukların eğlenme ve hoş vakit geçirme ihtiyaçları için dijital cihazlara böyle aşırı bel bağlamasından gittikçe daha fazla endişe duyuyor.

Plansız programsız oyun imkânlarını korumamız hayati öneme sahiptir. Çocukların sıkıntıyı yaşaması gerekir. Aslında bu, çocuklarımıza verebileceğimiz en büyük hediyelerden biridir. Çocuklar kendi kendileriyle arkadaşlık etmenin ve düşüncelerinin ne kadar ödüllendirici olabileceğini bu boşluk anlarında keşfeder.

Bize ne söylenirse söylensin, çocukların sürekli cihazlara bağlanıp eğlendirilmesi gerekmez. Cihazları kapamaları iyidir (aslında beyin gelişimleri için elzemdir). Sıkılmaları iyidir. Onların her ânını doldurmamamız iyidir. Çocuklarımızın dijital bir efendinin kölesi olmasını istemeyiz.

Çocukluğu ticarileştirme

Teknoloji temelli oyunların şunlara sebep olabileceği konusunda da endişeler vardır:

- **Sağlıksız klişeleri teşvik edebilir** – prensesler ve süper kahramanlar gibi.
- **Ticarileştirmeyi artırabilir** – satın alınabilir oyuncakları ve

popüler filmlere, bilgisayar oyunlarına ve uygulamalara göndermeler yapan özel eşyaları alma baskısıyla.

- **Bedeli bir fırsatın kaçması olabilir** – oyunları daima medya karakterlerinin egemenliğindeyse, çocuklar başka hangi oyun deneyimi fırsatlarını kaçırıyor olabilir?

Yine, dengeli bir yaklaşım bu yüzden şarttır ve çocuklar teknolojiyi kullanırken aktif bir rol üstlenmemiz bu yüzden gereklidir.

Doğadan kopuş bozukluğu yaratma

Doğadaki Son Çocuk'un yazarı Richard Louv'a göre, pek çok çocuk açık havada oynamaktansa içeride kalmayı tercih ediyor, çünkü iç mekân oyunlarına alıştılar. Louv "doğadan kopuş bozukluğu" terimini, çocukların doğayla bağlarının kopmasının yarattığı etkiyi anlatmak için geliştirdi. Louv, bugünün dijital bakımdan doygun çocuklarının sağlıklı gelişim için doğrudan doğada bulunmaya ihtiyacı olduğunu göstermek için araştırmalardan yararlandı.

Yapımcı David Bond da *Project Wild Thing* (Yaban Şeyler Projesi) filminde, çocukların dijital bağımlılığının, çocukluklarını doğada geçirilecek zaman pahasına nasıl biçimlendirdiğini anlatır. Bu duruma bir deva bulma amacıyla Bond kendini Doğa Pazarlama Uzmanı olarak atar ve bir pazarlama ve doğa sporları uzmanının yardımıyla İngiliz çocuklarının açık havada bedava harika bir ürünü –doğayı– kullanması için ulusal bir kampanya başlatır.

Fiziksel ve duygusal gelişim için açık havada oynamak hayati öneme sahiptir. Ayrıca uykuyu desteklemesi açısından da çok önemlidir, çünkü doğal ışık altında, özellikle de sabahları geçirilen zaman bedenin, çocukların sakinleşmesine ve odaklanmasına yardım eden ve ruh halini olumlu kılan seratonin üretimini düzenlemesine yardımcı olur. Çocukların dijital alışkanlıklarının, doğaya katılıp orada oynama imkânlarını gasp etmediğinden emin olmalıyız.

Çocukların yeşil zamanları ile ekran zamanları nasıl dengelenir?

Beyin işlevinin en iyi olabilmesi için doğada, açık havada geçirilen zaman çok önemlidir ama çocukların çoğu boş vaktini göğe değil de ekranlara bakarak geçirir. Eğer çocuklar sürekli cihazlara bağlı olurlarsa zihinleri dinlenecek zaman bulamaz. Bağlantı hep açık kalır. Zihinlerinin dolaşabilmesi, bilgiyi işleyebilmesi ve yaratıcı ifade imkânları için boş alana ihtiyaçları vardır. Ama ekranlardan sürekli bilgi işliyorlarsa bunu yapamazlar. Çocuklara teknolojiden nasıl kopacaklarını ve gerçek hayata (ve doğanın organik biçimde önerdiği hayatın daha ağır temposuna) nasıl bağlanacaklarını öğretmemiz gerekir.

Dijital çocukların kendilerini doğaya kaptırarak teknoloji molaları vermeye de ihtiyaçları vardır. Evde ya da okulda teknolojiyi kullanmalarının *ardından*, çocuklarımızı yeşil zaman geçirmeye teşvik etmeliyiz. Doğada geçirilen zaman, beynin yeniden ayalanmasına ve ekran faaliyetiyle uyarıldıktan sonra sakinleşmesine imkân tanır.

Doğada geçirilen zaman ayrıca beynin, ifa-işlevinin ve yüksek seviye düşünmenin gerçekleştiği prefrontal korteksini de kapatır (daha fazla bilgi için 9. Bölüm'e bakınız). Prefrontal korteks dinlenirken, bilinçaltının çalışmasını sağlar. Buna zihnin rastgele gezinmesi denir ve yeni fikirlerin ortaya çıkmasına zemin hazırlar.

Doğada geçirilen zaman beynin iyi-hisset nörotransmitteri olan dopamini salgılamasına da yardım eder. Yürüyüş yapmak, koşmak ya da tramplende zıplamak, düşünmek ve yaratıcılık için harika bir kuluçka dönemi olabilir – yetişkinler de bu yüzden en iyi fikirlerini duşta, müzik dinlerken ya da egzersiz yaparken (prefrontal korteksimiz kapanmış ve beynimiz dopamin salgılarken) bulurlar.

Mahremiyet korkuları

Ses tanıma yazılımlarındaki ilerlemeler, çocukların oyuncak raflarına yeni dijital oyuncakların katılmasına yol açtı. Örneğin, oyuncak üreticisi Mattel ses tanıma teknolojisi vasıtasıyla çocuklarla sohbet edebilen (ve çocuğunuzun kendi odasında edilen bu sohbetleri kaydedip saklayabilen) Hello Barbie adında yeni bir akıllı bebek piyasaya sürdü. Bu bebek Apple'ın Siri'sine benzer biçimde çalışıyor. Sadece bir düğmeye basınca bebek çocuğun ne söylediğini anlıyor ve ardından yanıt veriyor. Mahremiyet savunucuları, özel konuşmaların kaydedilme potansiyeli ve üçüncü kişilerin çocuklara yönelik reklamlarda kullanılabileceği, kişiye özel veriler bakımından bu oyuncağın taşıdığı risklerden endişe duyuyorlar.

Çocuk oyuncakları ile teknoloji şirketlerinin dahil olduğu büyük güvenlik ihlalleri gittikçe daha fazla yaygınlaşmakta.

Çocuklar, internete bağlanabilme özelliği olan tekno-oyuncakları kullanarak hassas ya da özel bilgileri ifşa edebilir ve bu verinin güvende olduğunun hiçbir garantisi yoktur (en iyi güvenlik sistemleri kurulmuş olsa da). Bu yüzden, bu oyuncakları kurarken ne tür veri paylaştığınız konusunda daima dikkatli olun.

Çocuk oyuncakları ile teknoloji şirketlerinin dahil olduğu büyük güvenlik ihlalleri gittikçe daha fazla yaygınlaşmakta. Kişisel hesaplar ifşa olabildiğinden ve çocukların sohbet kayıtları, fotoğrafları, isimleri, doğum tarihleri ve güvenlik sorusu verileri internete sızabildiğinden olası zararlı etkiler barındırabiliyorlar.

İnternete bağlanabilen oyuncakların veri güvenliği riskine ek olarak, satıcıların çocukların verilerine erişmesi konusunda da endişeler bulunmaktadır. Farklı mobil teknolojilerdeki artış karmaşık teknolojik ilerlemelerle birleşince, pazarlamacıların çocuklarımıza doğrudan erişmesini ve ilgi alanlarının kapsamlı bir tablosunu çıkarmasını daha da kolaylaştırıyor. Çocukların ekran başı aktivitelerinden toplanan veri bazen üçüncü taraf reklamcılara gönderiliyor ve bu da çocuklara uygun biçimde tasarlanan reklam kampanyaları düzenlemek için kullanılıyor.

Çocuk hedefli, istismarcı pazarlama taktiklerinin, ebeveynlik değerlerimizi ve çocuklarımızın mahremiyetini baltaladığına dair endişeler bulunmaktadır.

Dahası, çocukları zararlı pazarlama yöntemlerinden korumak için oluşturulan kurumlar ve politikalar, çocuklarımızın bugün özellikle mobil cihazlar ve oyun konsollarıyla kullandığı teknolojilerden oluşan çığa yetişememektedir.

BİR BAKIŞTA

Dijital bir çağda çocukların oynaması nasıl teşvik edilir:

- **Dengeli oyun oynamayı teşvik edin** – çocukların hem geleneksel hem teknolojik oyuncaklarla oynamaya ihtiyacı vardır. İç mekânda cihazlarla sanal dünyalarda vakit geçirmek ile gerçek dünyada, gerçek insanlarla etkileşim kurup oynarak vakit geçirmek arasında bir dengeyi içeren her çeşit oyun deneyimine ihtiyaç duyarlar.
- **Pazarlama ve reklam iddialarını değerlendirin** – özellikle de eğitici olduğunu iddia eden ürünler ve programlar konusunda.
- **Plansız programsız oynamayı günlük bir öncelik haline getirin** – plansız oyun zaman kaybı değildir. Çocuğumuzun gelişimi için çok önemlidir.
- **Oyuncağa değil çocuğa odaklanın** – ister dijital ister geleneksel bir oyuncak olsun, oyun deneyiminde baskın olanın ve oyuncağı kontrol edenin çocuk olması gerekir. Oyuncak satın alırken yüzde 90 ve yüzde 10 kuralını hatırlayın.
- **Çok çeşitli oyun deneyimleri sunun** – çocukların hayali ve fiziki oyun fırsatlarına ihtiyacı vardır.
- **Yeşil saatlere öncelik verin (yağmurlu günlerde bile)** – açık havada oyun fırsatları sunun ve bunları bir programa oturtun.
- **Bırakın çocuklar can sıkıntısı yaşasın** – bu onlara verebileceğimiz en harika deneyimlerden biri. Boş zamanlar, çocukların yaratıcı biçimlerde araştırıp öğrenmesine imkân tanır.
- **Sizin (ve çocuğunuzun) internette hangi bilgileri paylaştığınız konusunda dikkatli olun** – internete bağlanabilen

oyuncaklar, çocukların mahremiyeti konusunda ciddi riskler taşır. Çocuklarla bu oyuncakları kullanıp kullanmama ve internette hangi kişisel bilgileri paylaştığınız konusunda dikkatle düşünün.

Meşgul ebeveynler olarak, yaşam tempomuzu yavaşlatma ve çocuklara plansız, açık havada oyun fırsatları sağlama konusunda genellikle korkak davranırız. Erken yaşlarda akademik eğitimle tanışmazlarsa ya da planlı aktivitelere yazılıp cihazlar kullanmazlarsa çocuklarımızın geri kalacağı gibi yersiz bir korku vardır.

Küçük çocukların gelişimi için bunlar olmazsa olmaz değildir. Onların oyun oynama imkânlarına ihtiyacı vardır. Plansız programsız, açık hava oyunu çok önemlidir. Bu dijital çağda bile oyuna değer verip çocuklarımıza da böyle yapmayı öğretmemiz şarttır.

Fiziksel hareket oyunla yakından ilişkilidir. Bir sonraki bölüm, fiziksel hareketin, çocukların gelişimindeki beşinci yapıtaşının çocuklar için önemini ve teknolojinin çocukların fiziksel aktivite seviyelerini ne şekillerde biçimlendirdiğini inceleyecektir.

7

Yapıtaşı #5: Fiziksel Hareket

İnsanı gittikçe hareketsizliğe sevk eden bir dünyada, çocuklarımızı fiziksel aktiviteye değer vermeye ve buna katılmaya teşvik etmeliyiz.

Çocukların ekran alışkanlıkları fiziksel aktivite seviyelerine zarar veriyor. Bu bölüm, çocukların en iyi gelişim için ustalaşması gereken bazı kritik fiziksel hareket becerilerini ve ekran başında geçirilen zamanın bu süreci nasıl sekteye uğratabildiğini vurgulayacak. Bu bölüm ayrıca, çocukların fiziksel aktivitesinin desteklenip gelişmesine yardımcı olabilecek sağlıklı ve faydalı yolları da gösterecek.

FİZİKSEL HAREKET VE BEYİN GELİŞİMİ

Fiziksel hareketin, genel refahları için olduğu kadar çocukların beyin gelişimi için de kesinlikle hayati öneme sahip olduğu çok iyi bilinir. Gerçekten de beyin yapısı, beynin arka bölümünde yer alan duyusal ve motor bölgeleriyle gelişmeye başlar.

Beynin arka, daha ilkel olan kısmı evrim tarihinde daha erken bir dönemde gelişmiştir ve bedenin hayatta kalmak için elzem olan tepkilerini kontrol eden kısmıdır. Beyin gelişiminin sonraki bölümü, prefrontal korteksi içerir. Beynin önünde bulunan bu bölgede, dürtü kontrolü gibi ifa-işlevi becerileri gelişir (daha fazla bilgi için 9. Bölüm'e bakınız).

Fiziksel hareket aslında nöral yolları (beyin bağlantıları) kurar. Emeklemek, yuvarlanmak, sallanmak ve sıçramak gibi basit şeylerin hepsi daha sonraki, formel akademik öğrenme için ihtiyaç duyulan beyin yapısını geliştirir.

Gerçekten de bir çocuğun erken fiziksel ve duyusal deneyimleri kelimenin tam anlamıyla beyni şekillendirir. Fiziksel ve bilişsel gelişimin böylesi karmaşık bir şekilde ilişkili olması hayret vericidir. 2. Bölüm'de verilen örnekte açıklandığı üzere, eğer bir çocuk yuvarlanarak, sallanarak ve takla atarak yeterince zaman geçirmezse, iyi bir denge duygusu (az gelişmiş vestibüler sistem) geliştiremez ve bu da yerde oturmayı ya da sınıftaki sıralarda oturmayı güçleştirir.

Çocuklar fiziksel deneyimlere katıldığında algıları devreye girer ve beyinleri bilgiyi kodlayıp kaydeder. Zaman içinde bu biriken deneyimler beyin hücrelerinin bağlantı kurmasını ve ilişkiler (sinaptik bağlantılar) yaratmasını sağlar, çocukların dünyayı ve onun içinde nasıl işlev göreceklerini anlamasına yardımcı olur. Bu, öğrenmenin başlangıç noktasıdır.

Bu basit hareket becerileri ve duyusal bilgi otomatikleştiğinde, beynin daha yüksek düzeyde düşünme görevlerine katılmasının yolu açılmış olur.

HAREKETSİZ ÇOCUKLUKLAR

Maalesef bugün pek çok çocuk sağlık sorunlarına yol açabilen hareketsiz yaşamlar sürüyor. Ekran başında geçirilen sürenin gittikçe artmasının bunda sorumluluğu olduğu inkâr edilemez, en azından kısmen. Çocuklar ekranları kullandığında, bir *yerine geçme et-*

> Oyun alanlarının tasarımı, kazalar yüzünden açılabilecek davaların korkusuyla değiştirilmiştir.

kisi olur. Bilgisayar oyunları oynamak, televizyon izlemek ya da iPad kullanmak, koşmak, tırmanmak, emeklemek ya da yuvarlanmak gibi fiziksel aktivitelerin yerini alır, bu da daha az aktif bir yaşam tarzına yol açar.

Ekran başında geçirilen zamanın gittikçe artması, çocukların fiziksel hareket kalıplarındaki düşüşe kesinlikle katkı yapan bir faktördür ama bunun *tek* suçlusu değildir. Çocukların fiziksel aktivite seviyelerindeki düşüşün başka nedenleri de vardır.

Çocukların hareket etme ve keşfetme imkânları pek çok biçimde yasaklanıp sınırlandırılmaktadır:

- **Küçük yaşlardan itibaren bebekleri kutulara koyarız** – beşikler, askılar, bebek arabaları, mama sandalyeleri, araba koltukları, bunların hepsi hareketi kısıtlar. Fiziksel muhafazalar, bebek uzmanı Pinky McKay'e göre, çocukların gelişimine ket vurabilir.
- **Gereğinden fazla güvenlik kültürü vardır** – ebeveynlerin, eğitimcilerin ve bakıcıların, çocukların yaşamlarında tehlike olarak algılanabilen her türlü unsuru denetlemesi, sınırlaması ve en aza indirmesi beklenir. Oyun alanlarının tasarımı, kazalar yüzünden açılabilecek davaların korkusuyla değiştirilmiştir (artık atlıkarınca bulmak çok zordur). Bu sorunu daha da güçleştirecek biçimde, çocukların oyun aktivitilerine zaman sınırlamaları getirilmektedir (6. Bölüm'de anahatlarıyla belirtildiği üzere).
- **Formel akademik eğitimin çocukluğun daha erken dönemlerinde uygulanması konusunda aileler ve okulöncesi eğitimciler üstünde gittikçe artan baskı** – fiziksel aktivitenin ve oyunun baltalanmasına ve değersizleştirilmesine yol açmıştır. (6. Bölüm'de çocukların oyuna daha az zaman ayırmasından sorumlu akademik yayılma ve diğer sosyo-kültürel faktörler irdelenmişti.)
- **Aile yapılarının ve yaşamın değişimi** – pek çok ailede artık gelir sahibi iki kişi var ve bu da fiziksel hareket ve küçük egzersizler için gereken zamanı azaltıyor.

- **Okullar da değişiyor** – hatta bazıları yaralanma korkusu yüzünden oyun zamanını azaltırken, bazıları yaratıcı ve aktif oyun imkânlarını azaltan sınırlı oyun alanları açıp kurallar uyguluyor (mesela perende atmayı, kovalamacalı oyunları yasaklamak gibi).

Ekran patlamasının yanı sıra bu çok çeşitli faktörler de birleşerek çocukların fiziksel aktivite seviyesinin azalmasına yol açıyor.

TEKNOLOJİ ÇOCUKLARIN HAREKET BECERİLERİNE NASIL KÖSTEK OLABİLİR?

Çocukların pasif yaşam tarzları, fiziksel gelişimlerini iki şekilde etkileyebilir:

- daha zayıf kardiyovasküler sağlık, obezite ve diğer sağlık sorunları riskinin artması
- motor becerilerinde azalma

Küçük çocukların sağlığı ve refahı konusundaki en büyük tehditlerden biri, ekran başında geçirilen aşırı zamandır. Hareketsiz yaşam biçimiyle ilişkili olası sağlık sorunları dikkate değer boyuttadır ve buna ek olarak, fiziksel gelişimde gecikmelere yol açabilir. Bu, çocuğumuzun sağlığının tehlikeye girmemesi için acil olarak üstünde durmamız gereken çok ciddi bir meseledir. Çözüm, ekranları külliyen yasaklamak değildir (bunun neredeyse imkânsız olduğunu hepimiz biliriz), bunun yerine teknolojinin çocukların yaşamında yer alabileceği sağlıklı ve dengeli yollar bulmak zorundayız.

Obezite ve sağlık riskleri

Active Healthy Kids Australia, 2025'e gelindiğinde her üç Avustralyalı çocuktan birinin obez olacağı tahmininde bulunmaktadır. Pasif yaşam biçimleri ve sağlıksız yemek alışkanlıkları buna katkıda bulunan faktörlerdir. Avustralya'da yapılan bir araştırma, 5-17 yaş aralığındaki çocukların yüzde 80'inin günlük egzersiz yapmadığını ortaya koymuştur.

Ekran başında geçirilen saat ile çocukluk obezitesi oranları arasında bariz bir ilişki olduğu görülmektedir. Bu basit bir sebep-sonuç ilişkisidir: Çocuklar ekran başında daha fazla vakit geçirdikçe, fiziksel bakımdan daha az aktif olmakta ve bu da obezite ve diğer hastalık risklerini artırmaktadır.

Dijital medyanın aşırı kullanımı çocukların yaşadığı olumsuz sağlık sorunlarıyla ilişkilendirilmekte, ekran başında önerilenden daha fazla zaman geçirmek (sayfa 167'deki "Fiziksel Aktivite ve Ekran Zamanı Önerileri" kutusuna bakınız) obeziteyle, kardiyovasküler hastalık belirtilerinin artma riskiyle, akademik performansta ve sosyal becerilerde görülebilen olumsuz etkilerle ilişkilendirilmektedir.

TEKNOLOJİK İPUCU

Yatak odasında televizyon bulundurmayın. Odasında televizyon olan çocukların kilolu olma ihtimali daha yüksektir. Dennison ve Jenkins, odasında televizyon olan çocukların, odasında televizyon olmayan çocuklara nazaran haftada ortalama 4,5 saat daha fazla televizyon izlediğini ortaya koymuştur.

Çocukların odalarının televizyonsuz (ve teknolojisiz) alanlar olması şarttır.

Fiziksel aktivite eksikliği

Çoğu sağlık kılavuzu, küçük çocukların her gün ortadan yoğuna değişen tempolarda toplam 60 dakikalık fiziksel aktivite yapması ve ekran medyası başında her gün iki saatten fazla zaman geçirmemesi önerisinde bulunur (yan sayfadaki infografiğe bakınız). Fiziksel aktivite önerilerine bağlı kalmamak, obezite ihtimalinin üç ya da dört kat artmasıyla sonuçlanır. Önemli olan, kötü sağlık sonuçlarının fiziksel aktivite önerilerine uyan ama ekran başında geçirilen zaman tavsiyesini dinlemeyen çocuklar arasında bile görülebilmesidir.

Çocukların fiziksel pasifliğinin etkileri, genellikle ekranları kullanırken benimsedikleri yemek alışkanlıklarıyla güçlenir. Çocuklar teknolojiyi kullanırken ve sağlıksız yiyecek reklamlarına maruz kalırken, yüksek kalorili, besin değeri düşük gıdalar tüketmeye daha eğilimlidir. (Teknolojinin çocukların beslenme kalıplarını nasıl değiştirebildiği konusunda daha fazla detay için 8. Bölüm'e bakınız.)

ÖRNEK OLAY

Sekiz yaşındaki Max bahçedeki çocuk kulübesinde oynamayı, bisikletine binmeyi ve trampleninde zıplamayı çok seviyordu ama doğum gününde bir bilgisayar oyunu konsolu gelince bu durum keskin biçimde değişti.

"Max bilgisayar oyunuyla oynamaya kendini çok kaptırmıştı ve çıkıp dışarıda oynamak istemiyordu. Bilgisayar oyununu oynamadığında ya surat asıyor ya da onunla ilgili konuşup duruyordu. Neşeli oğlum artık küçük şeylerden heyecan duymuyordu. Kendi dijital dünyasına kapılmıştı ve gerçek dünyayla kesinlikle ilgilenmiyordu. Bir bilgisayar oyununun oğlumu çaldığını görmek ödümü kopardı!"

Annesiyle babası bilgisayar oyununu kapamasını söylerse Max aşırı sinirleniyor ve geceleri uyumakta güçlük çekiyordu. Max'ın arkadaş çevresi küçüldü. Annesiyle babası birkaç ay içinde Max'ın hayli kilo aldığını fark etti.

Öğretmeni okuldaki performansının da düştüğünü bildirince, Max'ın annesiyle babası bazı katı ekran zamanı sınırları koymaya ve bilgisayar oyunu zamanında kısıtlama yapmaya karar verdi. Üç ay içinde Max, bilgisayar oyunu konsolunu kullanma konusunda nihayet daha dengeli bir yaklaşım geliştirdi.

FİZİKSEL AKTİVİTE VE EKRAN ZAMANI ÖNERİLERİ

Fiziksel aktivite ve oturarak yapılan faaliyetler kılavuzu*		
Yaş	**Tavsiye edilen fiziksel aktivite seviyeleri ve önerilen aktiviteler**	**Oturarak yapılan faaliyet önerileri**
0-1 yaş (bebekler)	Bu yaş dilimi için **yerde oynanan oyunlar** önerilir. Uyanık geçirdikleri saatler çok çeşitlilik gösterdiği için kesin bir süre belirlemek zordur.	0-2 yaş arasındakiler için **ekran başında zaman geçirmek hiç önerilmez**.**
0-1 yaş (bebekler) devam	**Önerilen aktiviteler:** ◆ Onları uzanmaya, yuvarlanmaya ve keşfetmeye teşvik eden oyuncaklar verin. ◆ Hareketi teşvik etmek için müzik çalın. ◆ Banyoda fiziksel aktivitede bulunmaya yönlendirin.	0-5 yaş arasındaki çocuklar tek seferde **bir saatten daha uzun süre** kısıtlı kalmamalı ya da hareketsiz olmamalıdır (uyku zamanı hariç).
1-5 yaş (küçük ve okulöncesi çocuklar)	**Günde üç saat fiziksel aktivite** (hafif, orta ve güçlü) bütün bir güne yayılmalı. **Önerilen aktiviteler:** ◆ top ve balon oyunu ◆ hareket oyunları ◆ koşma, yürüme, sekme, yuvarlanma, tırmanma, emekleme, zıplama.	0-2 yaş arasındakiler için **ekran başında zaman geçirmek hiç önerilmez**.** 2-5 yaş arasındakiler için ekran başında **günde bir saatten** fazla zaman geçirmek önerilmez. 0-5 yaş arasındaki çocuklar tek seferde **bir saatten daha uzun süre kısıtlı kalmamalı** ya da hareketsiz olmamalıdır (uyku zamanı hariç).

Fiziksel aktivite ve oturarak yapılan faaliyetler kılavuzu*		
Yaş	**Tavsiye edilen fiziksel aktivite seviyeleri ve önerilen aktiviteler**	**Oturarak yapılan faaliyet önerileri**
5-12 yaş	Her gün en az **bir saat** ortadan güçlüye değişen yoğun fiziksel aktivite. Daha fazla fiziksel aktivitenin ek faydaları olacaktır (yani bir saatten daha uzun aktivite). **Önerilen aktiviteler:** ◆ koşma, tırmanma, sörf yapma, bisiklete binme, engelli koşu gibi güçlü yoğunluk gerektiren aerobik aktiviteler. Oyun alanlarına, parklara, plajlara/göllere gidin. Bahçıvanlığın, oyunların ve planlı derslerin (mesela tenis, futbol, savaş sanatları, basketbol) keyfini çıkarın.	Ekran başında, **günde iki saatten fazla geçirilmez.**** Her gün hareketsiz geçirilen zamanı en aza indirmek için, önerilen aktivitelerden biriyle uzun pasif süreleri kesintiye uğratın.

* Bu öneriler, Avustralya Sağlık Esasları Departmanı'na dayanmaktadır. 2015 sonuna dek önerilen Amerikan Pediatri Akademisi esaslarıyla çok yakından ilişkilidir.

** Ekran başında geçirilen zaman televizyon izlemeyi, dokunmatik ekranlı cihazları, DVD izlemeyi, bilgisayarları ve elektronik oyunları içermektedir.

BU ÖNERİLER NEREDEYSE İMKÂNSIZ MI?

Çocuklarımızın ekran başında geçirilen zamana yönelik bu önerileri aştığı ya da fiziksel aktivite gereksinimlerini yerine getiremediğimiz için başarısız bir ebeveyn olduğumuz konusunda endişelenmeye başlamadan önce, pek çok ebeveynin, her yerde ekranların olduğu bir dijital çağda bu önerileri, özellikle de ekran zamanı önerilerini gerçekçi bulmadığından emin olabilirsiniz.

Şunları bilmeniz gerekir ki:

- Rideout ve Hame'in 2006'da yaptığı araştırma, iki yaş altı çocukların yüzde 61'inin ekranları her gün kullandığını ortaya koydu – üstelik bu, dokunmatik ekranlı cihazlar piyasaya çıkmadan önceydi.
- 2014 Avustralya Fiziksel Aktivite Karnesi bulguları, 2-4 yaş arası Avustralyalıların sadece yüzde 26'sının günde önerilen toplam bir saatlik ekran zamanı tavsiyesine uyduğunu göstermiştir. Dahası, 5-17 yaş aralığındaki Avustralyalıların sadece yüzde 29'u ekran zamanı önerisi olan günde toplam iki saatlik ekran zamanına uymaktadır.
- Başka araştırmalar, sekiz yaşındakilerin yüzde 45'inin ve 12-17 yaş aralığındaki Avustralyalıların yüzde 80'inin günde önerilen iki saatlik sınırdan daha fazla ekran kullandığını ortaya çıkarmıştır.

Çocukların kesinlikle ekran zamanı sınırlamasına ihtiyacı var ama bir çocuğun kronolojik yaşına dayanarak evrensel, güvenli bir ekran zamanı belirleyebileceğimizi sanmıyorum. Bu bir pozitif bilim değil ve "güvenli" ekran süresi olduğunu teyit edecek ampirik araştırmalara sahip değiliz.

Aslına bakılacak olursa, ekran zamanı önerileri potansiyel olarak ebeveynlere yanlış bir güvenlik duygusu verebilir. Eğer bir çocuğun teknolojiyi *nasıl* ve *ne zaman* kullandığını düşünmek yerine, teknolojiyi ne kadar kullandığını ölçmeye yoğunlaşırsak bunun zararlı bir etkisi olabilir. (Ekran zamanı önerilerine dair daha geniş bilgi ve sağlıklı ekran zamanı sınırları belirlemeye dair bir formül için 10. Bölüm'e bakınız.)

2015'te Amerikan Pediatri Akademisi, halihazırdaki önerilerin (iki yaş altı için sıfır ekran zamanı ve iki yaş üstü için günde iki saati geçmeyen ekran zamanı) zamana uygun olmadığının düşünülmesi endişesiyle, 2016'da mevcut ekran zamanı önerilerini gözden geçireceğini bildirdi. Kısacası, mevcut öneriler modern gerçekliğe uymuyor ve hükümsüz kalmamaları için yeniden düzenlenmeleri gerekiyor.

Amerikan Pediatri Akademisi'nin önerdiği sağlık ve güvenlik ipuçları şöyle:

- **Medyaya, çocuğunuzun yaşamındaki başka ortamlara davrandığınız şekilde davranın.** Aynı ebeveynlik önerileri hem gerçek hem sanal ortamlara uygulanabilir. Sınırlar koyun; çocukların bunlara ihtiyacı vardır ve bunları beklerler. Çocuklarınızın hem internetteki hem gerçek yaşamdaki arkadaşlarını tanıyın. Hangi platformları, yazılımları ve uygulamaları kullandıklarını, internette nerelere gittiklerini ve çevrimiçiyken neler yaptıklarını bilin.

> Çocuklarınızın hem internetteki hem gerçek yaşamdaki arkadaşlarını tanıyın.

- **Sınırlar koyun ve oyuna zaman ayırmaya teşvik edin.** Teknoloji kullanımının, diğer tüm aktiviteler gibi, mantıklı sınırları olmalıdır. Gerçek dünyada oynanan plansız programsız oyun yaratıcılığı harekete geçirir. Teknolojinin yer almadığı oyun zamanını günlük öncelik haline getirin, özellikle de çok küçük çocuklar için. Çocuklarınızın internet dışındaki oyun zamanlarına mümkün olduğunca katılmayı da unutmayın.
- **Birlikte oynayan aileler birlikte öğrenir.** Aile katılımı, medya aktiviteleri için de harika bir şeydir – sosyal etkileşimi, bağlanmayı ve öğrenmeyi teşvik eder. Çocuklarınızla bilgisayar oyunu oynayın. Bu, iyi sportmenlik ve oyun oynama görgüsü oluşturmanın güzel bir yoludur. Kendi yaşam deneyimlerinizi ve düşüncelerinizi –ayrıca yol göstericiliğinizi– de bu vesileyle ortaya koyup paylaşabilirsiniz.
- **İyi bir rol model olun.** İnternette nezaketi ve iyi huyluluğu öğretip buna model olun. Çocuklar taklit konusunda çok iyi oldukları için kendi medya kullanımınızı da sınırlayın. Gerçekten de sadece ekrana bakmaktansa onlarla etkileşim kurar, sarılır ve oynarsanız, çocuklarınızın daha fazla yanında olur ve onlarla daha iyi bağ kurarsınız.
- **Yüz yüze iletişimin kıymetini bilin.** Çok küçük çocuklar en

çok çift taraflı iletişimle öğrenir. Karşılıklı "konuşma zamanı"na katılmak, dil gelişimi için kritik öneme sahiptir. Sohbetler yüz yüze veya gerekirse seyahat eden bir ebeveyn ya da uzaktaki bir büyükanne büyükbabayla görüntülü sohbet şeklinde olabilir. Araştırmalar dil becerilerinin "karşılıklı sohbet"le –"pasif" biçimde dinlemekten ya da ekranla tek yönlü etkileşimle olduğundan– çok daha fazla geliştiğini göstermiştir.

- **Teknolojiden bağımsız bölgeler oluşturun.** Aile yemeklerini ve diğer aile ya da sosyal toplantıları teknolojisiz kılın. Cihazları geceleyin şarj edin – uyumaları gereken zamanda onları kullanmamaları için bunu çocuklarınızın odasının dışında yapın. Bu değişiklikler aile olarak daha fazla zaman geçirmeye, daha sağlıklı yeme ve uyku alışkanlıkları geliştirmelerine yardımcı olur; bunların hepsi çocukların iyiliği için çok önemlidir.

- **Teknolojiyi duygusal emzik gibi kullanmayın.** Çocukları sakin ve sessiz tutma konusunda medya çok etkili olabilir ama onların sakinleşmeyi öğrenmelerinin tek yolu olmamalıdır. Çocukların güçlü duyguları nasıl tanıyıp idare edebileceklerini öğrenmeleri, sıkıntıyı aşabilecekleri aktiviteler bulmaları ya da nefesle, sorunu çözme yollarını konuşarak ve duygularını aktarabilecekleri başka stratejiler bularak sakinleşmeleri gerekir.
- **Çocuklar için uygulamalar – ödevinizi yapın.** 80 binden fazla uygulama eğitici olarak etiketlenmiş olsa da bunların gerçek niteliğini ortaya koyacak pek az araştırma vardır. "İnteraktif" olarak yaftalanmış ürünlerin tıklamaktan ya da kaydırmaktan daha fazlasını yaptırması gerekir. Çocuklarınız için en iyi seçimlerde bulunmanızda size yol göstericilik yapacak, yaşa uygun uygulamalar, oyunlar ve programlar için Common Sense Media gibi kuruluşlara bakın.
- **8-12 yaş aralığındaki çocuğunuzun internette olmasında sorun yok.** İnternette kurulan ilişkiler, tipik ergen gelişiminin bir parçası. Sosyal medya, yetişkinlerin dünyasında kendilerini ve yerlerini bulup keşfetme konusunda ergenlere destek

olabilir. Sadece ergen çocuğunuzun hem gerçek hem de sanal dünyada uygun şekilde davrandığından emin olun. Bir platformun gizlilik ayarlarının her şeyi gerçekten "gizli" kılmadığını ve ergenlerin internette paylaştığı fotoğrafların, düşüncelerin ve tavırların ânında silinemez biçimde onların dijital ayakizlerinin bir parçası olduğunu pek çok ergene hatırlatmak gerekir. İletişim hatlarını açık tutun ve soruları ya da endişeleri olursa size gelebileceklerini söyleyin.

- **Çocukların çocuk olduğunu unutmayın.** Çocuklar medyayı kullanırken hata yapacaklardır. Hatalara empatiyle yaklaşmaya ve bir hatayı bir öğrenme ânına dönüştürmeye çalışın. Cinsel içerikli mesajlaşma, zorbalık ya da kendi kendine zarar vermeyi gösteren fotoğraflar gibi düşünmeden yapılan bazı davranışlar, ileride sorun olabileceğini gösteren bir ikaz işareti olabilir. Çocuklarınızın davranışlarına daha yakından bakın ve ihtiyaç olursa, çocuk doktoru dahil olmak üzere destekleyici profesyonel yardıma başvurun.

Amerikan Pediatri Akademisi ekran zamanı önerilerinde yapılan değişimlere rağmen, Avustralya Sağlık Bakanlığı 2015'te mevcut Avustralya önerilerini yeniden gözden geçirmek gibi acil bir plan olmadığını, çünkü bunların ekran alışkanlıklarına sınırlama mecburiyeti getirmekten ziyade tavsiye edilen esaslar olduğunu bildirmiştir. 10. Bölüm'de, çocukların kronolojik yaşına dayanan evrensel bir süre belirlemeden, çeşitli yaşlardaki çocuklar için sağlıklı ekran zamanı sınırına karar vermek için basit bir formül sunulmuştur.

FİZİKSEL BECERİLERİN ZAYIFLAMASI: YERİNE GEÇME ETKİSİ

Araştırmalar, ilkokula başlayan gittikçe artan sayıda çocuğun hareket becerilerinde noksanlık görüldüğünü göstermektedir. Az gelişmiş ince ve kaba motor becerileri çocukların öğrenme becerilerine ket vurabilir ve artan hasarlara yol açabilir.

Fiziksel beceriler, öğrenmek için elzemdir

Hareket, kelimenin tam anlamıyla, beyne öğrenme tesisatını döşer. Ama kötü fiziksel gelişim ve motor becerileri sonraki dönemde öğrenmeyi güçleştirebilir. Eğer bir çocuğun bilişsel enerjisi basit motor becerileri göstermeye ya da duyusal bilgiyi işlemeye yönlenirse, dikkatini dürtü kontrolü ve işler bellek gibi daha yüksek seviye düşünme süreçlerine veremez.

Zamanla –ve çeşitli fiziksel deneyimlerle– çocukların beyinleri ve bedenleri, içinde bulundukları fiziksel çevreyi öğrenmek için birlikte çalışabilir ve bu hareket becerileriyle duyusal bilgiyi otomatikleştirebilir.

Çocukların temel hareket becerilerinin erken yaşlarda gerektiği biçimde gelişmesi ve ekran başında aşırı zaman geçirmekten kaynaklı zarar görmemesi bu yüzden çok önemlidir. Bunlar iyi gelişmezse öğrenme ve sağlık üstünde katlanarak gelen bir etki yaratabilir.

Gelecekteki öğrenme ve gelişimlerinin desteklenmesini garanti etmek için küçük çocukların geliştirip ustalaşması gereken bazı ilkel fiziksel beceriler vardır. Önemli beceriler arasında şunlar bulunmaktadır:

1. **Emeklemek** – bir çocuğun nörolojik gelişimi için çok önemli bir beceridir. Bebek için hareket etmenin sadece yeni bir biçimi değildir, aynı zamanda sonraki öğrenme ve gelişim (örneğin, omuzlar ve kalça kemeri, üst beden dayanıklılığı, daha sonra okuyabilmek için elzem olan görsel takip becerisi, bir sırada oturmak ve ardından sınıfta yaptığımız gibi doğrudan karşıya bakmak için gerekli tonik boyun refleksi ve beynin iki yarıküresi arasındaki bağlantıyı yaratmak) için kritik öneme sahip bir dizi başka beceriyi de ge-

liştirir. Çocukların onları emeklemekten alıkoyacak şekilde ekranların ya da başka cihazların karşısına oturtulmaması gerekir.

EKRANSIZ İPUCU

Bu kritik bir aşamadır, o yüzden bir an önce atlatmak için acele etmeyin. Emekleyip sürünebilmeleri için bebeklere bol bol fırsat tanıyın. Onlara kovalayabilecekleri objeler sunun, içinden ya da üstünden emekleyebilecekleri tüneller ve merdivenler kullanın.

2. **Vestibüler gelişim** – vestibüler sistem çocuklara denge duygusu verir ve dik durmalarına yardımcı olur. Bu, çocukların doğuştan sahip olduğu bir duygu değil, hareket vasıtasıyla zaman içinde geliştirdikleri bir şeydir. İçkulakta yer alır. Çocuklar hareket ettiğinde içkulaktaki sıvı yer değiştirir ve denge kurmalarını sağlayarak bedenlerinin uzaydaki pozisyonuna dair duyusal veri sağlar.

   Çocukların bedenleri kelimenin tam anlamıyla bu tür duyusal veriye aşerer. Çocuklar bu yüzden atlıkarıncayı ve tepeden aşağı yuvarlanmayı sever (vestibüler sistemimiz iyice geliştiği için yetişkinler olarak biz de bunlardan o yüzden nefret ederiz). Yani sınıfta halının üstünde sabit bir şekilde oturmayı âdeta imkânsız bulan ya da sandalyesinde sürekli öne arkaya sallanan çocuğun vestibüler becerileri çoğunlukla kötü gelişmiş demektir. Bilişsel kaynakları beynin duyusal bölgesine (daha yüksek düzeyde düşünmenin meydana geldiği prefrontal kortekse değil) yöneldiği için bu onların öğrenme becerilerini büyük oranda etkileyebilir.

EKRANSIZ İPUCU

Çocuklara bol bol yuvarlanma, dönme, sallanma ve asılma imkânı sunun. Oyun alanları ve genelde açık havada oynamak, çocuklara bu hareketlerin çoğunu doğal biçimde keşfetme fırsatı sağlar.

3. **Propriyosepsiyon (içalgı) becerileri** – bunlar, çocuklar fiziksel bedenlerini uzayda tanıdıkları zaman gelişir. Çoğu yetişkin için sezgisel ve otomatiktir ama çocuklar fiziksel bedenlerinin yerini ve neler yapabileceğini hâlâ öğrenmeye çalışmaktadır. Bu yüzden biz doğrudan bakmadan bir dizi merdiveni çıkabiliriz ve çocuklarımız da bunu çok dikkatli yapmaya bu yüzden ihtiyaç duyar. Ayrıca bedenlerinin neler yapabileceğinin çoğunlukla farkında olmadıkları için çocuklar daha fazla kaza geçirir.

EKRANSIZ İPUCU

İterek, çekerek, oynayarak, tırmanarak, kaldırarak, zıplayarak, sekerek, sıkarak, emerek, çiğneyerek, üfleyerek bedenlerinin neler yapabileceğini anlamaları için çocuklara bol bol imkân sunun. Yine, böylesi becerileri geliştirmenin en iyi yolu fiziksel ve plansız programsız oyundur.

4. **İnce motor becerileri** – malzemeleri ve aletleri kontrol etmek, işlemek ve kullanmak için parmaklardaki küçük kasları, elleri ve kolları kullanmayı içerir. Bu beceriler, başka temel akademik ve yaşam becerilerini idrak etmenin temelini oluşturur: Mesela yazma, makasla kesme, kendi başına giyinme ve tuvaleti kullanma gibi.

EKRANSIZ İPUCU

Çocuklara, yapı malzemeleri ve oyuncaklarla olduğu kadar oyun hamuruyla, mandallarla, cımbız ve maşayla, meyve sıkarak ve balçık, kum, kil ve çamurla kirlenerek oyun oynamanın keyfine varıp elle işleyebilecekleri, keşfedebilecekleri ve yaratabilecekleri pek çok imkân tanıyın.

Çocuklar, 4-6 yaş arasında baskın ele karar vermiş olmalıdır. Bu da ince motor aktiviteleri için bir eli sürekli diğerine tercih etmeleri anlamına gelir.

5. **Boğuşmalı oyun** – çocukluğun çok önemli bir parçasıdır. Çocuklar itişip kakışarak oynadıkları oyunlarla kendi fiziksel becerilerini sınayıp prova eder, önemli sosyal becerileri geliştirir, kendi fiziksel sağlamlıklarını ve bedenlerinin neler yapabileceğini öğrenir. Geliştirdikleri ana becerilerden biri, yüksek seviye bir düşünme becerisi olan dürtü kontrolüdür. (İfa-işlevi becerilerine dair daha geniş bilgi için 9. Bölüm'e bakınız.)

EKRANSIZ İPUCU

Çocukların boğuşarak oynayabileceği fırsatları teşvik edin. Bebekler ve çok küçük çocuklar için bu, zıplamayı ya da havaya kaldırılmayı içerebilir ama asla sertçe sallamayın çünkü tehlikeli olabilir. Küçük çocuklar ve okulöncesi dönemdekiler için bu, kovalamaca ve dönmece, ilkokul çocukları için de kovalamaca ve güreşme demek olabilir. İlkokuldaki oğlanlar, hormonları arttığı için bol bol itiş kakış oyun fırsatına özellikle ihtiyaç duyabilir.

ÖRNEK OLAY

Jenny yirmi üç yıldır anaokulu öğretmenliği yapıyor. Çocukların ince motor becerilerinde hızlı bir düşüş gözlemledi.

Jenny şöyle açıklıyor: "Dokunmatik ekranlar küçükler için popüler olduğundan ve ağaçlara asılıp bahçelerde koşturmak yerine bilgisayar oyunlarıyla daha fazla zaman geçirmeye başladıklarından beri, ince motor becerilerinin nasıl değiştiğini fark ediyorum. Ekran başında geçirdikleri zamanın, baskın elin gelişimini de etkilemesinden endişeleniyorum. Bugün çocuklar anaokuluna belli bir el tercihleri olmadan başlıyor – bu becerileri uygulayabilecekleri imkânları yok sadece."

TEKNO EFSANE AVCISI

EFSANE: Çocuklar dokunmatik ekran kullanırken bir de stylus* kullanmalı.

GERÇEK: Bir stylus doğal bir kalem tutuşun yerini alamaz ve gerekli değildir.

Bir stylus tutmak, bir kurşunkalemi ya da tükenmezkalemi tutmak için gerekenden biraz daha farklı bir kalem kavrayışı gerektirir. El ekrana konmaz ve stylus'ların ağırlığı genellikle kurşunkalem ya da tükenmezkalemden farklıdır. Bu yüzden stylus tutmak kalem tutmakla illa ki aynı şey değildir. Stylus'ları kullanmakta bir sorun yoktur, özellikle de ekranda daha kesin hareketler yapmak gerekiyorsa, ama elyazısı becerilerini mutlaka geliştirdikleri söylenemez.

* Ekranlar için özel olarak üretilmiş bir tür kalem. (ç.n.)

ARTAN YARALANMA ORANLARI

Avustralya Spor Yaralanmaları ve Önlenmesi Araştırmaları Merkezi, çocukların spor yaralanması oranlarının artmakta olduğunu bildirmiştir. Motor becerilerindeki düşüşün yaralanma oranlarındaki bu artışın bir sorumlusu olabileceği ve ekran başında aşırı zaman geçirmenin de fiziksel becerilerde zayıflamaya yol açabildiği düşünülmektedir.

Hastane acilleri ve çocuk doktorları oyun alanı yaralanmalarıyla gelen çocukların sayısında artış olduğunu bildirmektedir. Bu artıştan sorumlu tutulabilecek, araştırmayla bulunmuş kesin bir kanıt henüz olmasa da bunun sebepleri konusunda iki yaygın tahmin söz konusudur:

1. Kendi ekranlarına ve akıllı telefonlarına gömülmüş ebeveynler oyun alanlarında çocukları yeterince iyi denetleyemiyor olabilir (yani tekno-ihmal).
2. Çocukların, oyun alanlarında bulunan bazı ekipmanları kullanabilmesi için gereken motor becerilerine sahip olmaması, çünkü gereken bu becerileri edinmek için açık havada yeterince oynamıyorlar.

Bu, çocukların bedenen aktif olma fırsatları yakaladığından emin olmamız gerektiği konusunda yeterli kanıtı sunmaktadır. Açık hava oyun alanları, çocukların fiziksel becerilerini ve yeterliliklerini geliştirme konusunda ideal araçları teşkil etmektedir.

TEKNOLOJİ ÇOCUKLARIN FİZİKSEL GELİŞİMİNE NASIL FAYDA SAĞLAYABİLİR?

Teknoloji ve ekranlar fiziksel aktiviteyi kesinlikle kısıtlayabilir ama göz önünde tutulması gereken, potansiyel olarak olumlu bazı yönleri de vardır. Şu teknolojiler fiziksel aktiviteyi teşvik eder:

- exergame'ler (egzersiz yaptıran oyunlar)
- interaktif televizyon
- egzersiz takip programları

Exergame'ler (egzersiz yaptıran oyunlar)

Exergame'leri kullanmak –kaba motor aktivitesi gerektiren bilgisayar oyunları– çocukları bedenen aktif olmaya teşvik edebilir. PlayStation Move, Wii Fit ve X-Box oyunları gibi ürünler, sadece düğmeye basılan hareketsiz bilgisayar oyunlarının daha sağlıklı alternatifleri olarak sunulmaktadır.

2013 yılında yapılan bir araştırma, aktif bilgisayar oyunları oynamanın hareketsiz oyunlar oynamaktan daha fazla enerji harcanmasını sağladığını ama bunun çoğunlukla gerçek fiziksel oyunu oynamak kadar olmadığını ortaya koymuştur. (Exergame'ler başka bedensel aktivite biçimleri kadar faydalı değildir, çünkü genellikle günlük önerilen fiziksel aktiviteye katkı sağlamaya yetecek yoğunlukta ve sürede enerji harcanmaz.)

Çocukların yine de cihazlara bağlı olmadan terleyip kirlenebilecekleri, ekrandan uzak, fiziksel aktiviteye ihtiyacı vardır.

Yine de 2011'de yapılan karşılaştırmalı bir araştırmada, altı farklı türden interaktif dijital egzersiz oyunuyla ilintili harcanan enerji, çeşitli beden kütlelerine sahip çocuklar arasında ölçülmüştür. Araştırmacılar, exergame'lerin tümünün, normal ve fazla kilolu olarak sınıflandırılan çocuklar arasında enerji harcama seviyelerini artırmaya yardımcı olduğunu ortaya çıkarmıştır. Ayrıca altı exergame'den beşinin, çocukların kalp ritmini saatte dört kilometrelik bir hızla yürümekten daha fazla artırdığı da ortaya konmuştur. (Yine, bu harcama seviyelerinin yalnızca on dakika için ölçüldüğünü kaydetmek önemlidir.)

Exergame'ler, başka pasif oyunlara ve ekran aktivitelerine daha iyi bir seçenek –ve obez çocuklar için olası bir tedavi edici egzersiz biçimi– olabilir ama bu oyunların egzersiz bakımından faydalı olduğunu düşünerek kendimizi kandırmamalıyız. Çocukların yine de cihazlara bağlı olmadan terleyip kirlenebilecekleri, ekrandan uzak, fiziksel aktiviteye ihtiyacı vardır.

Yakın zamandaki başka teknoloji-hareket girişimleri halen araştırma aşamasındadır; bilgisayar oyunu ekranları monte edilmiş egzersiz bisikletleri buna dahildir. Bu bisikletler tam olarak, bilgisayar oyunu konsoluna enerji sağlar. Ayrıca çocukları koşmaya, zıplamaya, tıklayıp kaydırmaya teşvik eden hareket sensörü teknolojilerini kullanan interaktif duvarların ve yer fayanslarının olduğu dijital oyun alanları da bulunmaktadır.

Bu ürünler çocukların fiziksel aktivitesini kısa vadeli artırsa da (ve çok pasif ya da fazla kilolu çocuklar için uygun bir seçenek oluştursa da) açık havada, çok hareketli bir aktiviteyle başarılabilecek kapsamlı ve uzun vadeli sonuçlar sağlayabilmesi pek olası değildir.

İnteraktif televizyon

Önemli teknolojik ilerlemeler sayesinde, çocuklar için interaktif televizyon artık bir gerçeğe dönüştü. Hareket-ve-ses-sensörü kumandaları olan bilgisayar oyunu konsolları televizyona bağlanabiliyor ve çocukların televizyon karakterleriyle ve sahnelerle etkileşime geçmesine imkân tanıyor.

Örneğin, Kinect Sesame Street TV'yle ekrandaki karakterler, çocukların onlara attığı konuşan bir topu yakalayabilir. Ekrandaki karakterlerin yönlendirmesine göre, çocuklar bir bahçeden havuç toplayabilir, belli sayıda el çırpabilir ya da zıplamak, sekmek, el sallamak, fırlatmak ya da kıpırdamadan durmak gibi bedensel hareketleri yapabilir.

Daha fazla interaktif öğrenmeyi desteklediği ve hareketsizliği azalttığı için bu, çocuk televizyonlarında çok önemli bir evrimdir. Exergame'lerde olduğu gibi, interaktif televizyonların da çocukların fiziksel aktivite seviyelerinde mucizevi sonuçlar yaratması illa ki beklenemez ama geleneksel, hareketsiz televizyon izleme alışkanlığına daha iyi bir seçenek oluşturur.

Egzersiz takip programları

Çocuklar için tasarlanan egzersiz takipçileri, çocukluk obezitesiyle savaşmaya yardım eden bir araç olarak piyasaya sunulmaktadır. Takipçiler çocukların uyku düzenlerine dair veri sağlar, bedensel aktivite ile hareketsiz geçen zamanları biriktirir. Birkaç araştırma, bu takipçilerin çocuklara faydasını incelemiş olsa da yetişkinlerle yapılan araştırmalar, bu ürünlerin henüz çok yeni olmasından kaynaklı fazla bir sonuç sağlayamamıştır.

Egzersiz takipçileri halihazırda kilo ve sağlık sorunu olan çocuklara uygun olabilir ama bu cihazların sağlıklı çocuklar arasında popülerleşme ihtimali düşüktür. Buna ek olarak, takipçiler çocukların eline vermek için pahalı cihazlardır ve pek çoğunun sık sık şarj edilmesi gerekir. Pek çok egzersiz takipçisinin veri aktarımı için fiziken başka bir cihaza (bir bilgisayar, akıllı telefon ya da tablet) bağlanması da gerekir. Çocukların (ve onların vakti az ebeveynlerinin) zaman içinde bu alışkanlığı sürdürmesi pek olası görünmemektedir.

BİR BAKIŞTA

Teknoloji dolu bir dünyada hareket nasıl teşvik edilir:

- **Ekran başında geçirilen zamanı sınırlayın** – çocukların genel sağlık riskleri, hareketsiz, özellikle de ekran başında geçirdikleri zaman en aza indirilerek hafifletilebilir. Çocukların her gün ekran başında ne kadar vakit geçirebileceğine dair net beklentiler koyup bunları uygulayın. (Sağlıklı dijital alışkanlıklara dair daha fazla bilgi için 10. Bölüm'e bakınız.)
- **Ekran başında geçirilen zamanı bir ödül (ya da ceza) olarak kullanmaktan kaçının** – çocuklar her gün ekranları izleyebilmek için çaresizlikten köpeği yürüyüşe çıkarma, masayı kurma ya da yataklarını toplama sözü verebilirler. Ama ekran başında geçirilen zamanı bir ödül olarak kullanmak, bu vakti çocuklar için çok daha önemli kılacağı için zarar verici olabilir. Çocuklar ekranları tercihen günlük yaşamlarının bir parçası olarak görmeli ve en önemlisi de onları uygun biçimde kullanmayı öğrenmelidir. Çocuklar teknolojiyi bir oyuncak değil de bir araç olarak görmelidir.
- **Fiziksel aktiviteyi teşvik edin** – önceki nesillerde çocuklar doğal biçimde bedenen daha aktifti. Bugün artık daha hareketsiz yaşamlar sürdüğümüzden, çocuklarımızı fiziksel olarak aktif olmaya etkin biçimde teşvik etmeliyiz.

- **Hareketsiz geçen zamanları en aza indirin** – egzersiz yapmak için rastgele yollar bulun. Masada ayakta çalışmak harika bir alternatif olabilir. Çocukları düzenli teknoloji molaları vermeye ve aktif bir şey yapmaya cesaretlendirin. (Sayfa 257'de detaylı biçimde açıklanan "20-20-20-20 Kuralı"na bakınız.)
- **Aşırı televizyon izlemekten vazgeçirin** – hareketsiz aktiviteyle uzun süre geçirmek küçük çocuklara tavsiye edilmez (hastalık gibi hafifletici sebepler söz konusu değilse).
- **Sağlıklı alışkanlıklara örnek oluşturun** – anne babası aktif olan çocukların kendilerinin de daha aktif olması hiç tesadüf değildir. Konuşun ve sağlıklı bir yaşam tarzı sürdürerek sağlıklı alışkanlıklara örnek oluşturun. Markete yürümek ya da arabayı daha uzağa park edip yürümek gibi rastgele egzersizler uygulayın. Fiziksel aktiviteler gibi alışkanlıklar çocuklukta yerleşir.
- **Medyayı odaların dışında tutun** – odalarında dijital cihazlar olan çocukların, odaları teknolojisiz olan yaşıtlarından daha hareketsiz olma olasılığı çok yüksektir.
- **Hiçbir şeyin gerçek fiziksel aktivitenin yerini alamayacağını anlayın** – oflaya puflaya etrafta koşturmanın sihirli bir yanı vardır. Exergame'ler, interaktif oyunlar/televizyonlar ve egzersiz takipçileri faydalı olabilir ama zincirinden boşanmış fiziksel aktivitenin yerini alamazlar.

Teknoloji eğer dikkatle yönetilmezse çocukların fiziksel aktivite seviyelerine ciddi bir engel teşkil edebilir. Exergame'lerin, interaktif oyunların/televizyonların ve egzersiz takipçilerinin bazı olumlu yanları olsa da bu dijital araçlar hiçbir şekilde fiziksel aktivitenin yerini tutmaz. Gittikçe hareketsizleşen bir dünyada, çocuklarımızı fiziksel aktiviteye değer vermeye ve ona katılmaya teşvik etmeliyiz.

Bir sonraki bölüm, çocuklarımızın gelişimi için altıncı yapıtaşı olan beslenmeyi inceleyecek ve teknolojinin bu yapıtaşını nasıl biçimlendirdiğini gösterecektir.

8

Yapıtaşı #6: Beslenme

Teknoloji sağlıksız gıda reklamlarıyla, atıştırma kalıplarıyla, ekran karşısında yemek yemeyi ve bozuk yeme alışkanlıklarını desteklemesiyle çocukların beslenmesine zarar verebilir.

Bu bölüm çocukların beslenmesine ilişkin kapsamlı bir genel bakış sağlamayı amaçlamıyor. Bunun yerine, küçük çocukların en iyi gelişim için gereksindiği beslenme ihtiyaçları üstüne yapılan son araştırmaların bir değerlendirmesini sunacak. Ayrıca teknolojinin çocukların yeme alışkanlıklarını ve gıda tercihlerini nasıl değiştirdiği konusuna da odaklanacak.

KALİTELİ GIDA BEYİNLERİ İNŞA EDER

İlk yaşlar, beynin çok hızlı geliştiği bir dönemdir. Gebeliğin 24. haftasından yaklaşık beş yaşa kadar gelişen beyinler beslenme yetersizliklerine özellikle dayanıksızdır. Bu yüzden çocuklarımızı neyle beslediğimizi çok dikkatli düşünmeliyiz. Kaliteli beslenme beyinleri inşa eder. En iyi gelişime olanak tanımak için çocukların beslenmesinin belli gıdalar bakımından zengin (ve başka gıdaları en aza indirerek) olması gerektiğini gösteren kanıtlar gittikçe artmaktadır.

Bilim, gelişen beyinlerin ve bedenlerin en iyi sağlık ve beslenme için tam olarak neye ihtiyaç duyduğunu kesin olarak belirtir. Bu kitapta incelenen diğer pek çok yapıtaşı gibi, bilim artık büyükannelerimizle büyükbabalarımızın bildiği şeyi teyit etmekte: Suni gübre kullanılmamış, işlemden geçmemiş gıda çocuklarımız için en iyisi (yetişkinler için de öyle). Yakın zamanda güncellenen Avustralya önerileri "işlenmemiş gıdayı ya da en az işlenmiş gıdayı seçmeyi" tavsiye ediyor.

Beyin ayrıca bol enerji ister. Günlük gıda alımımızın yüzde 20'sini kullanır. Beyin başlıca yağ ve sudan oluşur. Düşüncelerimizi, öğrenmemizi ve ruh halimizi yöneten nöronlar şunlara ihtiyaç duyar:

- iyi yağlar
- protein
- kompleks karbonhidratlar
- mikrobesinler
- hidrasyon

Bu nöro-gelişimsel ihtiyaçlar 2013'te yayımlanan güncellenmiş *Avustralya Beslenme Esasları*'na da uygundur.

İYİ YAĞLAR

Pediatrik beslenme araştırmasının en önemli bulgularından biri, bebeklerle çocukların iyi yağlara ihtiyacı olduğudur. Beynin yüzde 60'ının yağ dokusundan oluştuğu düşünülünce, bebeklerin ve çocukların beyin gelişimi kadar en iyi sağlık ve beslenme için de temel yağ asitlerinin (TYA'lar) gerekli olduğu görülür. Avokado, hindistancevizi yağı, yağlı balıklar, çerezler, tereyağı ve tam yağlı süt ürünleri iyi kalite yağlar arasındadır.

Hidrojenize ya da trans yağlar (genellikle bisküvi, ucuz margarin ve kızarmış yiyecek gibi uzun ömürlü paketli yiyeceklerde bulunur) fazla tüketilmemelidir.

Çocukların az yağlı beslenmeye ihtiyacı yoktur. Onların kaliteli protein, kompleks karbonhidrat, mikrobesinler ve su kadar TYA'lara da ihtiyacı vardır.

Çocuklar TYA'sı yüksek bir beslenmeye ihtiyaç duyar

TYA'lar önemli nörolojik süreçlerin gerçekleşmesi –miyelinasyon– için hayati öneme sahiptir. Nöronlar (beyin hücreleri) bir akson boyunca birbirlerine sinyaller gönderir. İlk yaşlarda aksonlar yalıtımsız teller gibidir. Miyelinasyon süreci aksonların, nöral sinyallerin sorunsuz ve etkin biçimde aktarılmasına yardımcı olan yağlı-beyaz bir madde olan miyelin kılıfıyla kaplanmasını içerir (yalıtımlı tel gibi olurlar). Bu süreç, cenin gelişiminin 14. haftasında başlar, ilk yaşlarda doruk noktasına ulaşır ve ergenliğe kadar sürer.

TYA'lar miyelinasyonun gerçekleşmesi için kritik öneme sahiptir, çünkü bunlar miyelin kılıfının ana bileşenini oluşturur. Beden TYA'ları üretemediğinden bunlar beslenmeyle ya da beslenme takviyeleriyle alınabilir. Çerezler, işlenmemiş yağlar, avokado, soğuk deniz balıkları ve koyu yapraklı yeşillikler, TYA'ların en zengin bulunduğu kaynaklardır.

PROTEİN

Protein çocukların beyin fonksiyonları, genel duygusal sağlıkları için çok önemlidir ve konsanstrasyonları ile öğrenmelerine destek olur. Proteinler, nöronların en iyi şekilde işlev görebilmek için ihtiyaç duyduğu aminoasitleri sağlar. Aminoasitler beynin nörot-

> Proteinler çocukların duygusal sağlıkları, özellikle mutlulukları için de elzemdir.

ransmitterlerini kurar; bunlar bir beyin hücresinden diğerine sinyaller taşıyan biyokimyasal habercilerdir. Ardından beyin hücreleri bedenin farklı bölgelerine sinyaller gönderir, böylece söz konusu kısımlar kendi görevlerini yerine getirir. Basitçe, eğer bu haberciler kaliteli proteinle beslenirse daha etkin çalışıp kendilerinden bekleneni yerine getirir.

Proteinler çocukların duygusal sağlıkları, özellikle mutlulukları için de elzemdir. Yetersiz protein, beynin serotonin (ruh hali ve uyku düzenleyici) ve dopamin (çocukları tetikte, odaklı tutmaya, stresi yönetmeye ve belleği desteklemeye yardım eder) gibi nörotransmitterleri yeterince üretememesi anlamına gelir. Çocukların kendilerini iyi hissetmesi için bu nörotransmitterlerin dengede olması gerekir.

Et (sığır, kümes hayvanları, kuzu), balık, fasulye, çerez, bakliyat ve süt ürünleri çocuklar için harika protein kaynaklarıdır.

MİKROBESİNLER

Vitaminler ve mineraller beynin inşası ve yapılanması için çok önemlidir. Meyvelerde, sebzelerde ve işlenmemiş gıdalarda bulunur. Örneğin, B vitaminleri beyin hücreleri için enerji üretimine yardım eder ve iyi hissettiren serotonin ve konsantrasyonla odaklanmaya destek olan GABA gibi nörotransmitterlerin üretimini destekler.

Şimdi, sağlıklı gıda dükkânına koşup çocuğunuzun beyin fonksiyonlarını artırmak için takviyeler almadan önce, onların beslenmesini göz önünde bulundurun. Şu gıda kaynaklarının faydası dokunabilir:

- ***yeşil yapraklı sebzeler*** – kabuklu tahıllar gibi bunlar da B vitamini için çok iyi bir kaynaktır.
- ***tohumlar, çerezler ve kırmızı etler*** – hipokampusun ihtiyaç duyduğu çinko üretimi için harikadır (hipokampus, beynin kısa ve uzun vadeli hatıraları işleyen kısmıdır).

- ***kalsiyum*** – beynin elektriksel alanını idame ettirmek ve zararlı maddeleri uzaklaştırmak için kullanılan bir mineraldir.

Aslında bazı gıda kaynakları başka besinlerin faydalarını etkisizleştirebilir. Bu gıdalar bedendeki değerli besinleri azaltabilir. Rafine şekerlerden, hidrojenize ve trans yağlardan, gıda boyasından, yapay tatlandırıcı ve yüksek fruktozlu mısır şurubu gibi kimyasal katkılardan ve koruyucu maddelerden mümkün olduğunca uzak durmak gerekir.

KOMPLEKS KARBONHİDRATLAR

Şekerler olarak da adlandırılan karbonhidratlar gelişmekte olan beynin yakıtı gibi davranır. Bu yüzden, beyin fonksiyonları için çocukların gerçekten de karbonhidrata ihtiyacı vardır. Yine de bütün karbonhidratlar aynı yapıda değildir. Çocuklarımızın doğru tipte, doğru miktarda ve onlara faydalı olacak doğru zamanda karbonhidrat tükettiğinden emin olmalıyız.

> 1-3 yaş aralığındaki çocuklar günde ortalama 12 çay kaşığı şeker tüketiyor.

Çok fazla basit karbonhidrat alımı kan şekerinin aşırı yükselmesine yol açabilir ve bu da bazen çocuklarda hiperaktivite ya da konsantrasyon ve dikkat bozukluğu olarak kendini gösterir. Benzer şekilde, çok az karbonhidrat tüketmek de çocukların yorgun hissetmesine, asabi olmasına ve konsantre olamamasına yol açabilir. Aşırı miktarda karbonhidrat, özellikle de basit karbonhidratlar yağ olarak depolanabilir.

Çocuklar günümüzde her zamankinden daha fazla şeker tüketiyor. Amerikan Kalp Derneği'ne göre, 1-3 yaş aralığındaki çocuklar günde ortalama 12 çay kaşığı, 4-8 yaş aralığındakiler de günde yaklaşık 21 çay kaşığı şeker tüketiyor. Bu, okulöncesi çocuklar ve ilkokulun ilk yıllarındakiler için sınırı 3 ila 4 çay kaşığı, daha büyük çocuklar içinse sınırı 5 ila 8 çay kaşığı aşmak demek.

Çocukların sağlıklı beyin gelişimi için kompleks karbonhidratları tüketmeye ihtiyacı vardır. Çocuğunuzun kompleks karbonhidrat ihtiyacını göz önünde bulundurduğunuzda:

> Beyin hücrelerimizin genellikle bedenimizdeki diğer hücrelerin iki katı enerji gereksinimi vardır.

- Şeker salınımı yavaş gıdalar seçin. Örneğin, yulaf ezmesi, kahverengi pirinç, çavdar ekmeği, sebzeler (patates ve yabanhavucu hariç).
- Proteinleri karbonhidratlarla karıştırın. Örneğin, ekşi mayalı kızarmış ekmekle yumurta, meyvenin yanında yoğurt ve tohumlar.
- Enerji seviyelerini dengede tutmak için çocukları daha küçük, daha sık öğünler yemeğe teşvik edin. Bunun konsantrasyona da faydası olur.

HİDRASYON

En iyi beyin ve beden fonksiyonu için çocukların yeterince su içtiğine dikkat etmek çok önemlidir. Beyin en iyi seviyede işleyebilmek için düzgün hidrasyona ihtiyaç duyar. Beyin hücrelerimizin genellikle bedenimizdeki diğer hücrelerin iki katı enerji gereksinimi vardır. Çocukların sıvı ihtiyacını en iyi meyve suları ya da meşrubatlar değil su karşılar.

Çocuklar yeterince sıvı tüketmediğinde beyin hücreleri etkinliğini kaybeder ve çocuklar dikkatlerini odaklamakta zorluk çeker.

Dehidrasyon (susuzluk) kısa vadeli bellek fonksiyonlarına ve uzun vadeli anıları hatırlamaya da zarar verebilir. Susuz kaldığımızda temel düşünme becerimiz zayıflar.

Dehidrasyon baş dönmesine, sersemlik hissetmeye, uyuklamaya, konsantrasyonda düşüşe ve bilişsel becerinin azalmasına yol açabilir. Bir çocuk susuzluk hissetmeye başladığında bilişsel fonksiyonunda halihazırda yüzde 10'luk bir düşüş gerçekleşmiş olabilir.

Önerilen günlük sıvı miktarı şöyledir:

- 5 ila 8 yaş arası için 5 bardak (1 litre)
- 9 ila 12 yaş arası için 7 bardak (1,5 litre)
- 13 yaş üstü için 8 ila 10 bardak (2 litre)

TEKNOLOJİ ÇOCUKLARIN BESLENMESİNE NASIL FAYDA SAĞLAYABİLİR?

Maalesef bu yapıtaşı için teknolojinin önerebileceği pek az avantaj var. Neyse ki çocukların sağlıklı beslenmesi konusuna gittikçe artan bir dikkat ve ilgiden söz edebiliriz. Söz konusu, çocukların sağlıklı beslenmesine adanmış bloglar, uygulamalar ve internet siteleri olduğunda elimizin altında pek çok seçenek bulunuyor. Bir tarifi hemen Google'dan arayabilir ya da sağlıklı bir aile yemeği hazırlama konusunda ipuçlarına rahatça ulaşabiliriz.

Esas mesele, çalışmaları araştırmalarla desteklenen güvenli kaynaklar bulmakta. Yöntemleri, uygulamaları ve felsefeleri araştırmalara dayanmayan, internette devasa popülerlik kazanmış pek çok blog yazarı var maalesef. Bazı örneklerde, bunların verdiği önerilerin tehlikeli ve küçük çocuklar için çok sağlıksız olduğu ortaya çıktı; bu yüzden beslenmeye dair bilgileri güvenli internet kaynaklarından topladığınızdan emin olun.

TEKNOLOJİ ÇOCUKLARIN BESLENMESİNE NASIL KÖSTEK OLABİLİR?

7. Bölüm'de anahatlarıyla verildiği üzere, ekran başında geçirilen zaman ile obezite arasında doğrudan bir sebep-sonuç ilişkisi vardır. Araştırmacılar, çocukların medya alışkanlıklarının obezite ihtimalini çeşitli şekillerde artırabildiğini varsaymaktadır:

- sağlıksız gıdaları tanıtan yiyecek reklamları
- sağlıksız atıştırmalıklar
- ekran başında yenen yemekler
- düzensiz yeme

Yiyecek reklamları

Sekiz yaş altı çocuklar bilişsel ve psikolojik olarak reklamlara karşı savunmasız.

Çocuklar ekranda gördükleri şeylerden öğrendikleri için medya reklamlarının çocukların gıda seçiminde çok güçlü bir etkisi vardır. Kunkel ve Strasburger'in yürüttüğü bir araştırma, sekiz yaş altı çocukların bilişsel ve psikolojik olarak reklamlara karşı savunmasız olduğunu ortaya koymuştur. Çocuklar henüz satış yapma fikrini anlamayı öğrenmemiştir ve genellikle vaatleri hiç sorgulamadan kabul ederler.

Çocukların çoğu kararlı biçimde *fast-food* markası kâğıdına sarılı olan yiyecekleri seçti.

Çocukların ekran medyasını bol miktarda tükettiği göz önüne alınırsa, gıda reklamlarının çocukların yeme alışkanlıklarını –aleni ya da örtük– nasıl etkilediği kolayca görülebilir. Amerikan Pediatri Akademisi'nin 2006'da yayımladığı bir rapor, çocukların her yıl kırk binden fazla reklam izlediğini ve bunun obeziteye, kötü beslenmeye, sigara ve alkol kullanımına sebep olduğunu iddia etmektedir.

Bu alanda yapılan araştırmaların çoğu, çocukların televizyon reklamları aracılığıyla yiyecek reklamlarına maruz kalması üstünedir, ancak çocuklar artık pek çok ekrana erişebilmekte ve bugün muhtemelen daha bile fazla gıda reklamına maruz kalmaktadır. Yiyecek reklamları artık çocuklara internet siteleri, sosyal medya ve hatta reklam oyunlarıyla (reklam içeren markalı oyunlar ve uygulamalar) ulaşabilmektedir.

2007 ve 2001'de yayımlanan araştırmalar, *fast-food* markalarının çocukların tat algılarını etkilediğini gösteren kanıtlar öne sürmüştür. *Pediatrics* dergisinde 2010'da yayımlanan bir araştırmada, küçük çocuklar yan yana duran patates kızartması, çıtır tavuk, meyve suyu ve küçük havuçlardan oluşan birbirinin aynısı yiyecekleri tattı. Biri popüler bir *fast-food* markasının kâğıdına sarılmıştı, diğeri ise aynı renk ve dokuda düz bir kâğıtla paketlenmişti.

Hangi yiyeceklerin tadının aynı ya da daha iyi olduğu sorulduğunda çocukların çoğu kararlı biçimde *fast-food* markası kâğıdına sarılı olan yiyecekleri seçti. Araştırmalar ayrıca markalamanın, evinde daha fazla televizyonu olan ve *fast-food* restoranlarında daha sık yiyen çocuklar üstünde dikkate değer biçimde daha büyük bir etkisi olduğunu ortaya çıkardı – bu da reklamların çocukların tat algılarında güçlü bir etkisi olduğunu gösteriyor.

Çocuklarımızın söylenmeleriyle ya da sürekli tekrarlama gücüyle de uğraşıyoruz – sevilen televizyon ya da film karakterleriyle ilişkilendirilmiş belli ürünleri çocuklarımızın isteyip durmasıyla (evladınızı markete götürdüyseniz ne demek istediğimi tam olarak anlarsınız). John Hopkins Bloomberg School of Public Health'ten bir grup araştırmacı bu söylenme faktörünü inceledi. 3-5 yaş aralığında çocuğu olan 64 anneyle görüştüler ve bir çocuğun ticari televizyon karakterlerine aşinalığının hem genel hem de özel söylenme tipleriyle önemli ilişkisi olduğunu buldular. Ambalajlar, reklamlar ve karakterler çocukların söylenmesini harekete geçiren çok güçlü unsurlar.

> Çocuklar da bizim gibi, teknolojiyi kullanırken sağlıksız atıştırmalıkları genellikle daha fazla tüketir.

Etkileri henüz araştırılmamış olsa da popüler medyada subliminal reklamlar da yapılmaktadır. Örneğin, markalar sevilen filmlere ve televizyon reklamlarına dikkatle uygun ürün yerleştirilmesini sağlıyor. Sosyal medya da çocuklar arasında popülerlik kazanıyor ve kullanıcıların gördüğü belli bir hedefe yönelik reklamlar genellikle sağlıksız yiyecek ve içecek ürünlerini tanıtıyor.

Büyük gıda ve içecek şirketleri, çocuk medyasında on iki yaş altı çocuklara yönelik yiyecek içecek reklamlarına gönüllü olarak bazı kısıtlamalar getirse de şirketlerin bu esaslara uyduğunu kesin olarak görmek için resmi kontroller yapılmamaktadır. Avustralya'da çocuklara yönelik yiyecek içecek reklamları için sıkı bir öz-denetim sistemi ve davranış kuralları bulunmaktadır ama bu kuralların ticari, şifresiz televizyonlarda yayınlanan yiyecek içecek reklamı oranını etkileyip etkilemediğine karar verebilecek yeterli kanıt yoktur.

Sağlıksız atıştırmalıklar

Çocuklar da bizim gibi, teknolojiyi kullanırken sağlıksız atıştırmalıkları genellikle daha fazla tüketir. Ayrıca ekranlara bakarken ne kadar yediklerinin farkında olmazlar, bu da aşırı yemelerine yol açabilir.

Çocuklar ayrıca teknolojiyi kullanırken sağlıksız şeyler yemeye daha eğilimlidir. Harris, Bargh ve Brownell, yiyecek reklamı içeren çizgi filmleri izleyen çocukların, yiyecek reklamı göstermeyen çizgi filmleri izleyen çocuklara göre yüzde 45 daha fazla atıştırmalık yediğini göstermiştir.

Ekran başında yenen yemekler

Televizyonun ya da dokunmatik ekranlı cihazların karşısında yemek yemek pek çok ailenin yaptığı bir şey. 2015'te Amerikan Konuşma-Dil-İşitme Derneği tarafından yürütülen bir kamuoyu yoklamasında, iki yaşındaki çocukların yüzde 24'ünün yemek masasında teknolojiyi kullandığı ve sekiz yaşına gelindiğinde bunun neredeyse yüzde 45'e çıktığı görüldü. Ancak yemek masalarında geçirilen zaman etkileşim ve dil gelişimi için çok önemlidir.

Ara sıra ekran karşısında yenen yemeklerin kötü olduğunu söylemiyorum. Biz genellikle cumartesi geceleri Meksika yemeği yiyip bir film izlemeyi severiz (yemek yapamayacak kadar yorgun olduğumda). Bu çok güzel bir ritüel. Ama ekran karşısında yenen yemeklerin *her* gece tekrarlanan bir standart olmamasına dikkat etmeliyiz.

Çocuklar televizyonun ya da tablet gibi başka medya cihazlarının karşısında düzenli olarak yemek yemeye başladığında, bunun bir gölge maliyeti söz konusudur. Örneğin, en iyi gelişim için gereksindikleri dil etkileşimini yaşamıyorlar demektir. (Daha fazla bilgi için 4. Bölüm'e bakınız.)

Ayrıca bunun dikkatsiz yemeyi teşvik ettiğine dair endişeler vardır. Bazı pediatrik beslenme uzmanları, ekranın karşısındayken yiyeceğin tadını gerçekten almaya odaklanmadıkları için çocukların yiyecek tercihlerinin ve tat paletlerinin değişebilmekte olduğuna dair endişeler belirtmiştir.

Yenen yemeğe dikkat vermemenin sağlıklı gıda alışkanlıklarına yol açmayacağı barizdir. Yemek vakitlerinde çocukların ekran başında geçirdikleri zamana bir dur dememiz gerekir. Gerçekten de masada hiçbir tablet cihaz olmamalı ve yemek sırasında televizyonu kapamaya çalışmalıyız. Yemek masasını sohbet için özel bir alana dönüştürmemiz gerekir.

ÖRNEK OLAY

Mia yemek seçiyordu. Önceden çok açık olan iştahı bir anda kaybolmuş görünen iki yaşındakiler arasında bu sık görülür. Bir akşam ona yemeğini yedirmek için uğraşıp didinen annesi Kylie, Mia'ya yemek yerken iPad'den *Peppa Pig*'in bir bölümünü açmayı teklif etti.

Mia sadece yemeğini yemekle kalmadı, tabağındakiler konusunda pazarlık, yalvarma ve de –genellikle olduğu gibi– onu daha fazla yemeye ikna çabası olmayınca Kylie hayrete düştü. Çok ama çok şaşkındı.

Böylece ertesi akşam Mia, iPad'in yemek yerken açılması konusunda ısrar etti – iki yaşındakiler nasıl ısrar eder hepimiz biliriz. Kylie başta tereddütlüydü ama sonra tekno-öfke nöbeti ortaya çıktı. Bu, gece kriziyle birleşince Kylie iPad'i açtı. Mia mutluydu ve bir kez daha akşam yemeğini hiç şikâyet etmeden yedi.

Sonraki birkaç hafta boyunca, Kylie iPad'i yemek vaktinden önce açmaya başladı ve Mia yemeğini yemeyi sürdürdü. Ama Kylie, masayı toplayıp banyo yaptırmaya geçebilmek için iPad'i Mia'nın elinden almaya çabaladığı zamanlar dışında, ikisinin artık sohbet etmediğini fark etti.

Nihayet bir gün, *Peppa Pig* kapanınca çok büyük bir kıyamet kopmasının ardından, Kylie artık yemek masasında iPad istemediğine karar verdi. Mia'ya yeni kuralları anlattı ve sonraki birkaç akşam korkunç geçti.

Yine de Kylie direndi ve Mia'yla yemek vaktinden önce özel bir şey yapmaya başladı. Bu teke tek bir oyun, eğlenceli bir aktivite ya da sokağın çevresinde hızlı bir yürüyüş olsa da Mia'nın yemekte *Peppa Pig*'i izlemekle ilişkilendirdiği mükâfatlardan kopmasına ve yemek vaktine olumlu biçimde geçmesine yetti.

Düzensiz yeme

Çocukların ekran alışkanlıklarıyla ilişkilendirilen sağlık riski sadece obezite değil, aynı zamanda düzensiz yemedir. Anoreksiya nevroza, bulimia nevroza ve/veya aşırı yeme gibi beslenme ve yeme bozukluklarıyla ilişkilendirilen semptomların hepsini değilse de bazılarını gösteren davranışlar olarak tanımlanır. Düzensiz yeme 8-12 yaş arası bazı çocuklarla ergenler için ciddi sağlık sorunlarına yol açabilir.

1995 ile 2005 arasında yeme bozukluğunun tekrarlanma olasılığı hem erkekler hem kadınlar arasında artmıştır. Becker ve meslektaşları tarafından yürütülen araştırma, medya tüketiminin ciddi kilo kaybı yöntemleriyle ilişkili olduğunu öne sürer. Bu araştırma, televizyon izlemeye başlamanın Fijili ergen kızların düzensiz yeme davranışları ve alışkanlıkları üstündeki etkisini incelemiştir. Araştırmada, kızların yüzde 15'inin televizyon izlemeye başladıktan birkaç yıl sonra kilo vermek için kusmaya başladığı, pek çocuğunun artık daha tombul anneleri ve teyzeleri gibi değil (daha önce bunu isterlerdi), popüler televizyon programlarındaki karakterler gibi görünmek istediği ortaya çıktı.

Ne yazık ki düzensiz yeme bazen popüler medya ve sosyal medya sitelerinde cazip bir şey olarak sunulur. Bu sorunu daha da büyüten şey, çocukların düzensiz yeme uygulamalarını teşvik eden internet sitelerine kolayca ulaşabilmesidir.

Çocuklar medyada rastladığı zaman, düzensiz yeme alışkanlıklarının etkisini onlarla tartışmalı ve medyada resmedilen sağlıklı yeme örneklerini sürekli olarak vurgulamalıyız. Olabildiğince birlikte-izleme yapmak bu sebeple de çok önemlidir.

BİR BAKIŞTA

Dijital bir çağda iyi beslenme nasıl teşvik edilir:

- **TYA'ları tüketin** – küçük çocukların TYA yemesini ve sağlıksız yağları tüketmeyi en aza indirmesini teşvik edin.
- **Televizyon ya da film izlerken çocuklara sağlıklı atıştırmalıklar sunun** – böylece çocuklar besleyiciliği düşük, kalorisi yüksek yiyecek seçeneklerine daha az yönelir.

- **Çocuklara reklamları fark etmeyi öğretin** – böylece pasif tüketiciler olmazlar. Bizler reklamları kolayca fark edebiliriz ama çocuklar genellikle reklamlar ile programlar arasındaki ayrımı yapamaz. Reklamlar ayrıca televizyon programlarına ve internet sitelerine ürün yerleştirmesi ve onaylama şeklinde örtük ve subliminal yollarla da yapılabilir.
- **Yemeklerinizi medya eşliğinde yemeyin** – ara sıra televizyonlu akşam yemekleri yemekte hiçbir sakınca olmasa da bunun her gece yapılması önerilmez. Sağlıklı ve mutlu bir bakış açısından değerlendirilince, masada otururken sohbet etmenin faydaları azımsanamaz.
- **Sağlıklı yeme alışkanlıklarını tartışın** – internette paylaşılan ve cazip kılınan düzensiz yeme alışkanlıkları hakkında konuşun.

Sağlıklı yemeyi destekleyen pek çok uygulama ve internet sitesi olsa da bunların en son araştırmalara ve güvenilir kaynaklara dayandığından emin olmalıyız. Ayrıca teknolojinin, sağlıksız gıdalar, atıştırma kalıpları, ekran başında yenen yemekler ve düzensiz yeme alışkanlıklarını teşvik eden reklamlar aracılığıyla çocukların beslenmesini nasıl sekteye uğratabileceğini de fark etmeliyiz.

Bir sonraki bölüm, dijital bir çağda en iyi gelişim için gerekli yedinci yapıtaşı olan ifa-işlevi becerilerini ele alıyor. Bu bölüm beynin, dürtüleri, belleği ve karar-vermeyi kontrol etmekten sorumlu kısmının teknolojiyle nasıl şekillendiğini inceleyecek.

9

Yapıtaşı #7: İfa-işlevi Becerileri

Beynin daha ilkel olan kısmını harekete geçiren duyusal uyarıcıların ve bilginin bombardımanına maruz kaldığımızdan, dijital çağda ifa-işlevi becerileri gelişiminin değiştiğine dair gittikçe artan endişeler var.

Çocuğumuzun alnının hemen arkasında beynin CEO'su duruyor: prefrontal korteks. İfa-işlevi becerileri burada gelişiyor. Bunlar çocuklara bilişsel kontrol sağlayan, dürtülere direnmeye, göreve bağlı kalmaya, dikkat dağılmasına izin vermemeye, bağlantılar kurmaya ve karar verip sorun çözmeye imkân tanıyan beceriler.

Araştırmacılar gittikçe artan biçimde, bir çocuğun ifa-işlevi becerileri geliştirme kapasitesinin, sadece akademik performans değil, aynı zamanda yaşam boyu elde ettikleri sonuçlar bakımından da güvenilir bir gösterge olduğunu keşfettiler.

Etkin bir öğrenci olmak sayı saymaktan ve şekilleri, harfleri ve renkleri tanımaktan çok daha fazlasıdır. Etkin öğrenciler olabilmek (ve üretken yaşamlar sürebilmek) için, çocukların başkalarıyla çalışabilmesi, dikkat dağıtıcı unsurlarla (dijital dünyada bunlardan bolca bulunuyor) çalışabilmesi, bilgiyi anımsayıp yeniden kullanabilmesi, esnek biçimde düşünebilmesi ve çoklu taleplerle (yine, bugünlerde çok fazla dijital dikkat dağıtıcı var) başa çıkabilmesi gerekiyor. Bunlar ifa-işlevi becerilerini oluşturan çok sayıda beceriden örnekler.

Teknoloji, bu kitapta incelenen bütün yapıtaşları gibi, çocuklarla nasıl kullanıldığına bağlı olarak ifa-işlevi becerilerinin gelişimini destekleyebilir ya da sekteye uğratabilir.

İFA-İŞLEVİ BECERİLERİ NEDİR?

İfa-işlevi becerileri, çocukların okulda ve başka yerlerde gelişmek için (sadece hayatta kalmak için değil) ihtiyaç duyduğu bir dizi basit, genel beceridir. Hava trafik kontrol sistemi gibi, bir çocuk da pek çok bilgi akışını işler, neye odaklanması gerektiğini bilir, gözlemlere ve yeni bilgiye dayanarak görevleri düzenler, hatırlar, yeni detaylar uygular ve eylemlerini değerlendirir. Temelde çoklu bilgi akışına ânında odaklanma, sonra bunları gözden geçirme ve gerekirse planları düzenleme becerisidir.

İfa-işlevinin üç genel bileşeni vardır. Bunlar:

1. **önleyici kontrol** – genellikle otokontrol ya da dürtü kontrolü olarak anılır, duyguları ve dikkati kontrol altında tutma becerisidir.
2. **işler bellek** – bir çocuğun kısa dönemlerde bilgi parçalarını saklama, işleme ve hatırlama kapasitesidir
3. **zihinsel esneklik** – bir çocuğun farklı durumlara uyum sağlayabilmek için düşüncelerini düzenleyebilmesini içerir.

Çocukların bilgiye odaklanmaya, bunları saklayıp işlemeye ihtiyacı vardır. Ayrıca dikkat dağıtıcıları ve gereksiz bilgiyi filtrelemeleri ve bu süreçte yapılan işi değiştirmeleri de gerekir. Bunlar karmaşık becerilerdir ve beynin daha ilkel olan kısmını harekete geçiren duyusal uyarıcıların ve bilginin bombardımanına maruz kaldığımızdan, dijital çağda ifa-işlevi becerileri gelişiminin değiştiğine dair gittikçe artan endişeler vardır. (Daha fazla detay için 2. Bölüm'e bakınız.)

İFA-İŞLEVİ BECERİLERİ İŞBAŞINDA

Bir anaokulu sınıfında Tom bir grup problemine katıldı – üç arkadaşıyla iPad'de bir problem çözme aktivitesi. Tom'un yapması gereken:

- **hatırlamak:** öğretmeninin talimatlarını ve aktivitenin parametrelerini (işler bellek).
- **ayarlamak:** grubun diğer üyelerinin söylediklerine ve iPad'de yaptıklarına göre aktiviteye katılımını düzenlemek (zihinsel esneklik).
- **kullanmak:** uygulamayı, öğretmeninin ondan istediği biçimde kullanmak ve kendi katıldığı gruba ilgisi kalmazsa başkalarına bakmamak (dürtü kontrolü).
- **öğrenmek:** bir grup içinde etkin biçimde davranmayı öğrenmek (öz-denetim).

İFA-İŞLEVİ BECERİLERİ NE ZAMAN GELİŞİR?

Çocuklar ifa-işlevi becerileriyle doğmaz ama bunları detaylıca öğrenebilirler. Ebeveynler ve eğitmenler olarak, çocuklarda bu becerileri geliştirmek bizim görevimizdir. Rutinler oluşturup bunları pekiştirerek, sosyal davranışlara model oluşturarak ve destekleyici, öngörülebilir ilişkiler kurarak yapabiliriz bunu.

İfa-işlevi becerilerinin temelleri, çocuklar çok küçükken ve anaokulundayken atılır. 4-6 yaş arasında (anaokulu yılları) ifa-işlevi becerilerinin gelişiminde zirveye ulaşılır. Bu, çocukları sık sık otokontrol (önleyici kontrol) göstermeye ve çok aşamalı talimatları (işler bellek) izlemeye teşvik ettiğimiz zamandır.

İfa-işlevi becerileri ergenlik boyunca iyileşir ancak yetişkinliğin ilk yıllarına dek tümüyle gelişmez. Bunun nedeni, ifa-işlevinden büyük oranda sorumlu olan prefrontal korteksin yetişkinliğin ilk yıllarına dek tümüyle gelişememesidir (burası beynin miyelinle –aksonları kaplayan yağlı beyaz kılıf– kaplanan son kısmıdır). Ayrıca kadınlarda erkeklerden daha erken gelişme eğilimindedir. (Bu yüzden ölümcül araba kazalarında erkeklere daha fazla rastlanır – dürtü kontrolleri tam gelişmemiştir.)

TEKNOLOJİ ÇOCUKLARIN İFA-İŞLEVİ BECERİLERİNE NASIL FAYDA SAĞLAYABİLİR?

Teknolojinin bilinçli kullanımı, çocukların ifa-işlevi becerilerini gerçekten de artırabilir. Teknoloji özellikle çocukların işler belleğini, dürtü kontrolünü ve zihinsel esnekliğini desteklemek için kullanılabilir.

İşler bellek

Özel olarak tasarlanan bilgisayar oyunları çocuklara, dikkatini vermeyi öğretebilir. Ashman-East tarafından yürütülen bir çalışma, başarısı düşük ilkokul öğrencilerinin matematikteki başarılarının ve işler belleklerinin, işler belleğe yönelik bilgisayarlı bilişsel eğitimle önemli ölçüde iyileştirilip iyileştirilemeyeceğini araştırdı. Ashman-East, ileri bilgisayarlı işler bellek eğitimi alan grup ile basit bilgisayarlı işler bellek eğitimi alan grup arasında çok önemli farklar olduğunu gördü.

Teknoloji özellikle çocukların işler belleğini, dürtü kontrolünü ve zihinsel esnekliğini desteklemek için kullanılabilir.

Dürtü kontrolü

Teknoloji çocuklara dikkatlerini yönetmeyi öğreterek, onların dürtü kontrollerini iyileştirmelerine yardım edebilir. Eğitimciler ve araştırmacılar, özellikle de çoğu zaman zor ya da sıkıcı olduğu düşünülen matematik veya fen gibi alanlar için eğitsel bir araç olarak oyun oynamanın olumlu potansiyelini kullanmanın yollarını arıyor. Eğitimciler, eğitimin oyunlaştırılmasını, öğrencilerin bu konu alanlarına katılması için dijital araçların olumlu potansiyelinden faydalanmanın bir yolu olarak görüyor.

Öğretmenler, teknolojinin çocukların öğrenmesine sunduğu olumlu potansiyeli de kabul ediyor. 2012'de yapılan bir araştırmada 2500 öğretmenle anket yapıldı ve bilgiye hızlı erişimin, görevler arasında çevik biçimde hareket etmenin çocukların öğrenmesini iyileştirdiğini kabul ettiler. Öğrenciler teknolojiyle bilgiye çabucak ve etkin biçimde ulaşabiliyor, bu da dikkatlerini sürdürmelerini sağlıyor.

Farkındalığı öğretmek

Farkındalık uygulamaları, Batılı kültürlerde gittikçe artan bir popülarite kazanıyor. Bu konuda çok güçlü iddialar ve *Science, American Psychological Association, Clinical Psychology Review, Psychiatry Research* gibi farklı dergilerde gittikçe artan sayıda görülen araştırmalar var. Bunlar, küçük çocuklarla farkındalık uygulamalarının kullanımını haklı çıkaran kanıtlar sunuyor.

> Farkındalık çocukların duygusal, sosyal ve fiziksel sağlığını iyileştirir.

Weare'in önerdiği gibi, farkındalığın çocuklar için ne kadar etkili olduğuna dair araştırmalar henüz çok yeni olmakla birlikte, farkındalık eğitiminin beyin yapısını güvenilir ve güçlü biçimde değiştirdiğini, düşünce ve duyguların kalitesini iyileştirdiğini gösteren, nöroloji ve beyin görüntülemeden elde edilmiş kesin olmayan bulgular vardır. Özellikle çocukların dürtülerini yönetmesine ve dikkatlerini yöneltmesine yardım etmektedir. Kanıtlar büyük oranda farkındalık eğitimiyle ilgili şunları söylemektedir:

- Çocukların duygusal, sosyal ve fiziksel sağlığını iyileştirir.
- Çocukların davranışlarını ve duygularını yönetmelerine yardım eder.

- Stresi, endişeyi ve uyku sorunlarını azaltır.
- Bilişsel performansı ve ifa-işlevi becerilerini iyileştirir.

Araştırmalar farkındalık eğitiminin, çocukların deneyimleriyle temasta kalmasına ve içinde bulundukları anda yaşamasına yardım ettiğini göstermiştir. Böyle bir farkındalığı oluşturmak ve kıpırdamadan, sessizce oturabilmek, hareketli dijital bir dünya miras almış bugünün çocukları için çok önemlidir. Farkındalık eğitimi aracılığıyla çocuklar kişisel öngörüyü ve anlaşılırlığı öğrenebilirler ve duygusal dengeyi yaşamaları, üstün bir dikkat ve esnekliğe sahip olmaları daha olasıdır.

İşin ilginç yanı, çocuklara meditasyon ve farkındalık öğreten bazı harika uygulamalar bulunmaktadır. Smiling Mind ve Super Stretch Yoga, çocuklar için iki sevilen örnektir. Ayrıca bu alana özgü pek çok YouTube videosu ve internet sitesi vardır ve farkındalık eğitiminin önemi gittikçe daha fazla anlaşıldığı için bunların sayısı büyük ihtimalle daha da artacaktır. İnternetteki bu farkındalık meditasyonu eğitimleri, farkındalığı öğretmek için teknolojiyi kullanmanın harika bir yoludur.

> Çocukların zorluklara göğüs germeyi veya olaylara başka bir bakış açısıyla yaklaşmayı öğrenmesi gerekir.

Zihinsel esneklik

Zihinsel esneklik, beklenmeyen karşısında ayarlama yapabilmeyi içerir. Çocukların zorluklara göğüs germeyi veya olaylara başka bir bakış açısıyla yaklaşmayı öğrenmesi gerekir. İfa-işlevinin diğer unsurlarında olduğu gibi, teknolojiler bu beceriyi güçlendirmek için kullanılabilir.

Davis ve meslektaşları tarafından yayımlanan araştırma, fiziksel aktivitelerin, bilgisayar oyunlarının ve özellikle de değiştirilmiş okul müfredatının, 4-12 yaş aralığındakilerin bilişsel kontrol becerilerini iyileştirebildiğini göstermiştir. Bilgisayar oyunları, çocukların yarışma talepleriyle görevler arasında hızlıca hatasız geçiş yapabilmesini geliştirir. 2002 ile 2014 arasında yayımlanan üç araştırma, bilgisayar oyunlarının daha büyük öğrencilerin zihinsel esnekliğini artırdığını ve benzer sonuçların genç öğrencilerle de alınmasının mümkün olduğunu ortaya koymuştur.

TEKNOLOJİ ÇOCUKLARIN İFA-İŞLEVİ BECERİLERİNE NASIL KÖSTEK OLABİLİR?

İfa-işlevinin her üç yönü de –dürtü kontrolü, işler bellek ve zihinsel esneklik– eğer uygun biçimde kullanılmazsa teknolojiden kötü etkilenebilir. Bu bölüm, dijital bir çağda çocukların ifa-işlevi becerilerini koruyup desteklediğimizden emin olmak için gereken basit yolları anahatlarıyla ele alacaktır. Özellikle, teknolojinin çocukların dürtü kontrolünü ve işler belleğini nasıl biçimlendirdiğini inceleyecektir.

Dürtüleri yönetmek

Çocuklarımızın dürtülerini yönetmeyi öğrenmesi çok önemlidir. Ayartılmaya ve dikkat dağınıklıklarına karşı koyabilmek için düşüncelerini ve dürtülerini filtreden geçirmeleri gerekir. Sınıflarda yanıt verme çabasıyla bağırıp çağırmaktansa, sırasını beklemek için çocuklar bu becerilerini kullanır ve onların canını yakan ya da sinirlendiren arkadaşlarına vurup bağırmamak için kendilerini frenlemek üzere de bunu kullanırlar.

Dijital çağda dikkati verebilmek

İnsan beyninin sınırlı bir kapasitesi var, ancak sınırsız teknolojik dikkat dağıtıcının olduğu bir dünyada işlev görüyor. Dikkatimizi elimizdeki işten başka yere çekip duran uyarıların, bildirimlerin ve sinyallerin bombardımanı altındayız ve bunların çocukların dikkatini biteviye dağıtma potansiyeli var.

Bir dakikalığına akıllı telefonlarımızın ana ekranındaki uygulamaları düşünelim. Bir kameram, takvimim, internet tarayıcım, e-kitap okuyucum, müzik çalarım, hava durumu uygulamam, e-postam ve fotoğram galerim var. Dikkatimi dağıtan pek çok şey var. Sonra buna ne zaman bir mesaj gelse ya da telefon çalsa hissettiğim titreşimi, bana okunmamış otuz e-postam olduğunu söyleyen kırmızı sembol ya da bir tweet, re-tweet aldığımda ya da başka bir sosyal medya platformunda benden bahsedildiğinde çalan zil sesini ekleyin. Daimi bir dikkat dağınıklığı halinde yaşıyorum.

Şimdi de çocuklarımızın dikkatini talep eden pek çok dijital cihazı, ekranı ve teknolojiyi düşünün. Çocukları çevreleyen müdahaleci dijital teknolojiler yüzünden dikkat süresinin kısalabildiğine dair gittikçe artan endişeler var. Çocuklar prefrontal kortekste dürtü kontrolünü geliştirmeden önce beyinlerinin duyusal bölgesi sürekli aktif halde olursa dikkatleri sürekli dağılabilir.

Eğer çocuklarımız dijital bir dünyada gelişeceklerse, o zaman dikkatlerini nasıl yönetmeleri gerektiğini öğrenmek zorundalar. Bu, 21. yüzyılda hem çocukların hem de yetişkinlerin öğrenmesi gereken en hayati beceri. Jason Silva dijital çağda dikkatin sınırlı, yenilenemez bir kaynak olduğunu söylüyor. Çocukların harici dikkat dağıtıcılardan nasıl kaçınmak gerektiğini öğrenmesi gerekiyor (sosyal medya uyarıları, arka plandaki ses efektleri ya da bir kitap uygulamasındaki animasyonlar gibi). Ayrıca dahili, kendi ürettikleri dikkat dağıtıcıları yönetmeyi de öğrenmeliler (önlerindeki işle alakası olmayan düşünceler).

Tablet cihazlara nasıl kısıtlama getirilir ve çocukların dikkatlerini korumalarına nasıl yardım edilir?

Çocuklarla bir tablet cihaz kullanırken, ayarlardan Denetimli Erişim'i (iOS cihazlar) ya da Ebeveyn Denetimi'ni (Android cihazlar) açın. Bu fonksiyon, ebeveynlerin ve eğitimcilerin çocukları bir uygulamaya kilitlemesini sağlar. Bu da onların bir uygulamayı açıp birkaç dakika sonra daha cazip gelen başka bir şeye atlamalarına mani olur. Bu fonksiyon çocuklara her seferinde bir şeye odaklanmaları ve bir işi sonuna dek tamamlamaları (dikkatleri azaldıkça uygulamadan uygulamaya sıçramamaları) gerektiğini öğretir.

Teknolojinin çok hızlı evrildiği göz önüne alınınca, belli cihazlarda Denetimli Erişim'in veya Ebeveyn Denetimi'nin nasıl kurulacağını kullanıcılara gösteren güncel video dersleri aramak en iyisidir.

Çocukların dikkat süresi değişiyor mu?

Bu dijital çağda her şey daha hızlıymış gibi geliyor. Hız ödüllendiriliyor, saygı görüyor ve bizler daha hızlı internet bağlantılarına, daha iyi indirme hızlarına ve anlık erişimlere can atıyoruz.

Televizyon programları bile dikkatimizi sürekli kendilerinde tutmak için daha hızlı değişen sahnelerle hızlı tempolu dijital dünyayı taklit eder gibiler. Bordwell tarafından yapılan araştırma, 1930'larda ve 1960'larda yapılan televizyon programlarında her iki ila dört dakika arasında sahne değişirken, bugün televizyon programlarındaki geçişin en az 45 saniye olduğunu ortaya koydu.

Çocukların dikkat süresine teknolojinin etkisi üstüne uzun vadeli hiçbir araştırma yapılmamış olsa da bunun, daha fazla sorgulama yapılmasını haklı çıkaracak ciddi bir sorun olduğunu gösteren, eğitimcilerin dile getirdiği yeterince kanıt vardır. Pew Internet & American Life Project ile Common Sense Media tarafından yürütülen ve 2012'de yayımlanan iki ayrı araştırma, öğretmenlerle ebeveynlerin, dijital bir çağda çocukların dikkat becerilerinin azaldığına dair endişeleri olduğunu göstermiştir. Ankete katılan 2500 öğretmenin yüzde 87'si, yeni teknolojilerin "dikkat süresi kısa, dikkati hemen dağılan bir nesil" yarattığına inanmaktadır. Buna ek olarak yüzde 64'ü, bugünün dijital teknolojilerinin "öğrencilere akademik katkıdan ziyade öğrencilerin dikkatini gerçekten daha fazla dağıttığını" düşünmektedir. Common Sense Media tarafından yayımlanan bir başka araştırma, ankete katılan öğretmenlerin neredeyse dörtte üçünün, teknolojinin "öğrencilerin dikkat süresine çok ya da bir şekilde zarar verdiğini" düşündüğünü gösterdi.

Öğrencilerin konsantrasyonunun bir ödev üstünde birkaç dakikadan fazla kalmadığına dair ortak kaygılar bulunmaktadır. (Bir yandan videolar dinleyip televizyon izlerken bir yandan da interneti karıştıran pek çoğumuz da bunun farkındayız.)

Çoklu-görev

İnsanlar aynı anda birden fazla iş yapamaz. Bir işe odaklandığımızda çok daha verimli oluruz. Beynimizin aynı anda iki işi birden yapma konusunda fiziksel bir imkânsızlığı söz konusudur. Ophir, Nass ve Wagner tarafından sunulan 2009 tarihli bir araştırma, çoklu-görevin çocukların işler belleğinde aşırı yüklenmeye yol açtığını, yorgunluğa sebep olduğunu, öğrencilerin dikkatini böldüğünü ve onları bilgiyi sığ ve yüzeysel seviyelerde işlemeye zorladığını ve depresyon ile sosyal anksiyete semptomlarının göstergesi olduğunu ortaya koymuştur.

ÖRNEK OLAY

Peter kulağındaki kulaklıklardan müzik dinliyor, oyun konsolunda Minecraft oynuyor ve arka planda televizyon açık. Ebeveynleriyle öğretmenlerini, tüm bu işleri aynı anda yapabileceğine hararetle ikna ediyor ve bunların hepsini eşit derecede iyi yapıyor. Daha fazlasını daha hızlı yapabileceğine gerçekten inanıyor.

Buna görev-geçişi denir ama Peter'in yaptığı çoklu-görev değildir. Bunun yerine sürekli parça parça dikkatini vererek odağını bir işten diğerine hızlı hızlı kaydırıp durmaktadır.

TEKNO EFSANE AVCISI

EFSANE: Bugünün dijital çocukları teknolojiyle çoklu-görevler yerine getirebilir.

GERÇEK: Medya çoklu-görevleri, çocukların öğrenme ve dikkatine hasar vermektedir.

2010'de yapılan bir araştırma, 8-18 yaş arası çocukların günde medyayla ortalama 7,5 saat geçirdiğini göstermiştir, ancak bu rakam medya çoklu-görevleri dahil edildiğinde günde 10 saati aşan bir süreye ulaşmıştır.

Çocuklar çoklu-görev yapabileceklerini düşünseler de (Rosen, Carrier ve Cheever tarafından yürütülen bir araştırma, ergenlerin aynı anda altı yedi işi yapabileceklerine inandığını gösterdi) aslında yaptıkları görev geçişidir –zihnen ve hızlıca görevler arasında gezinmektir– bu görevleri aynı anda yerine getirmek değil.

Çoklu-görev performansa zarar verir, özellikle de ağır biçimde birden fazla işi aynı anda yapmaya çalışanlarda. Çoklu-görevin bilişsel bedeli olur – dikkati dağıtır, hata oranlarının artmasına ve akademik performansın düşmesine neden olur. Ayrıca çoklu-görev, prefrontal korteksteki glukoz depolarını tüketip stres hormonu kortizolun üretimini artırdığı için yorgunluğa yol açar. Bu yüzden çocuklar çoklu-görevin ardından sık sık kendilerini bitkin ve kafası karışık hisseder (biz yetişkinler de böyle hissederiz – bu, çoklu-görevle geçen yoğun bir günün ardından gelen zihin bulanıklığını açıklar).

Çocuklar görev-geçişi yaparken, hipokampus (beynin hafızadan sorumlu kısmı) uygun biçimde çalışmaz ve öğrenmeden (özellikle de kısadan uzun vadeli hafızaya bilgi takviyesi bakımından) taviz verir. Örneğin, çoklu-görev yerine getirirken yeni bilgi öğrenildiğinde, bu bilgi çocukların striyatumuna (beynin, fikirleri ve gerçeğe dayalı bilgiyi değil de süreçleri ve becerileri depoladığı kısmı) gider. Buna karşılık, çocuklar çoklu-görevden uzak durduğunda, bilgi hipokampuslarına (daha sonra hatırlamak için düzenleyip kategorilere ayırdığı kısmı) gider.

Çoklu-görev, işler belleklerimizde de aşırı yüklenmeye sebep oluyor ve dikkati dağıtıyor görünmektedir – ayrıca depresyonun ve sosyal anksiyetenin bir göstergesi olabilir. Bununla birlikte, yorgunluğa ve bilginin sığ, yüzeysel biçimde işlenmesine de sebep olabilir. Çoklu-görevle meşgul çocukların materyale şöyle bir göz gezdirmesi, içerikle zekice ve uzun ilişkiler kurmalarına mani olduğundan sığ bir anlamaya yol açar.

Nicholas Carr sığ işlemeyi bir deniz motoru kullanıcısı olmaya benzetir. *Yüzeysellik – İnternet Bizi Aptal mı Yapıyor?* kitabında Carr, bilgiyi internette, kitapta ya da kâğıt üstünde (durağan medya) okumamızdan farklı biçimlerde okuyup işlediğimizi öne sürer. "Bir zamanlar kelimeler denizinde bir dalgıçtım. Şimdiyse yüzeyden, deniz motoru üstündeki bir adam gibi vın diye geçip gidiyorum."

TEKNOLOJİK İPUCU

Tekli-görevi teşvik edin (ve çocuklara, çoklu-görevin bir yanlış adlandırma olduğunu öğretin). Beynin çoklu-görev yerine getiremediğini göz önünde bulundurup çocuklarımızı her seferinde teknolojinin tek bir kaynağını kullanmaya ve dikkate dayalı kaynaklarını o teknolojiye adamaya teşvik etmeliyiz.

Devamlı dikkat eksikliği

Çocuklar çoklu-göreve kalkıştığında aslında yaptıkları hızlı görev geçişleridir ve bu da devamlı dikkat eksikliğine (DDE) sebep olur. DDE, çoklu bilgi akışlarına dikkat vermeyi ama bunu sadece yüzeysel bir seviyede yapmayı içerir. Çocuklar dikkatlerini çoklu görevler arasında böler, etrafta dikkatlerini cezbedecek uyarıcı bulma fırsatları ararlar.

Dijital bir dünyada, baştan çıkarıcılar sürekli kendini gösteriyor ve çok çeşitliler (görüntüler, sesler, animasyonlar). Çocuklar yüzeye şöyle bir göz gezdiriyor, en önemli bilgi tahmininde bulunup sonuca varıyor ve ardından, dikkatlerinin yeniden çekildiği yeni bilgi kaynağına ilerliyor. Bu durum bariz biçimde çocukların iyice, eleştirel biçimde düşünme ve yeni fikirlere derinlemesine katılma becerisini zayıflatıyor.

İnsan beyni çoklu bilgi akışları arasında geçiş yapmaya uygun değildir. Aslında araştırmalar DDE'nin öğrencilerin öğrenmesini zayıflattığını doğrulamaktadır. 2009 ve 2012'de yayımlanan araştırmalara göre, öğrencilerin dikkat süresi kısaldığında ve aşırı bilgi yüklenmesiyle karşı karşıya kaldıklarında öğrenmeleri zarar görür. Ayrıca 2009'da Stanford Üniversitesi'nde yapılan bir araştırma, çoklu-görevin öğrencilerin performansını tehlikeye uğrattığına dair kesin kanıtlar sunmuştur. Çoklu-görev söz konusu olduğunda öğrenciler materyalle etkisi uzun süren zekice ilişkiler kurmaktan kaçınıyor, öğrenmeleri gerekeni yüzeysel bir şekilde anlıyorlar.

Bu etrafı tarama işinin küçük dozlarının illa ki zararlı olması gerekmese de zaman içinde bunalma, aşırı-uyarılma ve tatminsizlik duygusuna yol açabilir. Öğrenciler genellikle ilgilerini çekecek başka bir şey arama halinde kalır ve bu yüzden kalıcı bir dikkat dağınıklığı yaşarlar.

DİJİTAL ÇAĞDA ÇOCUKLARIN DİKKAT BECERİLERİ NASIL GELİŞTİRİLİR?

- **Yeşil zaman planlayın** – doğada geçirilen zaman çocukların beyinlerini dinginleştirir. Doğada geçirilen zamanın, yeşil zamanın, çocukların dikkatini tazelediği ve bilgiyi işlemelerini iyileş-

Derin-düşünme becerileri geliştirmek için ipuçları

Çocuklar çevrimiçi bilgiyi geleneksel medyadan (kitaplar, basılı yayınlar) farklı biçimde işler. Metin parçalarını tarar, başlıklara bakar ve metinden önce grafiklere doğru çekilirler. Bu bazen kesik kesik düşünme kalitesi olarak adlandırılır. Çocuklarımızın dalgıçlık tipi düşünmeye katılmasını istiyorsak, bilgiyi ekrandan okumalarındansa en iyisi yazıcıda bastırıp öyle okumalarını sağlamaktır.

tirdiği gösterilmiştir. Dikkat tazeleme teorisi, doğada geçirilen zamanın nörotransmitter dopamin salgılanmasını artırdığını ve stresi azalttığını da öne sürer. Etkin biçimde öğrenebilmek için çocukların ekranlardan ve cihazlardan uzak zaman geçirmeleri gerekmektedir. Ara verme süresi olmazsa, çocuklar belleğin güçlenmesi için gereken işleme süresini yaşayamaz. Bu, bilgiyi kısa vadeli hafızaya göndermek için çok önemli bir süreçtir.

- **Çoklu-görev değil tekli-görev** – çocukları her seferinde bir işe yoğunlaşmaya eğitin (buna bir ekran dahil olsun ya da olmasın). Çocuklara şu mantrayı öğretin: "En iyisi tekli-görevdir."
- **Çocuklara teknolojiyi bilinçli kullanmayı öğretin** – teknolojiye sürekli girip çıkmaktansa onu kullanmaya ayrılmış, belli zamanlarınız olsun.
- **Uyarıları kapayın** – cihazların uyarılarını ve bildirimlerini, ayarlar bölümünden kapayın. Cep telefonu uyarılarımızın da çocuğumuzun dikkatini dağıtabileceğini aklınızdan çıkarmayın.
- **Teknolojisiz alanlarınız olsun** – evlerde (ya da sınıflarda) teknolojinin girmeyeceği alanlar belirleyin. Çocukların teknolojinin müdahele etmeyeceği alanlara çekilebilmeye ihtiyacı vardır.
- **Stresi en aza indirin** – stres çocukların dikkat süresini altüst edebilir. Farkındalık pratiklerini ve meditasyonu keşfederek çocukların streslerini kanalize edebilecekleri yollar bulun. Düzenli fiziksel aktivite de önerilir.

- **Teknoloji yardımları kullanın** – çocuklar bir masaüstü ya da dizüstü bilgisayarda bir internet sitesini kullanmaktan kendilerini alamıyorsa (örneğin, Mathletics yerine Minecraft'ı açıyorlarsa), belli internet sitelerine belli zamanlarda girilememesini belirlemenizi sağlayan bir uygulama indirin. (Bu, e-postalarına yanıt yazmaktansa kendilerini Facebook ya da eBay'de bulan yetişkinler için de harikadır!) Self-Control'u (Mac) ya da Freedom'ı (Mac veya PC) deneyin. Tabletleri kullanırken, çocukları her seferinde bir iş yapmaya teşvik edin ya da çocuklara, bir başkasına geçmeden önce bir uygulamayı bitirmeyi öğretmek için Denetimli Erişim'i (iOS cihazlar) veya Ebeveyn Denetimi'ni (Android cihazlar) kurun.
- **Teoriyi pratiğe dökün** – eğer dikkatimiz dağılırsa, kendimizi içinde bulunduğumuz âna döndüremez ve çocuklarımızla anlamlı ilişkiler kuramayız. Bu yüzden, film izlerken telefonlarınızı kapayın ve bir kısa mesaja yanıt yazarken e-postalarınıza bakmamaya çalışın. Her seferinde sadece bir iş yapın ve kendinize bol bol ekransız zaman da belirleyin.

İşler bellek

Dürtü kontrolü gibi, çocuklarımızın dijital pratiklerinin yoğunluğu da onların bellek becerilerini değiştiriyor.

İnfobezite ve Google etkisi

Üçten fazla telefon numarası hatırlayabilir misiniz? Bir harita uygulamasına bel bağlamadan, beş aşamalı yön hatırlayabilir misiniz? Biz yetişkinlerin hafıza kapasitesi teknoloji yüzünden değişiyor, çocuklarımızın bellek becerileri de öyle.

Bilgi ucuz bir şey. Bunun sonucu olarak, çocuklar ona fazla kıymet vermiyor çünkü yanıtlar internetten kolayca bulunabiliyor. "Google'a bak..." günümüz konuşmalarında yer etmiş bir tabir.

Çocuklar bir infobezite çağında yaşıyor. Her gün devasa bilgi yığınlarını sindiriyorlar. Levitin, 2011'de her gün 1986'ya nazaran beş kat daha fazla bilgi (yaklaşık olarak, günlük 174 gazeteye denk veri) tükettiğimizi iddia ediyor – ve teknoloji geliştikçe bu rakam katlanarak artıyor. Kelimenin tam anlamıyla bilgi içinde boğuluyoruz ve maalesef bu çocuklarımızın da bir gerçeği. Çocuklar sürekli olarak yeni bilgi bombardımanına maruz kaldığında, bu durum onlarda "bilişsel aşırı yüklenme" olarak yer edebiliyor.

> Bilgi ucuz bir şey. Bunun sonucu olarak, çocuklar ona fazla kıymet vermiyor.

Bunun bir sonucu olarak, çocuklar bilgileri hafızaya almıyor. Bunun yerine bilişsel boşaltıma katılıyorlar – yani hafızalarında tutacakları şeyleri teknolojiye devrediyorlar. Çoğu zaman bilgiyi hatırlamıyor ama aynı bilgiyi tekrar bulmak için Google'a girdikleri anahtar terimleri hatırlayabiliyorlar.

Google Etkisi ilk kez 2011'de Harvard'lı psikologlar Daniel Wegner ile Adrian Ward'ın yürüttüğü bir araştırmanın ardından ortaya atıldı.

Bu, internette ulaşılabilir olduğunu bilirsek belli detayları hatırlama ihtimalimizin neden daha az olduğunu açıklayan bir fenomen. Olguları ve detayları hatırlamak yerine, olguları ve bilgiyi daha sonra tekrar bulmak için anahtar kelimeleri ve Google'da (ya da başka arama motorlarında) kullanılan arama terimlerini hatırlıyoruz. Bu araştırmacılar, belleği ve önemsiz detayları teknolojiye boşaltarak interneti bir bellek ortağı gibi kullandığımızı açıkladılar.

ÖRNEK OLAY

Judy yirmi sekiz yıldır öğretmenlik yapıyor. Son zamanlarda öğrencilerinin çarpım cetvelini hatırlamasında bir düşüş olduğunu fark etti. "Bugün çocuklar çarpmayı ve temel matematik bigilerini eskiden yapabildikleri gibi hatırlayamıyor sanki. Bellek becerileri çok daha zayıf. Çarpım tablosunu çalışmaları gerektiğini söylüyorum ama ihtiyaçları olduğunda sadece hesap makinesi uygulamasını kullanabilecekleri karşılığını veriyorlar bana."

Dijital demans

Çocuklar işlerini gittikçe daha fazla teknolojiye devrediyor. Bazı çocukların "dijital demans"tan mustarip olduğu yönünde endişeler bulunmakta. Bu, Alman nörolog Manfred Spitzer'in 2012'de ortaya arttığı bir terimdir. Teknolojinin aşırı kullanımının, baş yaralanması ya da psikiyatrik hastalık geçiren hastalara benzer biçimlerde, bilişsel yetilerde bir hasara sebep olmasını tarif eder.

Çocukların bilişsel yüklerini boşaltması, az gelişmiş mantık yürütme ve bellek becerilerine sebep olabilir. Çocuklar o kadar çok şeyi cihazlarına devrediyorlar ki bellek kasları gelişmiyor.

Bir yandan çocuklarımızın beyinleri daha becerikli ve hafızalarına neyi alacakları konusunda daha seçici görünüyor – beyinleri neyi depolayacağı konusunda daha etkili. Bu bilişsel yük boşaltma, çocukların diğer daha önemli, yüksek seviye düşünme becerilerine yer açmak için bilişsel kaynaklarını özgürleştirdikleri anlamına geliyor.

Diğer taraftan bu, çocukların bellek kaslarını geliştirmediği anlamına da gelebilir. Ezberlemeyi ve hafızaya atmayı gerektiren bazı detaylar vardır ama her kas gibi belleğimize de en iyi formuna ulaşabilmesi için düzenli egzersiz yaptırılması gerekir.

Dijital çağda çocukların işler bellek becerilerini geliştirmek için pratik ipuçları

Çocuklarımızın işler bellek becerilerinin kullanıldığından ve genişletildiğinden emin olmak için yapabileceğimiz pek çok şey var. Çocukları şunlara teşvik edin:

- **Bilgiye karşılık vermeye** – örneğin, bir televizyon programını izlemelerinin ardından onlara sorular sorabilirsiniz. Ya da bir YouTube klibini izledikten sonra üç unsuru yazmalarını isteyebilirsiniz. Çocukların karşılaştıkları bilgiyi sadece anlaması değil işlemesi de gerekir. Çocuklarımızdan teknolojiyi kullandıktan sonra (ya da kullanırken) yanıt vermelerini istediğimizde, bu onların aktif biçimde dahil olması demektir. Bu da teknolojinin yarattığı zombi etkisine son verebilir.

- **Müziğin, şarkı söylemenin ve dansın keyfini çıkarmaya** – işler belleklerini geliştirmek için çocuklara eğlenceli şarkılar ve tekerlemeler öğretin.
- **Yapboz oynamaya** – eski usul güzel yapbozlar (ayrıca bilgisayar yapbozları ve uygulamaları), işler bellek becerilerini oyuncu bir bağlamda geliştirebilir. Daha büyük çocuklar için strateji ve mantık oyunları da harikadır.
- **Fiziksel, masa üstü, kart ya da bilgisayar oyunlarına** – bu sayede çocukların bir dizi kural koyması ve bunlara uyması gerekir. Bu da işler bellek ve dürtü kontrolü becerileri gerektirir.
- **Hikâyeler anlatmaya** – çocuklar hikâye dinleyip anlatmaya bayılır ve bu da onların işler bellek becerilerini geliştirir. Sesli kitaplar da harika dijital kaynaklardır.
- **Gerçek kitaplar okumaya** – hatırlamaya yardımcı olur.
- **Plansız programsız oyun oynamaya, özellikle de açık havada** – bu, çocukların en doğal öğrenme biçimidir kesinlikle. Pek çok bilişsel, sosyal, fiziksel beceri gerektirir ve tüm ifa-işlevi fonksiyonu becerilerini de geliştirir.
- **Zihinde listeler yapmaya** – çocukları markete gidip zihinlerinde oluşturdukları listede bulunan beş şeyi almaya yönlendirin. Zamanla bu listeyi yavaş yavaş genişletin. Ayrıca çocuklara hatırlamaları için başka listeler de verebiliriz.
- **Organik aramalar yapmaya** – her zaman Google'a güvenmesinler. Bazı şeyleri hafızalarında tutmaya çalışmalılar.

- **Fiziksel aktiviteye katılmaya** – egzersiz beyni ve bedeni canlandırır.
- **Yeni bir dil ya da enstrüman öğrenmeye** – çocukların işler bellek becerilerini geliştirmek için.
- **Farkındalık ve/veya meditasyon öğretip uygulayın** – dış dünyayı sakinleştirmek ve ânı her zaman ekran aracılığıyla değil de gerçekten, ilk elden yaşamak için.

BİR BAKIŞTA

Dijital çağda ifa-işlevi becerileri nasıl desteklenir:

- **Teknolojiyi bilinçli kullanın** – aklınızda bir amaç olsun ve onu kullanmak için zaman dilimleri belirleyin.
- **Çoklu-görevden vazgeçirin ve çocuklara nasıl tekli-görev yapabileceklerini öğretin** – buna örnek de olun. Mümkün olduğunca her yerde bir seferde bir iş yapmayı deneyin.
- **Farkındalığı öğretin** – anda olmanın ve ânı yaşamanın yollarını geliştirmeye başlayın. Çocuklarla bazı farkındalık eğitimleri yapın. Onlarla etkileşim halindeyken cihazları kapayın (ya da en azından sessize alın). Her bir deneyimi dijital olarak belgelemekten kaçının.
- **Çocuklara oynayacak zaman verin** – küçük çocukların ifa-işlevi becerilerini geliştirmesinin en doğal ve etkili yolu budur.

Hayatın hızlandığına dair genel bir hissiyat var. Çocukların dikkat sürelerinin ve bellek becerilerinin değişmesinin bir sebebi de bu. Çocuklara yavaşlamayı öğretmeli –ve biz buna model oluşturmalıyız–, kendi dikkat ve belleğimizi de düzene sokmalıyız. Sürekli olarak çılgın tempoda bir yaşam ne sürdürülebilir ne de arzulanabilir ya da düşünülebilir bir şeydir. (Bilgisayarımızda aynı anda yirmi tarayıcının açık olmasına ihtiyacımız var mı gerçekten?)

Bunu yapmak için farkındalık eğitimi basit, aynı zamanda da etkin bir yoldur ve koşturmacalı bir dijital dünyayı miras alacak çocuklarımız için de çok önemli bir beceri olacaktır.

Çocukların teknoloji alışkanlıkları, dürtü kontrolü becerilerinin gelişme biçimini ve dikkatlerinin nasıl idare edildiğini etkiliyor. Çocukların ifa-işlevi becerilerinin gelişmesi, öğrenmeleri ve gelişimleri için kritik öneme sahiptir ve kesinlikle öğretilebilir bir şeydir. Bu, dijital bir çağda çocuklarımıza öğretebileceğimiz en önemli beceridir.

Gelecek bölüm, sağlıklı medya alışkanlıklarının oluşturulup güçlendirilmesiyle çocuklarımızın teknolojiyle sağlıklı ve sürdürülebilir ilişkiler kurmasına destek olabileceğimiz pratik yolları inceleyecektir.

10

Sağlıklı Dijital Alışkanlıklar Geliştirmek

Çocuklarımızın sağlıklı ilişkiler geliştirebilmesi için ekran başında geçirilen zaman konusunda sağlam sınırlar koymamız gerekir.

Çocukların teknolojiden hepten uzak durması değil, bu konuda ölçülü olması gerekir. Günlük dijital dozlarını dikkatle ayarlamayı öğrenebilecekleri dijital bir diyete ihtiyaçları vardır. Çocuklarımızın dijital tercihlerini, Avustralyalı uzman psikolog Jocelyn Brewer'in "besleyici teknoloji" olarak adlandırdığı kurallara göre yönlendirmeli ve işe yaramaz alımlarını sınırlamalıyız.

Aşırı yemek yeme gibi dijital aşırı yüklenme de çocuklarımızın sosyal, fiziksel, duygusal ve zihinsel gelişimine zarar verebilir.

Bu bölüm, küçük çocuklarda sağlıklı dijital alışkanlıkların nasıl olması gerektiğini irdeleyecek ve okulda ya da evde, ebeveynlerle eğitimcilerin sağlıklı alışkanlıklar oluşturabilmek için yapabileceği basit şeyler konusunda ipuçları ve fikirler sunacaktır.

Bağımlılık ve tekno-öfke nöbetleri gibi sağlıksız dijital alışkanlıkları da inceleyip, bunların olma ihtimallerini en aza indirmek için ebeveynleri basit stratejilerle donatacaktır. Çocuğumuzun ekran alışkanlığının, gelişimine zarar vermediğinden emin olmak için nasıl bir aile medya planı oluşturulabileceği de ele alınacaktır.

DİJİTAL ALIŞKANLIKLAR NELERDİR?

Dijital alışkanlıklar çocukların teknoloji etrafında oluşturduğu kalıplardır. Çocukların hangi teknolojiyi, ne zaman, kiminle, nerede ve neden kullandığıdır. Ebeveynlerin ve eğitimcilerin, çocukların dijital alışkanlıklarının biçimlenmesinde çok önemli bir rolü vardır. Yaşamın erken döneminde bunu doğru bir şekilde oluşturmak zorundayız, yoksa çocuklar teknolojiyle toksik ilişkiler geliştirebilir ve bu da ilerleyen dönemde sorunlara ya da psikolojik meselelere ortaya çıkmasına yol açabilir.

TEKNOLOJİ BAĞIMLILIĞI

Ebeveynler sık sık, "Çocuğum teknoloji bağımlısı," diyerek yakınır. Çocukların teknolojiden kopma konusunda gösterdiği ciddi gönülsüzlük, pek çok ebeveynin çocuklarının bağımlı olmasından endişelenmesine yol açar. Bazı çocukların dijital bir bağımlılığının olduğuna şüphe yoktur. Cihazlarını kapamaları ya da dışarıda oynamaları istendiğinde bunu genellikle isteksizlik ya da tekno-öfke nöbetiyle karşılarlar. Ama bu, çocuklar *illa ki* teknolojiye bağımlıdır demek değildir.

Bağımlılık konusuna dalmadan önce, çocuğumuz çok fazla kitap okuyor olsaydı bu kadar endişelenip endişelenmeyeceğimizi düşünelim. Otomatikman onların kitaplara bağımlı olduğunu mu düşünürdük? Ekran başında geçirilen zamandan ödümüzün kopmasının sebebi, genellikle bunun yeni bir şey ve çocuklarımızın dijitalleşmiş çocukluklarının bizim analog çocukluklarımızdan çok farklı olması. Çocukluğumuza dair nostaljik hikâyelerimiz, çocuğumuzun teknoloji alışkanlıkları konusunda paniğe kapılmamıza yol açıyor olabilir.

TEKNO EFSANE AVCISI

EFSANE: Küçük çocuklar teknolojiye bağımlı.

GERÇEK: Küçük çocuklar teknolojiye bağımlı değil. Sadece teknolojiyle sağlıksız ilişkiler kurmuş ve bazı örneklerde, teknolojiye bir bağlılık oluşturmuş durumdalar.

Sekiz yaş ve altı çocukların teknolojiye bağımlı olduğuna inanmıyorum. Teknolojiyle kesinlikle obsesif ya da kompulsif bir ilişki geliştirebilirler – akıllı telefonumuzu geri vermelerini istediğimizde ortaya çıkan tekno-krizler yoğun olur; bu fırtınayı benim de savuşturduğum oldu! Ama bu illa ki onların bağımlı olduğu anlamına gelmez. Bağımlılık bir davranış bozukluğudur ve küçük çocuklar halen davranışlarını geliştirme aşamasındadır.

Yine de küçük çocuklar kesinlikle teknolojiye bağlı hale gelebilir. Madde bağımlılığına çok benzer biçimde, çocuklar teknolojiye bir tolerans geliştirebilir ve aynı zevk seviyesine ulaşabilmek için ona gittikçe daha fazla ihtiyaç duyabilir. Ayrıca, aniden keserlerse ya da teknolojiyi kullanamaz olurlarsa yoksunluk semptomları (beyindeki nörobiyolojik değişimler) yaşarlar. Bu bağlılıktır, mutlaka bir bağımlılık değil.

Teknoloji kullanımının bağımlılık sayılabilmesi için, uzun süreli kullanmanın kötü sonuçları olabileceğini bildikleri halde, çocukların teknolojiyi kullanmayı bilinçli biçimde tercih edebilmeleri gerekir. Küçük çocuklar uzun süreli ya da aşırı teknoloji kullanımlarının kötü sonuçlarının neler olabileceğini henüz bilemez ya da tümüyle kavrayamazlar. (Öte yandan, daha büyük çocuklar, ergenler ve yetişkinler eylemlerinin yol açabileceği sonuçları genellikle bilir ve teknolojiyi kullanırken bilinçli tercihlerde bulunurlar.)

Sekiz yaş altı çocuklar genellikle otokontrol becerilerinde ustalaşmamıştır, çünkü prefrontal korteksleri (dürtü kontrolü, karar verme ve bellek gibi ifa-işlevi becerilerinin bulunduğu yer) hâlâ gelişmektedir. Bu kritik ifa-işlevi becerileri teknoloji alışkanlıklarını yönetmek için gereklidir. Çoğu küçük çocuk halen, nasıl tercihte bulunacağını, duygularını düzenlemeyi ve dürtülerini idare etmeyi öğrenme halindedir.

Biz ebeveynlerin sorumluluğu, çocukların teknolojiyi nasıl idare edeceklerini anladıklarından emin olmaktır.

TEKNOLOJİ ÇOCUKLAR İÇİN NEDEN BU KADAR CAZİP?

Beynin zevkle ilişkili kısmı teknolojiyi kullanırken genellikle aktif hale gelir. Yaşamda tecrübe ettiğimiz keyif verici her şeyle (mesela çikolata yemek) olduğu gibi bunda da amigdala iyi-hisset nörotransmitteri olan dopamin salgılar ve doğal olarak biz de daha fazlasını isteriz.

Eğlenceli bir televizyon programı izlemek veya daha üst seviyelere ulaşmakla ödüllendirildiğimiz bir bilgisayar oyunu oynamak ya da uygulama kullanmak, dopamin salgılanmasına yol açar. Bu yüzden çocuklar ekranları hemen zevkle ilişkilendirir – ve çok küçük çocukların, ebeveynlerinin akıllı telefonlarını kullanmaya hemencecik alışmasının sebebi budur.

Beyin yenilik arzusundadır ve teknoloji daimi bir yenilik sunar. Prefrontal korteksin bir yenilik önyargısı vardır, yani dikkatimizin ve konsantrasyonumuzun gasp edilmesi kolaydır (daha fazla bilgi için 9. Bölüm'e bakınız). Prefrontal korteks, beynin dikkatimizi düzenlememiz için gereken ana kısımlarından biridir ama dijital dünyanın sunduğu duyusal açık büfenin sürekli bombardımanına maruz kalmaktadır.

TEKNO EFSANE AVCISI

EFSANE: Çocuğum YouTube'da paket açma videoları izleme bağımlısı.

GERÇEK: Çocuğunuzun bu videolara bağımlı olma ihtimali zayıf ama beyni, bu davranışa yol açan güçlü bir nörobiyolojik yansımaya sahip.

Çocukların, başka çocukları YouTube'da oyuncak paketleri açarken izlediği paket açma videoları gittikçe popülerlik kazanıyor. Çocuklar, manikürlü ya da küçücük ellerin oyuncak paketleri üstünde gezinmesi ve paketleri, hediyeleri ağır ağır açması karşısında büyüleniyor. Binlerce, hatta milyonlarca izleyici çeken bu videolar, onları çeken bazı kişiler için kârlı bir iş anlamına geliyor.

Bir hediye paketinin açılmasıyla ilişkili olan beklenti duygusu gerçekten de beyinde adrenalin ve endorfin salgılanmasına yol açar. Dolayısıyla, bu tip videoları izleyince çocuklar, bu videoları kapamayı onlar için zorlaştıran bir nörobiyolojik yansıma yaşar.

Bunlar özünde uzun reklamlardır. Geleneksel, on beş saniyelik televizyon reklamlarından çok farklıdırlar. Bu dolaylı reklam ve tüketimi özendirme biçimine çok dikkat etmeliyiz. Satın almayla ilişkili zevk duygusu da iyi-hisset nörotransmitteri dopamin salgılanmasına yol açar, çocuklar da doğal olarak bu duyguyu gittikçe daha fazla yaşamak ister ve böyle videolara çok bağlanır.

Çocuğunuzun paket açma videoları izlemesini kısıtlamaya çalışın. Ne izleyecekleri ve kesin olarak kaç bölüm izleyecekleri konusunda sınırlamalar getirin ve birlikte-izlemeye çalışın ya da onlara ne izledikleri konusunda sorular sorup oyuncağın hangi subliminal yollarla reklamının yapıldığını tartışın.

DAHA BÜYÜK ÇOCUKLAR BAĞIMLI MI?

Sekiz yaş üstü çocukların, eğer tanı kriterlerine (gerçi bunlar evrensel olarak kabul görmemiştir) uyuyorlarsa, teknolojiye bağımlı olması mümkündür *ve* bir tıp uzmanı tarafından değerlendirilirler. Teknoloji bağımlıları, onları uzaklaştırmak için yapılan girişimlere rağmen, ilk baştaki zevki aynı seviyede almasalar ve olumsuz sonuçların bilincinde olsalar da teknolojiyi kullanmaya devam ederler. Yoksunluk duygularından kaçınmak için sıklıkla ortaya çıkan davranış kalıpları da genellikle vardır.

Pek çok ebeveyn çocuklarının teknoloji bağımlılığına dair hikâyeler paylaşır ve bunlar genellikle medya raporlarıyla körüklenir. Yine de bunun henüz çocuklarda psikolojik bir rahatsızlık olarak kabul görmediğini kaydetmek önemlidir.

İnternet Oyunu Bozukluğu (İOB)

Patolojik internet kullanımı olarak da adlandırılan İOB, gerçek bir zihinsel bozukluk olup olmadığına karar vermek için halen daha fazla incelenen ve araştırılan bir durumdur. Halihazırda *Mental Bozuklukların Tanısal ve Sayımsal Elkitabı*'na* göre zihinsel bozukluk olup olmadığı tartışılmaktadır ve ilk kanıtlar, bazı örneklerde İOB'nin geçerli bir zihinsel hastalık olduğunu öne sürmektedir.

Halen teknoloji bağımlılığının görünmez bir fenomen olduğu düşünülmektedir. Oyun ya da internet bağımlıları genellikle bariz semptomlar gösterir ve onların bu bağımlılığıyla ilişkili bazı sosyal belirtiler vardır – genellikle polisle başları belaya girmez ve sarhoş olmazlar. Yine de çoğu zaman önemli kişisel bedeller söz konusudur. Standart tanı kriterinin olmaması, bu aşamada resmi bir teşhis koymayı zorlaştırmaktadır. Yine de teknolojik bağımlılık bazı durumlarda incelenmeyi ve tıbbi tedaviyi gerektiren, gittikçe büyüyen bir sorun ve psikolojik mesele olarak görülmektedir.

Chakraborty, Basu ve Kumar mevcut araştırma sonuçlarını kapsamlı biçimde inceledikleri 2010 tarihli makalelerinde, şu an İOB'yi tıbbi olarak teşhis etmek için elde standart bir tanı kriteri bulun-

* Amerikan Psikiyatri Birliği'nin zihinsel hastalıklar için hazırladığı tanı ölçüsü. (ç.n.)

madığından, İOB oranlarına dair değişken (yüzde 0,3 ile yüzde 38 arasında değişen) kanıtların bulunduğunu vurgulamışlardır.

Bununla birlikte İOB artık pek çok ülkede önemli bir toplum sağlığı tehdidi olarak görülmekte ve özel tedavi merkezleriyle programları geliştirilmektedir. Pediatrik psikologlar ve psikiyatrlar, oyun oynama ve sosyal medya daha baskın boş vakit uğraşıları haline geldiğinden ve çocukların okulda gittikçe daha fazla tablet ve dizüstü bilgisayar kullanmaya başlamasından dolayı, patolojik internet kullanımının özellikle 11-18 yaş aralığındaki çocuklarda bir sorun haline geldiğini kabul etmektedir.

Oyun bağımlıları sık sık oyun ortamlarının kendilerini güçlü hissettikleri, başkaları tarafından saygı ve değer gördükleri tek yer olduğunu söyler. Bu çok güçlü bir tuzak ve çocukların zaman zaman bağlanma sorunları yaşamasının bir nedeni olabilir. Ayrıca bazı örneklerde İOB'nin belki başka psikolojik ve duygusal meselelerle ilişkilendirilebileceğini ve kendi başına münferit bir zihinsel bozukluk olmadığını da düşündürebilir.

ÖRNEK OLAY

Dr. Jones, Melbourne'de çalışan bir pediyatr. 5-9 yaş arası çocuklarda üriner inkontinansta (Üİ), yani idrar kaçırmayla sonuçlanan mesane kontrolünün kaybedilmesinde bir artış olduğunu gözlemledi. Gündüz Üİ'si yaklaşık üç yaşına kadar yaygın görülür, gece Üİ'si yedi yaşına kadar sürebilir.

Dr. Jones, gündüz Üİ'si sebebiyle gittikçe artan sayıda daha büyük çocuğu tedavi ettiğini fark etti. Başta anlatılan gözlemler, bu çocukların hepsi değilse de bazılarının oyun bağımlılığı semptomları da gösterdiği fikrini verir. Görünüşe göre, bu çocukların çoğu bilgisayar oyunlarıyla ve uygulamalarla oynama konusunda öyle takıntılı bir hale gelmişti ki mesanelerini ve hatta bazı örneklerde bağırsaklarını kontrol edemiyorlardı.

Bu vakalar tek başlarına, teknolojinin bu sorunlara yol açtığını kanıtlamaya yetecek veriyi sağlamaz ama daha fazla araştırmayı ve ebeveynlerin tetikte olmasını haklı çıkaracak yeterince kanıt vardır.

Bu yüzden, küçük çocuklar teknolojiye *klinik* bağımlılık göstermese de ona takıntılı, angaje ya da kapılmış hale gelebilecekleri inkâr edilemez. Bazı çocuklar gerçekten de teknolojiyle çok güçlü ve bazen sağlıksız ilişkiler geliştirir. Zaman içinde bu kalıplar kemikleşebilir ve çocuk kötü medya alışkanlıkları oluşturabilir. Bunun tedavisi için davranış kalıplarının biraz rafine edilmesi gerekir. İyi haber şu ki beyin çok kolay şekillendirilebilir bir şeydir, dolayısıyla bu bağlar ve alışkanlıklar değişebilir. (Gerçi bunu yapmak pek de kolay değildir.)

SAĞLIKSIZ DİJİTAL ALIŞKANLIKLAR

Ebeveynler olarak bizler düşünme şeklimize yeni bir boyut kazandırmalıyız. Çocuğumuzun teknoloji takıntısını bağımlılık olarak görmek yerine, bunu teknolojiye ve onun aşırı kullanımına sağlıksız bir bağlanma olarak düşünmemiz gerekiyor. Çocukların sağlıklı ilişkiler geliştirebilmesi için ekran başında geçirilen zaman söz konusu olduğunda sağlam sınırlar koymalıyız.

ÖRNEK OLAY

Ben, Minecraft oynamayı seven on yaşında bir oğlandı. Başta sadece oturma odasındaki masaüstü bilgisayarda oynamasına izin vardı ama okuldan bir dizüstü bilgisayar alınca kendi odasında da oynamaya başladı. Ben okuldan sonra bütün öğleden sonrayı odasında geçiriyor, sadece ödevinde yardıma ihtiyacı varsa ya da akşam yemeği hazır olduğunda ortaya çıkıyordu. (O zaman bile onu odasından çıkarmak için uğraşmak gerekiyordu.)

Ben, dünyanın her tarafından çocuklarla Minecraft oynayabileceği çoklu-oyuncu modunu kullanmaya başladı. Oynamayı bırakmasını ve yatmaya gitmesini sağlamak gittikçe daha da zorlaştı. Ben'in ebeveynleri, Amerikalı arkadaşlarıyla internette oyun oynayabilmek için her gece üçte uyandığını öğrenince özellikle endişelendi.

Bir psikoloğun uyguladığı tedaviyle Ben nihayet bağımlılığını düzeltip daha sağlıklı dijital alışkanlıklar geliştirebildi. Çoğu internet bağımlısı gibi (uyuşturucu ya da alkol bağımlılarından farklı olarak) Ben'in tedavisinin amacı, teknoloji kullanmayı tamamen bırakması değil, onu ölçülü kullanmasıydı.

Çocukların dijital alışkanlıklar oluşturması bağlamında düşünürsek, bu bize –ebeveynler ve eğitimciler olarak– onların davranışlarını şekillendirme ve düzenleme konusunda bir kontrol hissi verir (onları sadece teknoloji bağımlısı olarak etiketlemenin aksine). Onların dijital alışkanlıklarını değiştirmek ve biçimlendirmek açısından düşünmek daha güçlendiricidir.

Tehlike işaretleri

Aşağıda Cash, Rae, Steel and Winkler'ın araştırmasına dayanan, çocukların sağlıksız medya alışkanlıkları geliştiriyor olabileceklerini gösteren bazı işaretler yer almaktadır. Bu kontrol listesinin herhangi bir tıbbi teşhis sağlamadığını ama teknoloji bağımlılığına ilişkin bazı olası tehlike işaretlerini gösterebildiğini kaydetmek önemlidir. Eğer ebeveynlerin herhangi bir endişesi varsa bir tıbbi uzmanın yardımına başvurmaları en iyisidir.

Aşağıdaki davranışları gösteren çocukları dikkatle gözlemleyin:

- **Teknolojiye kendini kaptırmış halde çok fazla zaman geçiriyor** – çocukların teknolojiyi kullanmasının belli bir güvenli ya da sağlıklı süresi yoktur. Dijital cihazlar onların tüm boş vakitlerini işgal etmemelidir.
- **Kafası sürekli teknolojiyle meşgul** – eğer bir çocuk herhangi bir yerde oturamıyor ve belli bir tanıma giren bir cihaz kullanmadan boş zaman geçiremiyorsa, bu onun teknoloji bağımlılığı olduğuna işaret edebilir.
- **Sosyal durumlarda geri çekiliyor** – bunun yerine dijital cihazlar kullanmayı tercih ediyor. Çocuğunuz ekranlardan uzak arkadaşlıklar sürdürebiliyor mu? Ekranlar onların oyun aktivitelerine baskın geliyor mu?
- **Teknolojiyi aşırı kullanmaktan kaynaklanan yetersiz uyku yüzünden yorgun ve sinirli** – kötü uyku alışkanlıkları, kötü teknoloji alışkanlıklarının temel bir göstergesidir.
- **Daha önce sevdiği geleneksel aktivitelerden uzak duruyor ya da artık bunlardan keyif almıyor** – sadece dijital cihazlardaki aktiviteleri sürdürüyor. (Bu biraz alengirli, çünkü değişmek ve dönüşmek çocuk gelişiminin doğal bir parçasıdır.)
- **Teknoloji aktivitelerini azaltma ya da kesme girişimi olduğunda huzursuz, kaprisli, depresif ya da sinirli.**
- **Teknoloji kullanımının süresini ebeveynlerden, öğretmenlerden ya da terapistlerden gizlemeye çalışıyor veya bu konuda onlara yalan söylüyor** – belki oyun oynamak için gece yarısı uyanmak ya da odalarında cihazları gizlemek.
- **Aynı seviyede tatmine ulaşmak için gittikçe artan sürelerle teknoloji kullanıyor.**
- **Psikolojik sorunlarla başa çıkmak ya da onlardan kaçınmak için teknoloji kullanıyor.**
- **Okuldaki performanslarını bozacak seviyede teknoloji kullanıyor** – pek çok öğretmen, eve gidip Club Penguin ya da Minecraft gibi sosyal bir internet oyunu oynamaya devam etmek için okulda günün sonuna doğru çocukların gözlerinin saatte olduğunu bildirmiştir.

Endişeli ebeveynlerin bir günlük tutması ve bir haftalık sürede çocukların ne kadar medya tüketiminde bulunduğunu kesin biçimde gözlemlemesi tavsiye edilir.

TEKNO-ÖFKE NÖBETLERİYLE BAŞA ÇIKMAK

Çocukların ekran başında geçirdikleri zamanı düzenlemek genellikle büyük bir yaygaranın kopması demektir. Pek çok ebeveyn çocuklarının ekran başında geçirdiği zamanı idare etme konusunda çok endişelidir. Action for Children (Çocuklar İçin Eylem) örgütünün 2016'da yaptığı bir araştırma, ankete katılan ebeveynlerin yüzde 23'ünün çocuklarını televizyondan, telefonlardan ve bilgisayar ekranlarından koparmakta büyük güçlük çektiğini ortaya koymuştur. Bu, ekranlar daha büyük yaygınlık kazandıkça daha da zorlaşan, çocuk yetiştirme konusunda evrensel bir ikilemdir.

Aslında iyi huylu, uyumlu çocuğumuz, televizyonu kapamasını ya da telefonumuzu geri vermesini istediğimize neden böyle bir ekran canavarına dönüşüyor?

Daha önce açıklandığı gibi, çocuklar teknolojiyi kullanırken genellikle güçlü nörotransmitter dopamin salgılanması yaşar. Yani olumlu his uyandıran şey her neyse gittikçe daha fazlasını isterler.

Dijital bir dünyada büyüyen pek çok çocuk için teknoloji oksijene benzer. Onların bir standardına dönüşmüştür ve onu bir oyuncak olarak (araç olarak değil) görmeyi beklerler. Bu yüzden çoğu çocuk bunun hak olduğunu düşünür – teknolojiyi ne zaman isterlerse kullanmak haklarıdır.

Ama her ayrıcalıkla birlikte sorumluluk da gelir. Modern ebeveynler ve eğitimciler olarak görevimizin bir parçası, çocuklara teknolojiyi sorumlu biçimde nasıl kullanabileceklerini öğretmektir ve bu onu kapayabilmeyi, teknolojinin bir oyuncak değil araç olduğunun öğretilmesini de içerir.

Öfke nöbetleri, çocuk gelişiminin normal bir parçasıdır

İlk olarak, çocukların neden öfke nöbetleri geçirdiğini anlamaya çalışalım. Bunu yazmak benim için zor olsa da öfke nöbetleri gerçekten de bir çocuğun gelişimsel gidişatının temel bir parçasıdır. Duygularının kabarmasıyla başa çıkma ve duygularıyla uygun ve etkili biçimde iletişim kurma konusunda çocuklara faydalı olur. Genellikle çocuğun duygusal hisleri ile dilleri arasındaki uyumsuzluğun bir sonucu olarak ortaya çıkarlar. (Yaşadıkları yeni ya da sıradışı duyguları açıklayacak sözel becerileri olmayabilir.)

Tekno-öfke nöbetlerinin bazı olası açıklamaları şunlardır:

- **Akışın kesintiye uğraması durumu** – çocuklar bir oyuna ya da bir uygulamada bir şeyler üretmeye kendilerini fazla kaptırdığında genellikle bir psikolojik akış durumuna geçerler. O anda zaman durmuş gibidir ve tamamen yaptıkları şeye odaklanmışlardır. Önlerindeki şeyi kapamaları istendiğinde bu akış durumu kesintiye uğrar, sonuç olarak büyük bir öfkeye kapılırlar.
- **Dopamin krizleri** – çocuklar bir bilgisayar oyunu oynadığında ya da uygulama kullandığında genellikle ödül ya da takdir toplar, bu da dopamin seviyelerini aniden yükseltir. Ödüllere ve takdirlere koşullu hale gelirler ve gittikçe daha fazla dopamin isterler. Bu yüzden, bir oyunu ya da tableti kapamalarının istenmesi bazı çocuklarda dopamin krizine yol açar.
- **Dil becerisi noksanlıkları** – daha küçük çocuklar, cihazları kapamaları istendiğinde ortaya çıkan duygularını dile getirebilecek dil becerisini geliştirmemiş durumdadır. Bu duygusal durumu ifade edebilecek kelimeleri bilmediklerinden, bastırılmış duygularını ortaya çıkarmak için öfke nöbeti geçirirler.

Tekno-öfke nöbetlerinden kaçınmak için ipuçları

Tekno-öfke nöbetleri çoğunlukla kaçınılmaz (ve gelişimin normal bir parçası) olsa da bunların ortaya çıkmasını, şiddetini ve/veya yoğunluğunu en aza indirmek için ebeveynlerin uygulayabileceği bazı basit stratejiler vardır:

1. **Katı kurallar belirleyip uygulayın** – ekran başında günde ne kadar zaman geçirecekleri konusunda. Onlar cihazı açmadan önce bu konuda net olun – cihaz bir kez açılınca artık çok geç kalınmış olur.
2. **Süreye değil miktara odaklanın** – zaman, pek çok küçük çocuğun anlayamadığı soyut bir kavramdır. Zaman sınırları getirmeyi zorlamaktansa bir çocuğun izleyebileceği dizi bölümü sayısını ya da ulaşabilecekleri oyun seviyesini belirleyin. Bu özellikle küçük çocuklar için çok daha anlaşılır olur.
3. **Zamanlayıcı kullanın** – çocuğumuzun bir akıllı telefon alarmıyla ya da yumurta pişirme saatiyle didişmesi, bizimle tartışmasından çok daha düşük bir olasılıktır! Daha büyük çocuklar söz konusu olduğunda medya fişleri ya da medya sözleşmeleri, ekran başında geçirdikleri zamanı denetlemenin etkili ve kesin yolları olabilir.
4. **Ekrandan uzakta dönüşmeye ihtiyaçları olduğuna dair ipuçları sunun** – cihazı kapamaları gerektiği konusunda çocuklara bol bol uyarıda bulunun. Yaptıkları işle aşırı meşgul olabilirler, bu yüzden göz kontağı kurup söylenen şeyi kabul ettiklerinden emin olun.
5. **Cihazları kendilerinin kapaması konusunda çocukları teşvik edin** – bu önemsiz görünebilir ama televizyonu hemencecik, öfkeyle bizim kapamamızdan ya da tableti ellerinden çekip almamızdan çok farklıdır. Bize pekiştirip teşvik edebileceğimiz olumlu bir şey verirken, cihazı kendileri kapayınca kontrolün kendilerinde olduğunu hissetmeleri de olasıdır.
6. **Yedek planınız olsun** – çocuğunuz cihazı kapadığında severek yapacağı bir aktivite bulun. Ayrıca bir can sıkıntısı panosu (bir ekransız fikirler listesi) oluşturun, çocuğunuz bu listeden cihazı kapadıktan sonra yapabileceği bir aktivite seçebilir.

7. **Kötü polisi oynayın** – yukarıdaki ipuçlarını kullandıktan sonra bir tekno-öfke nöbetiyle karşı karşıya kaldığınızda, ertesi gün aynı ayrıcalığı tanımamak gibi doğrudan bir sonuca varın. Çocuğumuzun cihazı kullanma arzusu onlar için çok güçlü bir motivasyon sebebi olduğundan, özellikle bu sınırların uygulanabilir olduğunu fark ettiklerinde, oldukça etkilidir. (Bu, teknolojiyi genel bir ceza biçimi olarak kullanmaktan farklıdır.)

Tekno-öfke nöbetleriyle nasıl başa çıkabilirim?

Tekno-öfke nöbetleri genellikle gelişimin normal bir parçasıdır – çocukların idare edecek yeterliliğe henüz ulaşmadıkları bir duygusal fırtınadır. Ebeveyn olarak görevimiz bu yüzden çok önemlidir – gözyaşlarına boğulmadan duygularla nasıl başa çıkacaklarını onlara göstermek zorundayız.

Unutmayın ki çocuklar, kısıtlı yaşam tecrübeleri dolayısıyla bu durumla başa çıkabilecek geçmiş deneyimlere ya da felaket terazisine sahip değildir. Durumu şahsi almayın. Ona mantık çerçevesinde yaklaşın ve aşağıdaki önerileri kullanarak bunu atlatmalarına yardım edin:

1. **Taleplerini saygılı biçimde dinleyin** – durumu çocuğunuzun bakış açısından görmeye çalışın. Bu onların taleplerine boyun eğdiğimiz anlamına gelmez ama hepimiz anlaşılmak isteriz. Bazen öfke nöbetinin ekranı kapamakla hiçbir ilgisi olmayabilir.
2. **Güven ve rahatlık sunun** – öfke nöbetini bir öğrenme deneyimi olarak kullandığımız ve çocuğumuzun otokontrol becerilerini geliştirmesine yardım ettiğimiz yer aslında burasıdır. Duygularını etiketlemeye çalışın ve böyle yaparak, duygusal kelime dağarcıklarını geliştirin. Örneğin, belki şöyle söyleyebiliriz: "Annenin televizyonu kapamanı istemesine sinirlenmeni anlıyorum."

3. **Rahatsızlık hissettiğiniz için taleplerine boyun eğmeyin** – onların (genellikle mantıksız) taleplerine, özellikle de başkalarıyla aynı ortamdayken evet demenin ne kadar cazip olduğunu ilk elden biliyorum. Bu, mevcut durumu hafifletse de sorunu uzun vadede çözmez. Aslında sadece şiddetlenmesine hizmet eder. Katı olun, çocuğumuz kısa zamanda öfke nöbetinin bir pazarlık aracı olmadığını öğrenecektir.
4. **Duygularınızı ifade edin** – genellikle en iyisi, bu stratejiyi öfke nöbeti yatıştıktan sonra kullanmaktır.
5. **"Evet" ya da "belki" demekten kaçının** – ekran başında geçirilen zaman konusunda kararımızdan taviz vermemek önemlidir.
6. **Öfke nöbeti yatıştıktan sonra gelecekteki durumları daha iyi nasıl idare edebileceğinizi konuşun** – fırtınanın dinmesini bekleyin. Ardından neler olduğu ve gelecekteki krizlerden nasıl kaçınılabileceği konusunda konuşun. Bu, sürecin gerçekten çok önemli bir parçasıdır. Çocukları dillerini kullanmaya teşvik edin. Bu onların duygusal kelime dağarcıklarını geliştirir, böylece gelecekteki benzer durumlarla başa çıkma konusunda donanımlı olurlar.

ÇOCUĞUM HALİHAZIRDA SAĞLIKSIZ MEDYA ALIŞKANLIKLARI GELİŞTİRMİŞSE NE YAPABİLİRİM?

Sağlıklı medya alışkanlıkları uygulamaya başlamak için çok geç değil. Çocuğumuz bazı sağlıksız bağlar geliştirmiş olsa bile halen müdahale edebiliriz. Daha zor olacaktır ama yapılamaz değildir ve kesinlikle zahmete değer.

Sadece yeni medya kuralları ve alışkanlıkları dayatmak, bir çocuğun sağlıksız medya alışkanlıklarını iyileştirme konusunda muhtemelen en az etkili yoldur. Bunun yerine aşağıdakileri deneyebiliriz:

1. **Uygulamak istediğimiz değişiklikleri net biçimde konuşmalı ve neden önemli olduklarını açıklamalıyız** – mantığımızı anlarlarsa, çocukların değişikliklere hemfikir olma olasılığı artar.

2. **Onları sürece dahil etmeliyiz** – durum ya da sonucu üstünde bir tür kontrolleri olduğunu hissederlerse katılım ihtimalleri yükselir.
3. **Aktivite takası** – çocuklar kendilerine seçenek verilmesine bayılır, bu yüzden onlara bazı seçenekler sunun. Böylece, bunların arasından alternatif aktivite seçebilirler. Bu stratejinin püf noktası, aktivite seçeneğindedir: Çocuğumuzu gerçekten çekecek bir şey olmalıdır.
4. **Değişimi kademe kademe uygulayın** – böylece çocuğumuzun yeni medya alışkanlıklarına uyum sağlayacak zamanı olur. Eğer çocuklar değişimlerin çok keskin ya da çok hızlı olduğunu hissederse onlara direnme ihtimalleri artar.

SAĞLIKLI EKRAN SÜRELERİ AYARLAMANIN BASİT BİR YOLU

2015'te Amerikan Pediatri Akademisi (APA), mevcut ekran-temelli kurallarının gerçekçi olmadığı, sadece bilim açısından yaklaştığı ve eski moda kalma riski taşıyabileceği endişelerinin artmasının ardından ekran zamanı kurallarını güncelledi.

Ekran zamanı sınırlarının belirlenmesindense, ebeyenlere ve eğitimcilere, son APA kurallarının da söylediği gibi, ekran başında geçirilen zamanı bir çocuğun tüm gelişiminin parçası olarak düşünmelerini teklif ediyorum.

Bir çocuğun yaşamını cam kavanoz gibi düşünmeliyiz. Hayatın her bir farklı yönü –bu kitapta anahatlarıyla ele alınan yedi yapıtaşıyla (dil, ilişkiler, oyun, hareket, uyku, beslenme ve ifa-işlevi becerileri)– belirtilmiştir.

Eğer çoğu günler bütün bu yapıtaşları cam kavanozun içindeyse, o zaman kavanozdaki fazladan boşluğu dolduracak ekran zamanına da yer vardır. Bu örnekte, ekran zamanı su gibi, kavanozun içinde yer değiştirebilir – yedi yapıtaşı eklendikten sonra kalan herhangi bir boşluğu doldurabilir.

Bu yaklaşımda, bir çocuğun gelişimi için elzem olan bütün yapıtaşları kavanoza ilk önce girer – böylece, çocuğumuzun ekran başında geçirdiği zamanın gelişimini sekteye uğratmadığı konusunda içimiz rahat olabilir. O zaman ekran başında geçirilen zamana, yapıtaşları arasındaki mevcut boşlukların miktarına göre karar verilebilir.

İÇERİK GERÇEKTEN ÖNEMLİ

Çocuklarımızın sağlıklı gıda tercihleri geliştirmesine yardım ettiğimizde olduğu gibi, sağlıklı medya alışkanlıkları oluşturmasında da önemli rol oynarız. Onların sağlıklı medya biçimlerini sağlıklı dozlarda tüketmesine (ve üretmesine) yardım etmemiz gerekir.

Psikolog Jocelyn Brewer ebeveynlerle eğitimcilerin, çocukların dijital lahana tüketmesine destek olması ve dijital şekerleme tüketimini en aza indirmesi gerektiğini söyler. Yüksek kalorili, besleyiciliği düşük yiyecek tercihleri (cips gibi abur cuburu düşünün) vardır ve aynı şey teknoloji tercihleri için de geçerlidir. Örneğin, hiçbir eğitsel faydası olmayan içi boş televizyon dizilerini ya da YouTube kliplerini veya oyun uygulamalarını düşünün.

Bu örnekte, ara sıra bir parça şekerin çocuklarımıza zarar verme olasılığı yoktur. Tükettikleri ya da ürettikleri tek şey kesinlikle bu olmamalıdır ve bunları tedbirli şekilde kullanmak mümkündür.

Çocuklarımıza dijital lahana ile teknolojik cipsi nasıl ayıracaklarını öğretmemiz şarttır.

Bazı durumlarda, bu onlar için gerçekten sağlıksız olduğu için küçük çocukların asla dijital şekerleme tüketmemesi gerekir. Örneğin, şiddet içeren bilgisayar oyunları ya da yetişkinlere yönelik televizyon programları gibi. Bu, çocukların alkol tüketmesine çok benzer – olmaması gereken bir şeydir sadece. Ama bütüne bakınca, ara sıra azıcık bir parça dijital şekerleme sorun değildir.

Elbette çocuklarımızın besleyiciliği yoğun teknolojiyi tüketmesini isteriz – dijital lahanayı. Teknoloji bakımından bu, eğitsel televizyon ve eğitsel uygulamalar ya da Skype aracılığıyla iletişim kurmak veya bir uygulamayla bir dijital kitap üretmek ya da bir video kaydedip düzenlemek olabilir. Çocuklarımıza dijital lahana ile teknolojik cipsi nasıl ayıracaklarını öğretmemiz şarttır.

Erken yaşlarda ve sık sık teknolojiden bahsedin

Akıllı telefonu çocuğumuzun eline verdiğimiz, televizyonu açtığımız ya da tableti kullanmasına razı geldiğimiz dakika, onunla dijital alışkanlıklar konusunda konuşmaya başlamamız gereken andır. Öyle resmi bir konuşma olması gerekmez, basit sohbetler de iş görecektir.

Daimi biçimde, sohbet tarzı yaklaşımların en iyi sonucu verme olasılığı yüksektir. Belli bir sürenin ardından cihazları kapamaya ilişkin rastlantısal sohbetler, cihazları uygun ve güvenli biçimlerde nasıl kullanabileceklerini (örneğin, mobil cihazları uçak moduna almak ve onları kucağa koymamak) çocuklarla konuşup onlara anlatmak, sağlıklı dijital alışkanlıklar konseptine giriş yapmanın harika yollarıdır.

Çocuklar, sağlıklı dijital alışkanlıkları öğrenmeye başlamak için asla çok küçük değildir. Aslında ne kadar erken başlarsak genelde o kadar kolay olur. Teknolojiye dair sürekli ve yaşa uygun sohbetler etmeliyiz. Bunlar zaman içinde elbette dönüşecektir ve teknoloji (ve çocuklarımızın teknoloji alışkanlıkları) değiştikçe, sürekli yeniden ele almamız gerekir. Bu kalıplar ve kurallar zamanla alışkanlık haline döner ve dirençle karşılaşma ihtimalimiz azalır.

Çocuklar bağımsızlaştıkça ekrana maruz kalışları da genellikle artar. Bu siber-zorbalık ve uygunsuz içeriğe (pornografi ya da şiddet gibi) erişim riskini artırabilir. Eğer çocuklarımızla erken yaşlardan itibaren teknoloji hakkında açık ve sürekli konuşmalar yapar ve internette yaptıkları şeylere samimi bir ilgi gösterirsek, onların herhangi bir nahoş olayı ya da sorunu gelip bize anlatma olasılığı artar.

Ama teknoloji evimizde ya da okulda sadece kullanılan veya nadiren konuşulan bir şeyse, çocuğumuzun sağlıklı dijital alışkanlıklar oluşturmasını garanti altına alacak sohbetler etmiyoruz demektir. Bunun yerine, teknoloji büyük ihtimalle tabu ya da korkulan bir şey haline gelmiştir.

ÇOCUKLARIN SAĞLIKLI DİJİTAL ALIŞKANLIKLAR GELİŞTİRMESİNE YARDIM ETMEK

Küçük çocuklarımızın sağlıklı dijital alışkanlıklar geliştirmesi için ebeveynlerin yapabileceği üç şey vardır. Bunlar:

1. Sağlıklı alışkanlıklara örnek olun.
2. Bir aile medya planı oluşturun.
3. Planı uygulayın.

Sağlıklı alışkanlıklara örnek olun

Biz ebeveynlerin çocuklarımızın dijital alışkanlıkları üstünde güçlü bir etkimiz vardır. Çocuklar, ayna nöronları (daha fazla bilgi için Giriş bölümüne bakınız) ve evde dijital medyanın var olması dolayısıyla bizim medya alışkanlıklarımızı taklit eder.

Dijital cihazlarla geçirdiğimiz zamanın, çocuklarımızla geçirdiğimizin zamanı gasp etmemesine dikkat etmeliyiz.

Jago ve meslektaşları tarafından 2014'te yapılan bir araştırma, çocukların ekran başında geçirdiği zaman ile ebeveynlerin ekran başında geçirdiği zaman arasında güçlü ilişkiler bulunduğunu ortaya koydu. Cihazlarımıza yapışmış halde yaşayıp yaşamadığımızın farkına varmalıyız. Yaşıyorsak bu, farklı bir şey yapmalarını istediğimizde çocuklarımızın kafa karışıklığı yaşamasına neden olabilir.

Çocuklarımızda sağlıklı medya alışkanlıkları geliştirmenin en etkin yolu, kendimizin sağlıklı medya alışkanlarına örnek oluşturmasıdır. Bunu ilk elden tecrübe ettim ve bu konuda hâlâ çaba gösterdiğimi söylemek isterim.

Bu, çocukların yanında teknolojiden uzak durmamız gerektiği anlamına gelmez. Çocuklarımız yakınımızdayken asla telefona yanıt vermemeliyiz ya da telefonlarımızda bir şeylere bakmamalıyız demek değildir. Bu gerçekçi olmaz ve çocuklarımıza teknolojiyi sağlıklı biçimlerde nasıl kullanabileceklerini öğretmez. (Bizim ebeveynlerimizin yaptığı da bu değildi – biz büyürken dergilerini alıp okudular, sadece bunlar onların dikkatini akıllı telefonların yaptığı kadar güçlü biçimde hapsetmiyordu.)

Dijital cihazlarla geçirdiğimiz zamanın, çocuklarımızla geçirdiğimizin zamanı gasp etmemesine dikkat etmeliyiz. Akıllı telefonumuz yüzümüzü sürekli aydınlatırken ve onların bizimle iletişim kurma girişimlerini göz ardı ederken, çocuklarımıza teknolojinin ilişkilerden önemli olduğunu alttan alta öğretmiş olmuyor muyuz? Cihazımız bizi hipnotize etmişken tüm dikkatimizi çocuklarımıza vermeyiz ve gerçek bir ebeveynlik yapmış olmayız. Bu, çocuğumuzun gelişimine potansiyel olarak zarar verir. İki en büyük kaynağımız olan zamanımızın ve dikkatimizin, sürekli olarak ekranlar tarafından soğurulmaması çok önemlidir.

Bir aile medya planı oluşturun

Bazılarımız plancıdır. Planlayıcılar ve şablonlar indirip yazıcıdan çıktı almayı severiz. Bazılarımız daha kaygısızdır ve akışa göre hareket etmeyi sever. Her halükârda, çocuklarımızın teknolojiyi nasıl idare edeceğini en azından biraz düşünmemiz zorunludur. Belge biçiminde bir plan oluşturmak mı, yoksa evimizde teknolojinin nasıl kullanılacağına dair sohbet etmek mi istediğimize karar verebiliriz.

Peki bir aile medya planı neye benzer?

Aile medya planı, çocuklarımızın teknolojiye ne kadar zaman harcayacağından onu nerede, ne zaman, niçin ve kiminle kullanacağına kadar pek çok konuyu kapsar. İdeal olan bunun yazılı biçimde, belki bir tahtada bulundurulması ya da daha büyük çocuklar için, sadık kalacakları bir sözleşme olarak hazırlanmasıdır.

Bir aile medya planının temel unsurları şunlardır:

1. ne kadar teknoloji kullanılabileceği
2. teknolojinin nerede kullanılabileceği
3. teknolojinin ne zaman kullanılabileceği
4. hangi teknolojilerin kullanılabileceği
5. teknolojilerin kiminle kullanılabileceği

Aşağıda, göz önünde tutulması gereken daha önemli bazı meselelere ilişkin bir kılavuz bulunmaktadır.

Çocuğumuz bir günde ya da haftada teknolojiye ne kadar zaman harcayacak?

Bunun muhtemelen en az öneme sahip soru olduğunu (tartışmaya açık biçimde) söyleyeceğim. Söz konusu ekranlar olduğunda nitelik niceliğe ağır basar. Bu, çocukların cihazlarla ne kadar vakit geçirdiğini dikkatte almamamız gerektiği anlamına gelmez, ancak sadece niceliğe odaklanıp belli zaman sınırları getirmeyi zorlamamalıyız – unutmayın ki bu pozitif bilim değildir.

Dar bir bakış içinde sadece çocukların ekran başında geçirdiği zamana odaklanırsak, çocukların neyi izlediği, neler ürettiği ve ekranları ne zaman kullandığı gibi gerçekten önemli faktörleri gözden kaçırmış oluruz.

İdeal olarak, çocuğumuz için en iyi süreyi bulmayı öneriyorum. Bütün çocuklar farklıdır. Bazıları için azıcık bir teknoloji yeterli gelir. Diğerleri daha fazlasıyla başa çıkabilir. Burada esas olan, çocuğunuza neyin uygun olduğunu bilmektir.

Daha önce de bahsedildiği üzere, yedi temel yapıtaşının her birinin göz önünde bulundurulduğundan ve bunların çocuğumuzun ekran başında geçirdiği zamanla sekteye uğratılmadığından emin olursak, o zaman onların ekran alışkanlıklarının sağlıklı olduğuna ve çocuğun sağlığı ve gelişimi için hiçbir risk taşımadığına dair hayli iyi bir işaret var demektir.

Çocuklar için güvenli olacak ekran zamanına karar vermek için ebeveynlere uygulamalarını önereceğim bir başka yaklaşım, şöyle sormalarıdır:

- **Hangi içerik** – çocuğunuz ekranda ne yapıyor? Ekran

başında geçirdikleri zaman gelişimlerini destekliyor mu baskılıyor mu? (Daha fazla bilgi için aşağıya bakınız.) Bu, çocukların internette geçirdiği zamanın faydalı olup olmadığına karar vermekte ebeveynlere yardımcı olur.

- **Gölge maliyet nedir** – çocuğunuz bir ekran kullandığı için neyi yapma imkânını kaçırıyor? Bu yedi temel yapıtaşından biriyse, o zaman ekran başında geçirdikleri zamanı dikkatle değerlendirmemiz gerekir.

Bir ekran formülü

Ebeveynler, çocuklarının ekran başında geçirdiği zamanın onların gelişimine zarar vermediğinden emin olabilmek için, doğru ekran süresini genellikle bilmek ister (kontrol listelerine ve belli detaylara bayılırız). Kitap boyunca vurguladığım gibi, sadece çocuğun kronolojik yaşına dayanarak evrensel zaman sınırları koymak tavsiye edilmez (unutmayın ki bu pozitif bilim değildir).

Bunun yerine ebeveynlere, şu formülü uygulayarak günlük sağlıklı ekran süreleri hesaplamalarını öneririm:

> 24 saat – uyku saatleri (kısa kestirmeler dahil) – okul/bakım zamanı (varsa) – oyun zamanı (ilişkiler + dil + ifa-işlevi) – hareket zamanı – yeme zamanı

Örneğin, beş yaşındaki çocuğumun ekran başında geçireceği zamanın sağlıklı seviyesi şöyle hesaplanır:

> 24 – 11 (uyku) – 6 (okul) – 2 (oyun) – 2 (hareket) – 1 (yeme) = 2 saat

Oğlum her gün ekran başında kesin olarak 2 saat geçirmiyor (gerçi bu çok hoşuna giderdi muhtemelen). Ama bu bana, teknolojiyle geçirilecek, gelişim ya da sağlık açısından sorunlara yol açma ihtimali düşük, sağlıklı süreye dair bir fikir veriyor.

Teknolojisiz zaman ve bölgeleri nasıl yöneteceğiz?

Çocukların, teknolojinin müdahalesi olmaksızın oyun oynama ve iletişim kurma fırsatlarına ihtiyacı vardır. Bu, beyin gelişimleri için elzemdir ve yaratıcılığın, hayal gücünün artmasını sağlar.

Bu yüzden çocuğumuzun teknolojiyi ne zaman ve nerede kullanacağını medya planımızda kesin olarak belirlemek önemlidir. Tüm bu teknolojisiz zaman ve bölgeler önerilerini uygulamak zorunda olduğunuzu düşünmeyin lütfen. Aşağıda bazı öneriler listelenmiştir:

- **Uykudan önce** – uyku vaktinden önceki 90 dakika içinde ekran başında zaman geçirmek uykuya dalmayı geciktirir ve bundan kaçınmak gerekir. (Daha fazla bilgi için 5. Bölüm'e bakınız.)
- **Okuldan önce** – beyni aşırı uyaracağı için seri ateş edilen, hızlı değişen görüntüler içeren ekran aksiyonundan kaçının.
- **Ekransız pazar günleri ya da dijital tatiller planlayın** – ya da belki sizin tarzınız daha doğaçlamaya dayanıyordur. Çocuğumuz düğmeyi kapayıp zaman geçirdiği sürece bunu nasıl belirlediğimiz önemli değil aslında.
- **Oynarken** – arka planda çalışan medya, 4. Bölüm'de anlatıldığı gibi, çocuğumuzun dil gelişimi için zararlı olabilir.
- **Kullanılmadığında** – cihazları kapayın.
- **Oyun alanları** – oyun odalarını ve alanlarını teknolojisiz hale getirin ki çocuklar dikkatleri dağılmadan oyun oynamaya odaklanabilsin.

- **Yatak odaları** – görünürlük ve şeffaflık için olduğu kadar hijyen dolayısıyla da yatak odalarını teknolojisiz alanlar olarak korumaya çalışın.
- **Yemek yenen yerler** – akşam yemeği sohbetlerimizi muhafaza etmemiz ve çocukların tat almaya ve yemeye odaklanmasını sağlamamız gerekir. (Daha fazla bilgi için 8. Bölüm'e bakınız.)
- **Arabalar** – çocuklarımızla birebir ve kesintisiz zaman geçirmek için harika fırsat olabilir, bu yüzden arabaları ekransız zamanlara dönüştürmeye çalışın (en azından ara sıra).

Çocuğumuz hangi teknolojiyi kullanabilir?

Bu muhtemelen odaklanılması gereken en önemli alan. İçerik her şeydir! Çocuklarımızın karşı karşıya geldiği içeriği dikkatle düzenlememiz gerekir. Güncel APA kılavuzu ebeveynlere içeriği dikkatle seçmelerini tavsiye eder.

Çocuklar parametrelere iyi tepki verir. Bu yüzden tam olarak hangi uygulamaları, internet sitelerini, bilgisayar oyunlarını ve televizyon programlarını izleyebilecekleri/kullanabilecekleri konusunda açık sohbetler edin. Ekranlarda neyi izleyebilecekleri ya da kullanabilecekleri konusunda belirsizlik ya da çok az kural söz konusuysa çocuklar genellikle çekişme yaratabilir, bu yüzden çok açık ve net olun.

TEKNOLOJİK İPUCU

1. **Akıllanın** – Dokunmatik ekranlı cihazlarda, çocuklarımızın kullanımına uygun uygulamalardan oluşan bir klasör oluşturun. Uygun içerikten oluşan YouTube çalma listeleri yapın. Çocuğumuzun izlemesinde sakınca görmediğimiz televizyon programlarını önceden kaydedin ve kanalları belirleyin.

2. **Güncelliğinizi koruyun** – Küçük çocuklara yönelik hazırlanmış en yeni uygulamalara, internet sitelerine ve cihazlara aşina olun. Common Sense Media bunun için en kapsamlı sitelerden (ve uygumalamalardan) biridir; 0–18 yaş aralığında çocuğu olan, dijital dünyayı keşfetmeye çalışan ebeveynlere yönelik hazırlanmıştır. Bir dizi medya hakkında bağımsız incelemeler, yaş değerlendirmeleri ve başka elzem bilgiler sunar. Aslında Common Sense Media'nın mobil uygulaması tüm modern ebeveynlerin mutlaka sahip olması gereken bir şeydir.

Teknoloji nerede ve ne zaman kullanılabilir?

Evinizde teknolojinin kullanabileceği belli yerler belirleyin. Bunlar tercihen, mutfak ya da oturma odası gibi herkese açık, trafiği yüksek mekânlar olmalıdır.

Akıllı telefonlar, tabletler ve oyun konsolları gibi dijital cihazların geceleri bırakılabileceği (ve belki şarj edilebileceği) bir teknolojik park alanı harika bir fikirdir. Bu mutfak tezgâhı ya da yemek masası olabilir, önemli değil. Sadece cihazların belli bir saatte konacağı (böylece pijama ceplerine girmeyeceği) belli bir alan olması yeterlidir.

Çocuğumuz teknolojiyi kiminle kullanabilir?

Küçük kardeşlerin izlemesini ya da kullanmasını istemediğimiz televizyon programlarını, uygulamaları ya da internet sitelerini belirleyelim. Club Penguin ve Moshi Monsters gibi çocuklara adanmış, gittikçe artan sayıda sosyal medya uygulaması, oyun ve internet sitesi bulunmaktadır. Bu siteler genellikle çocukların etkileşime girmesine ve gerçek zamanlı sohbet etmesine imkân tanır, denetlenme seviyeleri genellikle asgari düzeydedir.

Buna ek olarak, çocuklarımızın kiminle iletişim kuracağını ve kiminle birlikte internette oyun oynayabileceğini belirleyelim ve kesin olarak bilelim. Çocuğumuzla internetteki yabancı tehlikesine ve internette kiminle sohbet etmenin uygun olduğuna –ve olmadığına– ilişkin açık ve net sohbetler etmemiz şarttır.

İsterseniz, belli oyunlar, uygulamalar ve bunları kimlerle oynayabilecekleri konusunda özellikle not düşün. Örneğin, anneyle Scrabble ya da büyükanne ve büyükbabayla Skype gibi.

Aile medya planlarına ilişkin son ipuçları

Aile medya planımızdan bakıcıların, dadıların, büyükannelerle büyükbabaların haberi olması önemlidir. Hiçbir belirsizliğe yer bırakmayacak –özellikle de buzdolabının üstünde duruyorsa– yazılı bir plan bu yüzden bazen daha iyidir.

Ayrıca bu planı düzenli aralıklarla gözden geçirmek de önemlidir. Teknoloji dönüşür, çocuklar büyür ve ihtiyaçlarıyla tercihleri de değişir. Bu planların da dönüşmesi ve çocuğumuzun programına uygun biçimde ayarlanması gereklidir.

Planı uygulayın

Bir medya planı oluşturmak işin kolay kısmıdır. İşin zorlaştığı aşama, hemfikir olunan parametreleri uygulamaktır aslında. Ve bu, çocuklarda sağlıklı medya alışkanlıkları geliştirmek için gerçekten en önemli kısmı oluşturur.

> Koyduğumuz sınırları uygulayabilmek için tüm irade ve gücümüzü toplamamız gerekir.

Koyduğumuz sınırları uygulayabilmek için bunu unutmamamız (ve tüm irade ve gücümüzü toplamamız) gerekir. Bazen sadece, "Hayır, annenin akıllı telefonunu kapayıp geri vermenin vakti geldi," demeliyiz.

Bu başta işkence dolu bir mücadeleye benzeyebilir ama eğer teknoloji parametrelerimiz konusunda katı olursak, zaman içinde uygulanması daha kolaylaşacaktır.

Çocukların ekran başında geçirdiği zamanı gözlemleyip düzenlemek için pratik ipuçları

Ekran başında geçirilecek sağlıklı ya da tavsiye edilen doğru zaman mutlaka bulunmamakla birlikte, çocukların teknolojiye ne kadar zaman harcadığı konusunda yine de dikkatli olmalıyız.

Çocukların ekran alışkanlıklarını gözlemleyip düzenlemek için bazı pratik fikirler şunlar:

- medya jetonları
- ekran başında geçirilen zaman çizelgeleri
- zamanlayıcılar
- ekran zamanı düzenleyici ürünler
- teknoloji sözleşmeleri
- can sıkıntısı panoları

Medya jetonları

Medya jetonları, çocukların medya zamanlarını takip etmek için basit ama etkili bir yoldur (meşgul ebeveynler için de yardımcıdır). Bunlar tipik olarak en iyi 4-10 yaş arasındaki çocuklarda işe yarar ve teknolojiye harcanan zamanın kolay bir görsel sunumudur.

Eski süt şişesi kapakları, plastik fişler, plastik para veya hatta dondurma çubukları kullanılabilir. Harcanan zamanın görsel bir hatırlatıcısı olarak, jetonlar şeffaf bir kavanoza ya da kâseye konur.

Çocuğumuzun yaşına bağlı olarak, farklı medya süreleri değerinde farklı jetonlar olabilir. Örneğin, sarı şişe kapağı 30 dakikalık medya zamanını gösterirken mavi kapaklar 60 dakikayı gösterebilir. Bu, 6-10 yaş aralığındaki çocuklar için uygun bir yöntemdir. Zaman anlayışını hâlâ geliştirmekte olan altı yaşından küçük çocuklar jetonları sadece izledikleri televizyon dizisi bölümü ya da kullandıkları uygulama sayısını belirlemek için kullanabilir. Örneğin, (o zamanlar) üç yaşında olan çocuğumuzun televizyonda izlediği dizinin bölüm sayısını takip edebilmek için, cam bir kavanoza dondurma çubuğu koymayı çok faydalı bulmuştuk.

Hem çocuğumuzun ekran başında her gün geçirebileceği zamanı önceden belirleyebiliriz hem de çocuklar jetonları günlük kotayı ayarlamak için kullanabilir (örneğin, çocukların pazartesiden cumaya her gün 60 dakikası, hafta sonları 120 dakikası olabilir).

Bazı aileler günlük kotayı tercih eder, bazı ailelerse biraz daha esnektir ve kullanılmayan ekran zamanının diğer günlere aktarılmasına izin verir (örneğin, pazartesi günü sadece 15 dakika kullandım, o yüzden salı 45 dakikam olabilir).

Alternatif olarak, bazı aileler çocuklara haftalık toplam bir medya süresi tahsis edebilir ve o zaman çocuklar jetonları, bu toplamın çetelesini tutmak için kullanabilir.

Ekran başında geçirilen zaman çizelgeleri

Ücretsiz bir haftalık ekran zamanı takvimi indirin. Bunlar elle doldurulabilir veya lamineyle kaplanıp jetonlar cırtcırtla üstüne tutturulabilir.

Çocukların bir haftalık dönemde ekran başında geçirdiği zamanın kaydını tutmak için tasarlanmış, basılmaya uygun bir plan şuradan indirilebilir: drkristygoodwin.com/book_resources/. Bu, çocukların bir haftada ekran başında ne kadar zaman geçirdiğini kolayca hesaplamayı kolaylaştırır ve çocukların ekran kullanımını önceden planlamak için harika bir araçtır.

Zamanlayıcılar

Zamanlayıcılar, zaman kavramını iyice öğrenmiş çocuklar için ekran başında geçirilen zamanı takip etmenin harika bir yolu olabilir.

Daha küçük çocuklar için eski moda bir yumurta pişirme saati, çocuklarımıza ekran zamanlarının yakında biteceğini hatırlatmanın güzel bir yolu olabilir. Nesnelerle kavgaya tutuşma ihtimalleri bizimle tartışmalarından daha düşüktür.

Daha büyük çocuklar için bir mikrodalga fırının gerisayım zamanlayıcısı, kronometre, akıllı telefon ya da tablet, geçen süreyi ya da toplam zamanı gözlemlemek için çok işe yarayabilir.

Pek çok tabletin ve oyun cihazının, ekran sınırlarını belirleyebileceğimiz ek bir özelliği vardır ve cihaz, kalan süre sona erdiğinde kelimenin tam anlamıyla kendini kilitler. İşte sihir.

Ekran zamanı düzenleyici ürünler

Ayrıca zamanı izleyip düzenleyebilen, gittikçe artan sayıda uygulama ve internet tabanlı yazılım bulunmaktadır. Şunları öneririm:

- **Our Pact uygulaması** (hem iOS hem Android cihazlar için mevcut) – çocukların mobil cihazlarla ne kadar süre geçirebileceği konusunda ebeveynlerin sınırlamalar getirmesine imkân tanıyan, mobil cihazlar için hazırlanmış bir ebeveyn kontrolü uygulamasıdır. Ebeveynler zaman çizelgeleri oluşturup uygulayabilir, interneti ve uygulamaları ânında bloke edebilir.
- **Koala Safe** – ebeveynlerin zaman sınırları belirlemesine imkân tanır, ebeveyn verisine ve tercihlerine erişim sağlar, uygulama ve site bloke etmeyi kolaylaştırır. Tüm cihazlarda, evin içinde ve dışında çalışır.

Teknoloji sözleşmeleri

Daha büyük çocuklar için resmi bir yazılı sözleşme çocukların medya kullanımını düzenlemek için faydalı ve gayet net bir çözümdür. Bu sözleşmenin hem ebeveynler hem de çocuk tarafından birlikte oluşturulması önemlidir. Sadece bir sözleşmenin uygulanmasıyla çocuğumuzun prensiplere bağlı kalma ihtimali çok daha yüksek olur. Bu sözleşme yukarıdaki aile medya planında anahatları çizilen meseleleri içerebilir.

Can sıkıntısı panoları

Dürüst olmamız gerekirse, teknoloji bazen de çocuklarımızın can sıkıntısını alacak bir şey olarak kullanılır. (Bunu zaman zaman yaptığım oldu kesinlikle, özellikle de uzun yağmurlu günler ya da hastalıklar sırasında.) Bunda sorun yoktur. Televizyonu açıverdiğimiz ya da haber başlıklarına şöyle bir baktığımız zamanlarda, bunu biz yetişkinler de yapıyoruz.

Ama teknolojinin sürekli dijital bir emzik gibi kullanılmaması konusunda gerçekten dikkatli olmamız gerekir. Ayrıca çocuklarımızın ekran yerine kullanabileceği bir fikir listesiyle de donanmış olmalıyız. Bu şekilde, sadece ekranı açıvermek yerine elimizde çocukları eğlendirecek pratik bir fikir kümesi olur.

Dürüst olmamız gerekirse, teknoloji bazen de çocuklarımızın can sıkıntısını alacak bir şey olarak kullanılır.

Çocuklar için aktivite fikirlerinin bir seçkisini hazırlayın ve bunu bir mantar panoya asın. Çocuklar, "Canım sıkılıyor," dediğinde panodan istedikleri aktiviteyi seçebilirler.

BİR BAKIŞTA

Sağlıklı teknoloji alışkanlıklarını desteklemek şunları içerebilir:

- **Çocuklarımızla birlikteyken ya da onlar yakınımızdayken teknolojiyi nasıl kullandığımız konusunda dikkatli olalım** – onlar her şeyi izleyip benimser, bizim dijital alışkanlıklarımız da dahil!
- **Çocuklara medya kullanımlarını nasıl idare edeceklerini öğretelim.**
- **Bir aile medya planı oluşturalım** – bu resmi, yazılı bir belge ya da sadece çocuklarımızla yapacağımız, teknolojinin nasıl kullanılacağı (ve kullanılmayacağı) konusunda bir sohbet olabilir.
- **Çocukların ekran başında ne kadar zaman geçireceğinden daha fazlasını içeren bir aile medya planımız olsun** – ayrıca

bu, çocukların hangi teknolojiyi, ne zaman, nerede, kiminle ve neden kullandığını da göz önünde bulundurmalıdır.

- **Çocuğumuzun ekran başında geçirdiği zamanı düzenlemek için stratejileri güncel tutalım** – bu, her bir çocuk ve onların gelişim aşamaları için farklı olacaktır.

Çocuklarımıza ekran alışkanlıklarını düzenlemelerine yardımcı olmak için etkin stratejiler öğretmemiz şarttır. Sadece ekran alışkanlıkları oluşturmamalı (akıllı telefonumuzu ilk kez ellerine verdiğimiz andan itibaren), aynı zamanda çocuğumuzla bunları uygulamalıyız. Cihazlarımızla dikkatimiz sürekli dağıldığından her zaman kolay olmasa da bunları kendimizin benimsemesi de aynı derecede önemlidir.

Bir sonraki bölüm, teknolojiyi kullanırken çocuklarımızın sağlığını ve refahını nasıl koruyacağımızı, potansiyel tehlikeleri en aza indirmek için uygulayabileceğimiz stratejileri ele alacaktır.

11

Çocukların Sağlığını Korumak

Ebeveynler ve eğitimciler, çocuklar teknolojiyi sağlıklı biçimlerde kullanmadığı takdirde karşı karşıya kalacağımız gelişim ve sağlık risklerinin bazılarının farkında olmalıdır.

Cihazlar aşırı ya da uygunsuz kullanılırsa, çocuklarımızın fiziksel ve duygusal sağlığı ile gelişimi için potansiyel riskler söz konusudur. Küçük çocukların dijital cihazları nasıl kullanacağı konusunda dikkatli kararlar vermeli, bunları kullanmanın sürdürülebilir ve sağlıklı yollarını onlara göstermeliyiz.

Küçük çocukların teknoloji kullanımına ilişkin başlıca beş sağlık endişesi şunlardır:

- elektromanyetik radyasyon riskleri
- beden algısı
- görme

- kas-iskelet sorunları
- işitme

ELEKTROMANYETİK RADYASYON RİSKLERİ

Baktığımız her yerde ücretsiz kablosuz ağ bağlantısı olduğunu haber veren tabelalar var. Kafelerde, restoranlarda, otellerde, havalimanlarında ve hatta büyük mağazalarda bile kablosuz ağ erişimi sağlayabiliyoruz.

> Mobil telefonlar sürekli veri arayışında olduklarından, bekleme modunda bile EMR yayar.

Her yerde bulunduğuna göre kablosuz ağın güvenli bir şey olduğuna dair bir varsayım bulunmaktadır ama buna uzun dönemli maruz kalmanın, özellikle de küçük çocuklar için gerçekten güvenli olup olmadığını teyit edecek yeterli bilimsel kanıta sahip değiliz henüz.

Bilimsel görüş bu konuda ayrılıyor. Unutmayın ki bu nispeten yeni bir teknoloji, bu yüzden uzun vadede sağlık üstündeki olası sonuçları henüz yeterince araştırılmış değil.

EMR hakkında neyi bilmeliyiz?

Elektromanyetik radyasyon (EMR), görünmez elektrik ve manyetik güçler anlamına gelir. Bunlar, dalga biçimi alan bir tür radyasyondur. İnternet yönlendiriciler ve kablosuz modemler, sinyallerini bilgisayarlara, tabletlere ya da mobil cihazlara göndermek için elektromanyetik radyasyonu kullanır. Mobil telefonlar da sürekli veri arayışında olduklarından, bekleme modunda bile EMR yayar.

Ebeveynler ile eğitimcilerin EMR hakkında bilmesi gereken üç ana şey vardır:

- *olası* zararlı etkiler söz konusudur.
- çocuklar EMR'nin olası zararlı etkilerine daha duyarlıdır.
- ailemizin EMR'ye maruz kalışını azaltmamız gerekir.

EMR ile ilişkili olası zararlı etkiler

Bir dizi bilim disiplininden, EMR'ye maruz kalmanın sağlığımız üstünde potansiyel zararları olabileceğini gösteren başlangıç niteliğinde bazı araştırmalar var. 2011'de Dünya Sağlık Örgütü (WHO) ve Kanser Araştırmaları Uluslararası Ajansı (IARC), radyofrekans elektromanyetik alanları "2B tipi olası kanserojen" (insanlar üstünde kanser riski oluşturan) diye sınıflandırdı. Bu, kurşun, dikloro-difeniltrikloroethan (DDT) ve araba egzozlarıyla aynı kategoridir.

EMR'yle ilişkilendirilen sağlık riskleri için insani kanıt bakımından, olası sağlık risklerini gösteren araştırmaların sayısı gittikçe artmaktadır. *Journal of Clinical Oncology*'de 2009'da yayımlanan bir araştırma, cep telefonu kullanımını tümör riski artışıyla ilişkilendirmiştir. Başka araştırmalar da olası kanser türleri, düşük sperm sayısı, uyku ve/veya davranış sorunları, fiziksel rahatsızlık ve olası öğrenme güçlüklerini, EMR'ye maruz kalmayla ilişkili sağlık sorunları arasında göstermiştir. Bunların sadece olası etkiler olduğunu tekrar vurgulamak önemlidir – henüz kesin olarak bilmiyoruz.

WHO sınıflandırmasının, EMR'ye maruz kalmanın olası zararlı sağlık etkilerini gösteren araştırmalara dayandığını kaydetmek önemli olmakla birlikte, herhangi bir uzun vadeli sağlık sorunu teşhisinde bulunmak için çok erkendir. Şu anda elimizdeki kanıtlar, özellikle de insanlara etkisi bakımından, EMR'nin kötü sağlık sonuçları doğurduğunu kesin olarak doğrulamak için yetersizdir. Yine de EMR'ye maruz kalma konusunda dikkatli olmamız gerektiğine dair işaretler vardır.

WHO raporu daha fazla araştırma yapılmasının gerekli olduğunu kabul eder, ama cep telefonu radyasyonu ve kablosuz ağ bakımından özellikle çocukların "maruz kalışını azaltmak için pragmatik tedbirler" alınmasını kesinlikle önerir. WHO ayrıca bu zamana kadar yapılan araştırma değerlendirmelerinin, EMR sınırlarının altında maruz kalışın herhangi bir kötü sağlık etkisi doğurmadığını da belirtir, ancak halen doldurulması gereken bilgi boşlukları bulunmaktadır. Bu aşamada kesin olarak bir etkiden söz edemeyiz ama bir etki olmadığını da kesinlikle söyleyemeyiz.

EMR'ye maruz kalma araştırması söz konusu olduğunda başka güçlükler de ortaya çıkmaktadır: Güvenli seviyenin/standardın ne olduğuna dair dünya çapında bir fikir birliği yoktur. Bu, ülkeden ülkeye büyük değişiklikler göstererek tutarlı araştırma sonuçlarına ulaşmayı güçleştirmektedir. Ayrıca mevcut EMR' ye maruz kalma standartları 1993'te, kablosuz teknolojilerin bugünkü kadar yaygın olmadığı bir zamanda geliştirilmiştir.

Eyleme geçmeden önce önemli bir zarar kanıtının oluşmasını beklememiz gerektiğine inanmıyorum. O noktada, çok geç kalınmış olabilir. Arkadaşlarım ve ailem bana "tedbirli Kristy" der ama en büyük korkularımdan biri kablosuz ağların 21. yüzyılın potansiyel asbesti, benzini ya da tütünü olması. Kesinlikle böyle bir şey olmasını istemem, bu yüzden WHO'nun önerdiği gibi ihtiyatlı bir ilke benimsemeyi teklif ediyorum, özellikle de küçük çocukların EMR'ye maruz kalması söz konusu olduğunda.

İlginçtir ki akıllı telefon, oyun konsolu ve kablosuz yazıcı gibi kablosuz cihazlar üreten pek çok kurum, kullanma kılavuzlarına ve ek bilgilerine güvenlik uyarıları ekler. Bu kurallar genellikle cihazların bedenden uzak mesafede (farklı üreticiler farklı mesafeler önermektedir) kullanılması ve saklanması tavsiyesinde bulunur. Yine de çoğumuz bu uyarıları okumayız, bu yüzden potansiyel tehlikelerden bihaberizdir.

Duyarlı çocuklar

Çocuklar, bedenleri yetişkinlerinkine nazaran daha küçük, kafatasları daha ince ve beyin dokuları daha emici olduğu için daha fazla mikrodalga radyasyon soğurur. *Electromagnetic Biology and Medicine*'de yayımlanan 2012 tarihli bir araştırma, beş yaşındaki çocukların yetişkinlerden yüzde 60 daha fazla radyasyon soğurduğu tahmininde bulunmuştur. Çocukların kafaları fiziken yetişkinlerinkinden daha küçüktür ve beyinlerinde daha fazla sıvı vardır, bu da EMR soğurganlıklarını artırır. Sonuç olarak, onlar EMR'nin kötü etkilerine daha yatkın olabilirler.

Çocukların EMR'ye maruz kalışında bir birikim etkisinin olması ihtimali de vardır. Çocukların erken yaşlardan itibaren tabletler (ki bunların çoğunun birden fazla anteni vardır) ve akıllı telefonlar kullandığını biliyoruz, dolayısıyla EMR'ye maruz kalışları da buna göre artmaktadır. Ayrıca EMR bakımından doygun fiziki ortamlarda büyüyorlar – evdeki (ve bazen okuldaki ya da yuvadaki) internet modemi, telsiz telefon ve hatta bebek monitörü.

Yine bu noktada, cihaz kullanımına bağlı zararlı etkiler olduğunu kanıtlayacak hiçbir detaylı veri bulunmamaktadır. Ayrıca elimizde, bu maruz kalışın güvenli seviyelerini gösterecek, insanlarla yapılmış deneysel araştırmalar da yoktur. Çocukların kablosuz ağlara (aslında herhangi bir EMR'ye) maruz kalmasıyla ilişkili olası bir risk söz konusudur. Bu da neden ihtiyatlı bir yaklaşım benimsememiz gerektiğinin bir başka nedenidir.

Çocuklarımızın EMR'ye maruz kalışını azaltmak

EMR'nin etkileri konusunda hâlâ bilimsel bir belirsizlik olduğuna şüphe yok. Çocuklarımızın sağlığı ve gelişimi için herhangi bir zarar riski konusunda dikkatli olmalıyız.

Kablosuz ağlar ve ailemiz söz konusu olduğunda, çocuklarımızın sağlıklı dijital alışkanlıklar oluşturması için basit stratejiler belirleyerek tedbirli ilkeler uygulamamız gerekir. Kablosuz ağ savaşçıları olmalıyız (evhamlıları değil).

Çocuklarımızla birlikteyken ya da onların yakınındayken teknolojiyi nasıl kullandığımız konusunda durup gerçekten çok dikkatli düşünmeliyiz. On yıl sonra, daha çok bilgi sahibi olduğumuzda geriye dönüp bakmamızı ve teknolojiyi, özellikle kablosuz ağları çocuklarımızla birlikte ve onların yakınındayken daha dikkatli kullanmış olmayı dilediğimizi fark etmemizi istemem.

Tedbiri elden bırakmamamızı, aslında olmamız gerekenden daha koruyucu ve tedbirli olmamızı tercih ederim.

Ailemizin EMR'ye maruz kalışını en aza indirmek için bazı ipuçları

Bilimsel kanıtlar EMR'ye maruz kalış ile kötü sağlık etkileri arasında nedensel bir ilişki kurmasa da bu maruz kalışı en aza indirmek tavsiye edilmektedir.

- **Kablosuz ağlara maruz kalışı sınırlayın** – çocukların kablosuz ağ ve mobil cihazlara maruz kalışını en aza indirin. Kullanılmadığında (yani gece boyu ya da evde veya okuldaysak) modemleri kapayın. Çocuklar oynarken mobil ve dokunmatik ekranlı cihazları uçak moduna alın ve modemleri evlerin yoğun bölümlerinden (ya da sınıflardan) uzak yerlere koyun, örneğin yatak odalarının veya uyuma alanlarının dışına. Telefonda konuşmak yerine kısa mesaj gönderin.
- **Teknolojisiz alanlar belirleyin** – EMR yayan cihazları yatak odalarına ya da çocukların zamanlarının büyük kısmını geçirdiği diğer yerlere sokmayın.
- **Çocuklar ile cihazlar arasındaki mesafeyi artırın** – cep telefonuyla konuşurken kulaklık kullanın. Cihazları bedenden en az 40 cm uzakta tutun (akıllı telefonların açık ama kullanılmadığı durumlarda halen EMR yaydığını unutmayın). Çocukları, akıllı telefonla konuşurken onu kulaklarına dayamak yerine hoparlör seçeneğini kullanmaya teşvik edin.
- **Mümkün olduğunda kablo bağlantısı kurun** – bir eternet kablosu (kablosuz ağımız olunca muhtemelen fırlatıp attığımız mavi kablo) bulun ve cihazları mümkün olduğunca birbirine bağlayın. Yazıcıları ve oyun konsollarını bir kabloyla (kablosuz ağla değil) birbirine bağlayın.
- **Bağlantısı kötü cihazların kullanım süresini sınırlayın** – daha iyi sinyal yakalamak için telefon dansı kim yapmamıştır? Zayıf sinyalle bağlantı kurarken cihazımızın daha fazla çalışması ve daha yüksek seviyelerde EMR yayması gerekir. Bağlantı kötü olduğunda kısa mesaj gönderin ya da cihazı kullanmayın.

BEDEN ALGISI

8. Bölüm'de anahatlarıyla verildiği üzere medya, yeme bozukluğu oranlarının artmasından kısmen sorumludur. Bugünkü çocuklar dergi, gazete ve basılı reklam materyalleri (posta kutumuzu tıkayan türden) kadar televizyon, uygulama ve filmlerdeki reklamların da bombardımanı altında. Her iki medya türü de küçük çocukların ideal beden algısı oluşturmasında çok güçlü etkiye sahiptir.

2015 tarihli bir Common Sense Media raporu, medyanın hem kız hem de erkek çocuklarının beden algısı oluşturmasında etkisi olduğunu ortaya koymuştur. Ayrıca çocukların beden algısının artık çok erken bir yaşta geliştiği teyit edilmektedir. Beş yaş gibi erken bir dönemde çocuklar beden memnuniyetsizlikleri dile getirmektedir ve ebeveynler, medya ve akranlar dahil olmak üzere pek çok etkileyici faktör bulunmaktadır.

Bu, televizyonu kapamamız ve çocuğumuzun bir daha asla film izlemesine izin vermememiz gerektiği anlamına gelmez. Bunun anlamı, ebeveynlerin çocukların ne seyrettiğini (ve ardından ne öğrendiğini ve ne tükettiğini) gerçekten dikkatle gözlemlemesi gerektiğidir. Ayrıca küçük yaşlardan itibaren onlarla sağlıklı beden algısı hakkında sürekli konuşmamız da gerekir. Birlikte-izleme bu yüzden çok önemlidir.

Çocukların beden algısında medyanın etkisini en aza indirmek için ipuçları

1. **Beden algısı hakkında konuşalım** – karakterlerin ve ünlülerin medyada nasıl gösterildiğini açıkça tartışalım. Görüntüler rötuşlandığında ya da daha süslü hale getirildiğinde buna işaret edelim.
2. **Sağlıklı örnekler bulalım** – çocuklarımızla sağlıklı beden algısına dair konuşalım. Kitaplarda, dergilerde, gazetelerde, basılı reklamlarda ve dijital medyada sağlıklı örnekler bulalım.

3. **Sözlerimizi dikkatle seçelim** – çocuklar söylediğimiz (ve yaptığımız) her şeyi hemen benimsediğinden, kendimiz için sarf ettiğimiz sözlere dikkat edelim. Bizim düşünmeden ettiğimiz sözler çocuklar tarafından içselleştirilir.

GÖRME

Çocukların erken yaşta ve gittikçe artan sürelerle ekranlara maruz kalışı, uzağı görememe ve ekrana bakma sendromu riskini doğurabilir.

Ekran alışkanlıkları çocukların gözlerini erken yaşta ve genellikle gittikçe artan sürelerde pek çok stres faktörünün etkisine sokar. Göz doktorları, ekranlara erken ve uzun süreli maruz kalışın çocukların göz gelişimi için taşıdığı potansiyel zararlardan ötürü endişelidir.

Çocuklar ekranları gittikçe artan sürelerde kullanıyor. Bu maruz kalış, gözlerini miyopluk (uzağı görememe) gibi komplikasyonlara çok daha açık hale getiriyor, çünkü yakın mesafeden ekranlara bakarak fazlasıyla uzun vakitler geçiriyorlar.

Ayrıca çocuklar mavi ışık yayan arkadan aydınlatmalı tabletleri ve mobil cihazları gittikçe daha fazla kullanıyor. Mavi ışık potansiyel olarak zararlıdır çünkü gözün arkasına işleyebilir. Çocukların gözleri halen gelişmektedir ve zararlı mavi ışığın bir kısmını filtrelemeye imkân veren koruyucu pigmentleri henüz oluşmamıştır.

Hasar bir kez oluştuğunda, gözler mavi ışığa ve diğer zararlı çevresel faktörlere gittikçe daha fazla maruz kalır, bu da uzun vadeli görme bozukluğu riskini artırır. Çoğu mavi ışık hasarının on sekiz yaşından önce oluştuğuna inanılmaktadır.

Televizyonlardan, iç mekân aydınlatmasından, bilgisayar ekranlarından, mobil cihazlardan ve güneşten yayıldığı için mavi ışık yeni bir şey değildir. *Photochemistry and Photobiology* dergisinde yayımlanan 2013 tarihli bir araştırma, yapay kaynaklara üst üste maruz kalışın hücresel hasara yol açabildiğini ortaya koymuştur.

EBS ekran başında aşırı ve kesintisiz zaman geçirmekten kaynaklanabilen geçici bir durumdur.

Zaman içinde bunun daimi ve geri dönülemez leke bozunumlarına yol açabileceği, muhtemelen sarı nokta hastalığı ve katarakt gibi sorunlar yaratabileceği öne sürülmektedir. Yine bu da kanıtlanmış değildir, ancak çocukların arkadan aydınlatmaları cihazlara uzun süre maruz kalmasını sınırlamayı gerektiren yeterince endişe vardır (araştırmaların hızlanıp bunun zararlı olduğunu kanıtlamasını beklememize neden gerek olmadığının bir başka örneği).

Ekran karşısında kesintisiz çok uzun zaman geçirmek göz yorgunluğuna da sebep olabilir; bu da ekrana bakma sendromu (EBS) olarak ifade edilir. EBS'nin belirtileri arasında baş ağrısı, bulanık görme, yorgunluk, göz kuruluğu ve çocuklarda asabi davranışlar sayılabilir. EBS ekran başında aşırı ve kesintisiz zaman geçirmekten (yetişkinler için bu genellikle ekran karşısında kesintisiz iki saatten fazla kalmak demektir) kaynaklanabilen geçici bir durumdur.

Bunun sebeplerinden biri, ekranları kullanırken gözlerimizi çok daha az kırpıştırmamız (yüzde 66'ya kadar daha az) ve bunun da kaşıntı ya da yanma hissi uyandıran göz kuruluğuna yol açması. Ekranları kullandığımızda, gözü kaplayan yaşlar daha hızlı buharlaşır ve bu da kuruluğa sebep olur.

Öğretmenlerin, ebeveynlerin ve göz sağlığı uzmanlarının anlattıkları, gittikçe artan sayıda çocuğun EBS semptomları gösterdiğini ortaya koymaktadır.

ÖRNEK OLAY

Harry her öğleden sonra okuldan eve döndüğünde gözlerinin ağrıdığından şikâyet ediyordu. Annesi Angie, Harry'yi ödevini yaparken izlemeye başladı ve dizüstü bilgisayarda ödevini yaparken onun gözlerini çok fazla kıstığını fark etti. Sonra yaptığım atölye çalışmalarından birindeki bir bilgiyi hatırladı: Ekranları kullanırken ek ışık kaynaklarının göz yorgunluğuna sebep olabileceğinden bahsetmiştim.

Harry ödevini yaparken büyük bir cam kapının önünde oturuyordu ve pencereden giren fazladan pek çok ışık vardı. Harry'nin annesi ona dizüstü bilgisayarını başka bir yere koymasını önerdi, böylece gözlerini o kadar kısmasına gerek kalmayacaktı. Ayrıca onu, dizüstü bilgisayarını kullanırken gözlerini daha fazla kırpıştırmaya ve düzenli molalar vermeye teşvik etti.

Bu büyük bir fark yarattı ve Harry'nin gözlerinin ağrısı yok oldu. Yine de ne olur ne olmaz diye Angie kontrol için göz doktoruna götürdü, her şey normaldi. Harry'nin semptomlarını açıklayınca göz doktoru da göz yorgunluğunun fazla ışıktan ve gözlerini kırpıştırmamaktan kaynaklanmış olabileceği konusunda ona katıldı.

Görme konusunda ipuçları

Ekranların çocukların görmesindeki etkisini en aza indirmek için uygulanabilecek bazı basit stratejiler şunlar:

- **20-20-20-20 Kuralı** – ekranlara odaklanmaları gerektiğinde, çocukların gözleri çabucak yorulabilir. Göz yorgunluğunu azaltmak için çocukların düzenli molalar vermesi önemlidir. Çocukları her 20 dakikada bir (en az) 20 saniye bilgisayar başından kalkmaya, 20 kez gözlerini kırpıştırmaya, bir şeye en az altı metre uzaktan bakmaya ve 20 saniye süresince fiziksel bir şey yapmaya (kollarını açıp sıçramak, olduğu yerde koşmak, gerinmek) teşvik edin.

  Çocukları uzak mesafedeki bir şeye odaklanmaya yöneltmek, odaklanma sorunlarının ve göz iritasyonunun ortaya çıkmasını en aza indirecektir. Ekransız molalar gözlerin kendilerini yeniden ayarlamasını, daha fazla kırpışmasını (sürekli bir ekrana baktığımızda yapmadığımız bir şeydir bu) ve uzaktaki şeylere bakmasını sağlayacak, bu da nemlenmeyi ve odağın uzak mesafedeki nesnelere yeniden yönlenmesini artıracaktır.

Ekransız molaların çocukları aktif kılmaya teşvik etmek gibi ek bir faydası da vardır (böylece bedenleri yeniden ayarlanır ve doğru duruşu bulur) ve beyinlerini de sakinleştirir (böylece aşırı-uyarılma söz konusu olmaz).

- **Doğal ışıkta zaman geçirin** – uzağı görebilen, dört dörtlük bir görüş geliştirmek için küçük çocukların açık havada, doğal ışıkta bol bol zaman geçirmesi şarttır.
- **Yansımayı en aza indirin** – ışık kaynaklarından yayılıp duvarlardan, yüzeylerden ve ekranlardan yansıyan parlamalar gözleri daha fazla zorlayıp göz yorgunluğuna sebep olabilir. Ekranlar kullanılırken storları, panjurları ya da perdeleri kapayarak harici yansımayı en aza indirin. Dijital cihazları doğrudan güneş ışığının, floresan ışıkların altında ya da pencere önünde kullanmaktan kaçının. Yansımasız ekranlar satın alınabilir ama bunlar aşırı ekran kullanımına teşvik ettiği için çocuklar için tavsiye edilmemektedir.
- **Görsel ergonomiyi kontrol edin** – sabit ekranları (dizüstü ve masaüstü bilgisayarlar) yakın bir mesafeden kullanırken, ekran merkezi yatay görüş çizginizin 12-22 santim aşağısında olmalıdır. Küçük çocukların, ekranı kendi göz seviyelerinde görebilmek için bilgisayar klavyesinin değiştirilmesine (dizüstü bilgisayarların sabitlenmesine) ihtiyacı olabilir. Çocuklar dizüstü ve masaüstü bilgisayarları kullandıkların-

da göz ile ekran arasındaki önerilen mesafe 40-70 cm'dir (akıllı telefonlar ya da tabletler gibi daha küçük ekranlar için bu biraz daha yakındır).

- **Çocukları mobil cihazı bedenlerinden 40-50 cm uzakta tutmaya yönlendirin** – daha yakın olursa, gözleri daha fazla zorlar (ve EMR'ye olası bir sağlıksız maruz kalış söz konusu olur).
- **Ekran ayarlarını düzenleyin** – ekran parlaklığı, içinde bulunulan odanın parlaklığından fazla değil eşit olmalıdır. Eğer ekran ortama göre fazla parlak ya da fazla soluksa, parlaklığı buna göre nasıl ayarlayacaklarını çocuklara öğretin (yaşlarına bağlı olarak). Bir ekranı okurken gözlerin zorlanmaması, kısılmaması ya da yorulmaması gerekir. Bu genellikle şahsi bir seçimdir, bu yüzden çocuklara bir ekranı rahatça nasıl izleyeceklerini öğretmek önemlidir.
- **Daha fazla göz kırpıştırın** – ekranları kullanırken çocukları daha fazla göz kırpıştırmaya teşvik edin, çünkü bu gözlerin nemlenmesine yardımcı olur. Bu, 20-20-20-20 fasılasının bir parçasıdır: Gözlerini nemlendirmek için 20 kez yavaş yavaş kapayıp açarlar.
- **Ekran başında geçirilen zamanı sınırlayın** – ekranlarla aşırı zaman geçirmenin göz sağlığına zararlı etkileri olabilir.

İŞİTME

Pek çok ebeveyn, çocuklarının işitme kapasitesinin dinledikleri yüksek müzikten zarar gördüğünü söyler ve bu gerçek olabilir. Gürültü kaynaklı işitme kaybı ciddi ve kalıcı bir sorundur. Yanlış ve/veya aşırı kulaklık kullanımıyla ya da gürültülü müziğe maruz kalmakla ilişkisi vardır.

WHO, gürültülü eğlence mekânlarında bulunmak kadar mp3 çalarlar ve akıllı telefonlar dahil olmak üzere şahsi müzik cihazla-

> 75dB üstü kulaklıkların sürekli kullanımı, hasarın sürekli birikmesiyle kalıcı işitme kaybına neden olabilir.

rının dikkatsiz kullanımı yüzünden dünyada 1,1 milyar insanın gürültü kaynaklı işitme kaybından etkilenmiş olabileceğini tahmin etmektedir.

Kulaklarımız, ses dalgalarının titreşimlerini sinyallere dönüştürür, beyinlerimiz de bunları ses olarak yorumlar. Eğer kulaklar aşırı ses baskısına maruz kalırsa, bu kulaklardaki işitme kıllarına hasar verebilir ve bu da onların sesi beyne iletme yeteneğini sekteye uğratır. Bunun sonucu gürültü kaynaklı işitme kaybı olabilir ve kalıcı bir durumdur.

Çocukların işitmesine dair tehditler çok ciddidir. WHO'nun bu konuda öyle kaygıları bulunmaktadır ki güvenli dinleme pratiklerine ilişkin bir kılavuz (Make Listening Safe İnisiyatifi) çıkarmıştır ve bu gittikçe artan bir sağlık sorunu olarak görüldüğünden, dünyadaki pek çok hükümet farkındalık kampanyaları yürütmektedir (It'a Noisy Planet: Protect Their Hearing gibi).

Gürültü kaynaklı işitme kaybının belirtileri arasında boğuk ya da karmaşık sesler, kulakta baskı hissi, konuşmayı anlama güçlüğü ve/veya sessizlikte kulakta zil benzeri sesler (çınlama) vardır. Bir kez yüksek gürültüye maruz kalmanın sonucu olarak ortaya çıkabileceği gibi, genellikle zaman içinde defalarca yüksek seslere maruz kalmaktan meydana gelir.

Odyolojistler küçük çocuklarda çınlamayı (kulaklardaki zil sesi) ve gürültü kaynaklı işitme kaybını gittikçe daha fazla tedavi etmeye başladıklarını teyit etmektedir.

75dB üstü kulaklıkların sürekli kullanımı, hasarın sürekli birikmesiyle kalıcı işitme kaybına neden olabilir. Endişelendirici olan, ticari mp3 çalarların çoğunun (modeline ve kullanılan kulaklıkların markasına bağlı olarak) 130dB üstüne çıkabilmesidir.

Çocukların dijital sağlığına ilişkin pek çok konuda olduğu gibi, elimizde henüz araştırmaya dayalı kapsamlı bir sonuç yoktur ancak çok geç olana kadar beklemeyi ve bu süreçte çocukların işitmelerinin zarar görmesini istemeyiz. Yine, çocukların kulaklık kullanması söz konusu olduğunda ihtiyatlı önlemler almak bu sebeple elzemdir.

Yaya tehlikeleri

Kulaklık kullanımı yayalar için de bir güvenlik riski içerir, özellikle de dikkatleri kolayca dağılabilen çocuklar için. Lichenstein ve meslektaşlarının yürüttüğü bir araştırma, kulaklık takmışken ölen ya da yaralanan yayaların sayısının altı yıl içinde üç kat arttığını ortaya koymuştur. Dijital dikkat dağıtıcılar, kişinin çevresine dair zihinsel farkındalığını azaltan dalgın bir körlüğe yol açar ve ayrıca algıda yoksunluğa sebep olabilir (dolayısıyla çocuklar, yaklaşan tehlikeyi haber veren korna sesini duymayabilir). Çocukların yolda yürürken kulaklık takmadığından emin olmak ve daha baştan sağlıklı alışkanlıklar geliştirmeleri için olası riskler hakkında konuşmak bu yüzden şarttır.

Sağlıklı işitme için ipuçları

Dijital çağda çocuğunuzun işitmesinin zarar görmemesinden emin olmak için bazı ipuçları aşağıda verilmiştir.

1. **Ses yüksekliği kontrolü** – çocuklara ses yüksekliğini kulaklıklarında nasıl ayarlayabileceklerini gösterin (ideal olan, 75dB altıdır). Piyasada bulunan kulaklıkların çoğunda kesin bir desibel seviyesi ayarlamak zor olsa da çocuklara nispeten uygun ses seviyelerini öğretebiliriz. Bazı kulaklıklarda ve mp3 çalarlarda en yüksek ses seviyesine sınır getirecek ayarları cihaz üstünde yapabiliriz. Bunun nasıl yapıldığı konusunda her bir üreticinin kılavuzuna bakın.
2. **Zamanı izleyin** – olabildiğince, çocukların kulaklık takma süresini günde altmış dakikadan aza indirmeye çalışın.
3. **Gürültü kesen kulaklıklar kullanın** – arka plan gürültüsünü kısmen kestiği için, tüm kulağı kaplayan türden kulaklıklar kullanın; bu, arka plan gürültüsü duyulmadan müzik dinlemeyi çocuklar için kolaylaştırır.

4. **Sokakta yürürken kulaklık takmayın** – çocukları dijital dikkat dağıtıcılarla ilişkili tehlikeler konusunda uyarın.

KAS-İSKELET SORUNLARI

Pratisyen doktorlar, fizyoterapistler, masörler ve ergoterapistler gibi çeşitli disiplinlerden gelen sağlık uzmanları, kas-iskelet sorunları gösteren çocukların sayısında bir artış olduğunu söylemektedir. Bu artışı çocukların ekranları daha fazla kullanmasına bağlamaktadırlar.

Dijital çağda çocuklar ve duruş gelişimi ile ilgili iki ana endişe vardır:

- **kötü alışkanlıklar** – yanlış beden pozisyonu kullanılıp sürdürülürse, bedende yinelenen gerilim yüzünden kas-iskelet sorunları ortaya çıkabilir.
- **yorgun kaslar** – eğer çocuklar ekran başında aşırı zaman geçiriyorsa kasları yorgun düşer ve kötü duruş (iPosture) benimseme ihtimalleri çok daha artar.

iPosture, uygunsuz sürelerle ekran başında zaman geçirmekten kaynaklanan, çocukların kötü duruşudur. Bu yüzden, yorgun olduklarında çocukların oyun konsolları üstüne yığılır gibi oturduğunu ya da bilgisayar kullanırken bir bacaklarını göğüslerine çektiğini görürüz. Sadece kasları yorulmuştur.

Dijital cihazlarla geçirilen zamanın artması, gelişmekte olan bedene önemli bir gerilim yükleyebilir. Küçük yaşta dijital cihazların üstüne kamburlaşarak eğilmek, ilerideki yaşamda kas-iskelet sorunlarına yol açabilen kötü alışkanlıkları yerleştirebilir. Curtin Üniversitesi'de yapılan bir araştırma, günde otuz dakikadan fazla dokunmatik ekran kullanmanın, yetişkinlikte olası boyun ve sırt sorunlarının tohumlarını atabildiğini göstermiştir.

Ayrıca gittikçe artan sayıda çocuk, sürekli ve yinelenen dijital teknoloji kullanımları yüzünden tekrarlayan stres hasarları (RSI) gösteriyor. Tıp doktorları bu yeni fiziksel rahatsızlıkları amiyane tabirle bilgisayar oyunu parmağı ve mesaj pençesi olarak adlandırıyor. Bu yaralanmalar çocuklarda ağrıya yol açabiliyor ve elyazısı becerilerine de ket olabiliyor. Ergoterapistler, ekran alışkanlıkları motor becerilerinin gelişimini etkilediği için motor becerisi güçlükleri sergileyen daha fazla çocukla çalışıyor.

TEKNO EFSANE AVCISI

EFSANE: Dijital çağda elyazısı önemli değildir.

GERÇEK: Yazarken, tuşlamaktan farklı bilişsel kaynaklar kullanıldığı için elyazısı hâlâ çocukların dijital çağda öğrenmesi gereken önemli bir beceridir.

2014'te Mueller ve Oppenheimer tarafından yürütülen bir araştırma, üniversite öğrencilerinin okuduklarını, daktilo edilmiş olanlardansa elyazısıyla alınmış notlardan daha iyi hatırladığını göstermiştir. Bunun pek çok nedeni vardır:

- elyazısı, beynin duyu-motor bölgesinde bir motor anısı bırakır (daktilo etme eylemleri benzer olduğu için klavyede yazma bunu yapmaz).
- elyazısı, klavyede yazmaktan daha uzun zaman alır, dolayısıyla bir zaman unsuru vardır.
- daktilo etmek eleştirel düşünce gerektirmez – öğrenciler bilgiyi yorumlamadan, hiç düşünmeden notlar alabilir.

Mueller ve Oppenheimer'in araştırmasından çıkan sonuçlar küçük çocuklara doğrudan uygulanamazsa da elyazısının yine de değerli olduğunu ileri sürer.

Yapılan araştırmalar göstermiştir ki yetişkinler yürürken akıllı telefonlarını kullandıklarında, artan dikkat dağınıklığını gidermek için yürüyüş biçimlerini değiştirmektedirler. Teksas A&M Üniversitesi ile Queensland Üniversitesi'nin sağlık bölümlerinden bir grup araştırmacıya göre, akıllı telefon kullanıcılarının daha dikkatli hale gelen yürüyüş biçimleri, adım uzunluğunu kısaltmakta, adım sıklığını azaltmakta ve engel ayrım yüksekliğini artırmaktadır.

Eğer yetişkinlerin daha gelişmiş beyinleri ile bedenlerinin teknolojiye uyum sağlamak için değiştiğini biliyorsak, o zaman bu, çocukların fiziksel gelişimi için endişeleri ortaya çıkarır. Fiziksel sağlıkları ve gelişimleri üstünde etkisi olabileceğinden, küçük çocukların teknolojiyi ne sıklıkta ve ne zaman kullandığı konusunda çok dikkatli düşünmemiz gerektiğinin bir başka kanıtıdır bu.

En iyi iPosture için pratik ipuçları

Sağlıklı duruş alışkanlıklarından emin olmak için:

- **20-20-20-20 Kuralı'nı uygulayın** – ekranları 20 dakika kullandıktan sonra çocukları ayağa kalkıp en az 20 saniye hareket etmeye ve yaklaşık altı metre uzakta bir şeylere bakmaya teşvik edin. Teknoloji molaları, çocukların kaslarının yorulmasını ve sağlıksız duruşlar almalarını önler. Çocuklar ayağa kalkıp etrafta hareket ettiğinde, cihazı kullanmaya devam ederlerse/ettiklerinde bedenlerini doğru biçimde yeniden konumlamaları daha olasıdır.
- **Doğru ergonomik duruşları bulmaları için çocuklara yardım edin** – çalışma ortamlarını çocukların fiziksel ihtiyaçlarına göre –bunun tersi değil– düzenleyin. İdeal bir dünyada, çocuklar dizüstü ya da masaüstü bilgisayarlar kullanırken bir sandalye ve masada oturmalı. Ayakları yere düz basmalı ve dizleriyle omurgaları da 90 derece açıda durmalı (yandaki şekilde gösterildiği gibi).

Yüksekliği ayarlanabilir, eğilebilir ve bel desteği olan (ya da fazladan destek için bir yastık koyabilirsiniz) sandalyeler seçin. Çocukları, bilekleri düz duracak biçimde dirsekleri masayla doğru açıda oturmaya yönlendirin. Onlara sırtları sandalyeye düz olarak yaslanacak biçimde, ayakları yere dümdüz basar ve dizleri karşıyı gösterir halde oturmayı öğretin.

Tabletler ve akıllı telefonlar gibi mobil cihazlar için çocukları karınüstü yatmaya teşvik edin, çünkü böylece gözlerini doğrudan ekranın üstüne konumlayabilirler ve boyunlarını dengeli bir pozisyonda tutabilirler. Ayrıca karınları üstünde uzanma süreleri dik oturmalarından çok daha kısadır, yani daha kısa süreler içinde doğal olarak ayağa kalkıp hareket etme ihtimalleri yüksek olur.

Alternatif olarak, çocuklar dik oturmayı tercih ediyorsa tablet cihazlarla armut koltuklar kullanabilirsiniz. Bu, duruşlarını bozmadan, cihazı kolayca göz seviyesine getirmelerini sağlar. (Sadece cihazı onların kucağına koymadan önce uçak moduna getirmeyi unutmayın!) En önemli şey, yukarıdaki şekilde gösterildiği üzere, cihazın çocuğun göz seviyesine kaldırılmasıdır (onların gözlerinin cihaz seviyesine getirilmesi değil).

- **Taşıdıkları ağırlığı gözlemleyin** – okul çağında pek çok çoğun artık okula her gün tablet ve/veya dizüstü bilgisayar getirmesi gerektiği düşünülünce, okul çantalarının artan ağırlığına dair endişeler başgöstermiştir. Genel bir kural olarak, çocukların kendi bedenlerinin ağırlığının yüzde onundan daha ağır çantalar taşımaması gerekir. Bu yüzden, çantaların ağırlığına dikkat etmek ve gerektiğinde ayarlamalar yapmak önemlidir.
- **ErgoBreak4Kids'i indirin** – internet sitesi ya da uygulama aracılığıyla erişilebilen bu program, 5-12 yaş arası çocukların, sağlıklı ergonomi pratiklerini teknolojiyle etkileşime girerek öğrenmelerine yardımcı oluyor. Bu program, kullanıcıların kas ve göz yorgunluğunu gidermek ve konsantrasyonlarını yeniden sağlamak için dijital cihazlar kullanırken kendi mola aralarını ayarlayıp özelleştirmesine imkân veriyor.

BİR BAKIŞTA

Dijital çağda çocuğunuzun sağlığını korumak için aşağıdaki ipuçlarını kullanın.

- **Olabildiğince, çocukların kablosuz ağa maruz kalışını azaltalım** – kullanmadığımızda modemi kapayalım, mümkün olduğunda eternet kablosunu kullanalım, mobil cihazları kucağa koymayalım ve bedenden uzakta tutalım (en azından bir kol mesafesinde), kablosuz ağa ihtiyaç yoksa telefonları ve tabletleri uçuş moduna getirelim.

- **Çocuklarla beden algısı hakkında konuşalım** – ve medya ile gerçek yaşamdan sağlıklı örnekler bulalım.
- **Olabildiğince kısa sürede sağlıklı medya alışkanları belirleyip bunları uygulayalım (zor kısmı bu)** – bağımlılığa götürebilecek sağlıksız alışkanlıklar benimseme ihtimallerini ortadan kaldırmak için.
- **20-20-20-20 Kuralı'nı uygulayalım** – çocukların gözleriyle kaslarının yeterince dinlendiğinden emin olmak için.
- **Çocuklara kulaklıklarında ses yüksekliğini nasıl ayarlayacaklarını gösterelim** – güvenli seviyelere getirebilsinler diye. Ayrıca çok uzun süre kulaklık kullanmaktan caydıralım (tavsiye edilen günde en fazla bir saattir). Olabildiğince gürültü kesen kulaklıklar kullanalım.
- **Çocuklara doğru duruşu hatırlatalım** – cihazları kullandıkları zamanlarda. Eğri büğrü pozisyonlarda bedenlerini kamburlaştırmaya ya da çevirmeye başladıklarında, bu genellikle yorulduklarının ve bir aktivite değişikliği gerektiğinin işaretidir.

Çocukların ekran alışkanlıklarının fiziksel gelişimleri üstündeki uzun vadeli etkilerini henüz bilmediğimizi göz önüne alarak, bazı ihtiyatlı kurallar benimsemeli ve ekran başında geçirilen zamanın çocukluğa tümüyle dengeli bir yaklaşımın bir parçası olduğundan emin olmalıyız.

SONUÇ

Sevsek de sevmesek de teknoloji artık çocuklarımızın yaşamının önemli bir parçası, biz ebeveynlerin de öyle. Onlar dijitalleşmiş çocukluklar yaşıyor ve ekranların gittikçe daha fazla yaygınlaştığı bir dünyayı miras aldılar. Bu dijital topolojiyi keşfetmeleri için onlara yardım etmeliyiz. Küçük çocukların dijitalden uzak durması gibi bir seçenek yok.

Çocuklar gittikçe daha küçük yaşlarda dijital akışın içine dalıyor ve ellerine tutuşturulan, bebek arabalarına takılan, portatif oyun parklarına konan dijital cihazları var. Ama teknolojiyi çocuklarımıza vaktinden evvel tanıtmamıza hiç gerek yok. Ekranların topluca boca edilmesini ve çok erken yaşlarda onlarla tanıştırılmasını kesinlikle tavsiye etmiyorum – gelişmekte olan beyinlerin ve bedenlerin ihtiyacı olan bu değildir.

Yine de teknolojiyi görmezden gelemez, onun ortadan kayboluvermesini umamayız. Toplum olarak, dijital bağlılığımız tavrımızı, uykumuzu, sosyalleşmemizi, etkileşimlerimizi, hareketimizi ve öğrenmemizi değiştiriyor. Çocuklarımız da bu kapsamlı değişimden bağımsız değil. Tamamen farklı biçimlerde öğreniyor ve gelişiyorlar.

Çocuklarımızın güvenliğini ve gelişimini akıldan çıkarmadan, onların bu dijital dünyaya girmelerine yardım etmeliyiz. Dijital alışkanlıklarının gelişimlerine zarar vermediğinden mutlaka emin olmalıyız. Teknolojiyle sağlıklı ve faydalı ilişkiler kurabilmeleri için çocuklarımızın dijital alışkanlıklarına yol göstermeli, ölçülü olmalarını sağlamalı ve bunları biçimlendirmeliyiz. Teknolojinin çocuklarımızın gelişimini yıpratmayıp ona katkı sağlayacak kullanım biçimlerini arayıp bulmalıyız.

Bu kitap, bir dizi disiplinden alınan en son araştırmaları, bu dijital dünyayı küçük çocuklarıyla keşfetmeye çalışan ebeveynler ve eğitimciler için (iPad'i yasaklamadan, kablosuz ağı kesmeden ya da televizyonun fişini çekmeden) pratik ve anlaşılabilir bilgiye dönüştürdü.

Küçük yaşlarda aşırı dijital yüklenmenin, bir çocuğun fiziksel, sosyal, duygusal ve entelektüel gelişiminde olumsuz etkisi olacağına dair bazı şüpheler var. Gelişmekte olan beyinleri ve bedenleri, dijital dünyanın pek çok talebine ayak uyduramayabilir – gerçekten dürüst olmamız gerekirse, biz de bunlara ayak uyduramayız.

Teknolojinin çocuğumuzun gelişimini tam olarak hangi biçimlerde şekillendirdiğine dair dört dörtlük bir bilgiye sahip olmasak da, bu kitap onların değişmeyen gelişim ihtiyaçlarını ve bunların teknolojiyle nasıl kesişebileceğini anahatlarıyla vermeye çalıştı. Çocukların dijital çağda büyüyüp gelişebilmelerinin parçası olan yedi temel yapıtaşını anahatlarıyla anlattım. Ayrıca nasıl kullanıldığına bağlı olarak teknolojinin bir çocuğun gelişimine nasıl destek ya da köstek olabileceğini inceledim. Küçük çocukların dijitale maruz kalışlarının olası zararlı etkilerini de bu kitapta vermeye çalıştım.

Özetle, ana ipuçları şunlar:

- Çocuklarımızın teknolojiyle ne ürettiğine ve tükettiğine *odaklanalım* (olabildiğince eğitsel ve etkileşimli içerik arayın).
- Çocuğumuzun teknolojiyi ne zaman kullandığının *farkında olalım* (uykudan önce ekranları kullanmayı ve okuldan önce hızlı görüntü değişimleri içeren içeriği izlemeyi en aza indirin).
- *Cihazları* yatak odasının *dışında tutalım.*
- Kendi medya alışkanlıklarımızı *gözlemleyelim.*
- Cihazlarla geçirilen zamana *sınırlama getirelim* ve bunu uygulayalım.

- Ekran başında geçirilecek *sağlıklı zamanı tespit edelim.*
- Yeşil zaman ile *ekran zamanının dengesini kuralım.*
- *Teknolojiyi kullanma* farkındalığı geliştirelim.
- Çocuklarımıza teknolojiyle bağlantıyı kesmeyi ve ondan uzaklaşmayı *öğretelim.*

Pek çok ebeveyn dijital dünyaya ayak uydurmakta zorlanıyor ve çocuklar teknolojiyi sağlıksız, zararlı biçimlerde kullandıklarında ne tür olası gelişimsel tehlikelerle flört ettiğimizin farkında değiliz. Göz önünde bulundurmamız gereken başlıca sorunlar şunlar:

- EMR'ye maruz kalma
- uyku alışkanlıkları
- çocukluk obezitesi
- sosyal ve duygusal becerilerde gerileme
- siber güvenlik
- bağımlılık potansiyeli
- fiziksel gelişim sorunları (işitme, kas-iskelet ve görme problemleri)

Ancak bu kitabın da altını çizdiği gibi, teknoloji küçük çocuklar için olağanüstü bir potansiyel sunar. Çocukların tümüyle yeni ve heyecanlı biçimlerde öğrenmesini, oynamasını, etkileşime girmesini ve iletişim kurmasını sağlayabilir. Teknoloji küçük çocuklarla uygun ve bilinçli biçimde kullanıldığında zehirleyici değildir. Ebeveynler ve eğitimciler olarak teknolojiden korkmamalı ya da onu çocuklarla kullanma konusunda suçlu ya da endişeli hissetmemeliyiz.Teknolojinin çocukların gelişimi üstündeki olası zararlı etkilerini kesinlikle en aza indirmemiz gerekir ama zehirli olduğu görüşünden sıyrılmalıyız. Teknolojinin çocuklara sunduğu olumlu potansiyele yoğunlaşmalı ve onların daha fazla dijital lahana tüketmesine yardım etmeliyiz.

Teknolojinin küçük çocukların gelişimine uygunluğu konusunda yıllardır yoğun tartışmalar yapılıyor. Küçük çocuklar için teknolojinin uygun olmadığına dair köklü felsefi inançlar yavaş

yavaş siliniyor gibi. Artık tartışmalar ve araştırmalar çocukların teknolojiyi kullanıp kullanmaması gerektiğine odaklanmak yerine, teknolojiyi onların gelişim ihtiyaçlarına uygun biçimde en iyi nasıl kullanabileceğimizi irdeliyor.

Teknoloji, yaşa uygun ve bilinçli biçimlerde kullanıldığında çocukların gelişimini destekleyip güçlendirebilir. Öğrenme ve iletişim için yeni ve heyecan verici yollar sunabilir. Dikkatimizi (ve araştırmalarımızı) yönlendirmemiz gereken yönler bunlardır, çünkü sevsek de sevmesek de teknoloji artık vazgeçilmez bir şeydir.

Kulağa fazla basit gelse de gerçekten tüm mesele çocukluğa dengeli bir yaklaşım geliştirmekte. Bugünün çocuklarının, dijital çağda en iyi şekilde gelişmek için hem analog hem dijital deneyime ihtiyaçları var. İnternetteki ve internet dışındaki dünyaları uyumlu olabilir. Zıplamak, koşmak, tırmanmak kadar tıklayıp, sürükleyip, büyütüp küçültebilirler. Yeşil zamana ve ekran zamanına ihtiyaçları vardır. Günlük dijital dozları, en iyi gelişim için zaruri olan temel yapıtaşlarının yerini almamalı ya da onları geçersiz kılmamalıdır. Ekran başında geçirdikleri zamanın, büyülü çocukluğun temel unsurlarını –basit zevklerin, oyun vaktinin ve boş zamanlarında keşfedip yaratıcı olmanın keyfini– onlardan çalmadığına emin olmalıyız.

Dijital çocuklar büyütmek, kendi ekransız çocukluğumuzdan tümüyle farklı olduğundan, çoğu ebeveyn için ürkütücüdür. Ama böyle olması gerekmez. Bazı dijital tehlikelerden sakınmak için en iyi biçimde donanım kazanırsak ve teknolojinin çocuklarımızın gelişimini desteklemek için nasıl kullanılacağını bilirsek, miras aldıkları bu dijital dünyada büyümek için en iyi olası başlangıcı onlara sunmuş oluruz.

TEKNOLOJİK İPUÇLARI

Genel İpuçları

- Tüm cihazlarda ebeveyn denetimini kurun ama bunun çocuğunuzun internet güvenliğini tümüyle garanti etmediğini aklınızdan çıkarmayın. Çocuklarınız, internette gezinirken aktif biçimde gözlemleyin ve onlarla yakın ilişki kurun. Cihazları bu yüzden evde ortak kullanılan alanlarda tutmalı ve odalara götürülmesini yasaklamalıyız.
- Bir Medya Yönetim Planı (çocukların teknolojiyi neden, ne zaman, nerede, ne kadar ve kiminle kullanabileceğinin detaylarını içeren bir plan) oluşturun. Yazılı resmi bir belge veya sözel bir plan olabilir. Çocuğunuz büyürken ve dijital ilgileri değişirken buna tekrar dönüp güncellemeniz gerekeceğini unutmayın.
- Ekran başında geçirilen zamana sınırlama getirin ama sadece ekranlarla *ne kadar* zaman geçirdiklerine odaklanmayın. En önemlisi, ekranları kullanırken ne izlediklerini/yaptıklarını/oynadıklarını da göz önünde bulundurun (öğle ya da gece uykusundan 90 dakika önce ekranlara maruz kalışı en aza indirin).
- Bu kitapta ele alınan yedi temel yapıtaşını gerçekleştirecek imkânlara sahip olup olmadığını göz önünde bulundurarak,

çocuğunuz için ekran başında geçireceği sağlıklı sürelere karar verin: İlişkiler, dil, uyku, oyun, hareket, beslenme ve ifa-işlevi becerileri için günlük olanaklara sahip mi?

- Mümkün olan yerlerde teknolojiyi çocuğunuzla birlikte kullanın. Birlikte-izlemenin çocuklar için faydalı olduğuna dair bol bol kanıt bulunmaktadır. İnternette ne yaptıklarıyla ilgilendiğinizi gösterin ve sanal dünyada öğrendiklerini gerçek dünyaya da aktarmalarına yardımcı olun.
- Olası zarar riski yüzünden, çocukların kablosuz ağlara maruz kalışını en aza indirin: Uygulamaları kucaklarındaki cihazda kullanmasınlar, kullanılmadığı zamanlarda modemleri kapayın, mobil cihazları uçak moduna alın (kablosuz ağ gerekmediğinde), çocuk ile cihaz arasındaki mesafeyi artırın ve mümkün olduğunda kablo bağlantısı kurun.
- Çocuklara, dijital cihazları kullanırken sağlıklı dinleme, görme ve duruş alışkanlıkları öğretin.
- Sağlıklı medya alışkanlıklarına kendiniz örnek oluşturun! Çocuklarınızın yanında telefonunuzu ya da cihazlarınızı kullanırken net sınırlar koyun. Yeşil zamanınız ile ekran zamanınızı dengeleyin.
- 0-18 yaş arası çocuklara uygun en son teknolojileri takip edebilmek için Common Sense Media'yı indirin.

0-2 yaş

- 0-2 yaş aralığındakilerle ekranları *çok* tedbirli kullanın. Unutmayın, cihazları kullandıklarında bir yerine geçme etkisi olur (bu yüzden internette geçirilen bütün zamanların yerinde ve hayatın ilk iki yılında en az seviyede olduğundan emin olun). Beyin yapısının yüzde seksen beşi ilk iki yılda oluşur, bu yüzden olası en iyi başlangıcı yapmalarını temin edin ve mümkün olduğunda ekransız zamanlar sunun (ama ara sıra ekranları kullanırsanız da kendinizi suçlu hissetmeyin).
- Mümkün olan yerlerde birlikte-izleyin. Teknolojiyi olabildiğince küçük çocuğunuzla birlikte kullanın. Televizyon ya da DVD izleyip onlarla izledikleri şey hakkında konuşun. Ekranda

gördüklerini gerçek hayatla ve kendi deneyimleriyle ilişkilendirmelerine yardımcı olun. Küçükler bir yetişkinle birlikte-izlediklerinde daha iyi öğrenirler.

- Küçük çocuklar için "eğitici" olarak pazarlanan ürünlerin, uygulamaların ve cihazların yararlı olduğunu düşünerek kendinizi kandırmayın. Elektronik oyuncakların, çocukların oynarken işittiği dilin nitelik ve niceliğini, kitaplara ve geleneksel oyuncaklara nazaran düşürdüğünü ortaya koyan yeni kanıtlar ortaya çıkmıştır.
- Eğer çocuğunuzla teknolojiyi gerçekten kullanmak istiyorsanız, bunu günde (en fazla) 10-15 dakika olacak şekilde sınırlayın.
- Küçükleri vaktinden evvel dijital akışın içine atmanın hiç acelesi yok. Unutmayın ki küçük çocukların (otuz aylığa kadar) bir şeyi ekrandan öğrenmesi, canlı olarak görüp öğrenmelerinden iki kat daha uzun sürer. İki yaş altı için en iyisi gerçek yaşam etkileşimleri ve nesnelerdir. Bu gerçek deneyimleri tamamlamak için ekran deneyimleri kullanın (örneğin, hayvanat bahçesindeyken fotoğraf çekmek ya da çocuğunuzun ilgilendiği hayvanlarla ilgili videolar izlemek gibi).

2-5 yaş

- Tekno-öfke nöbetleri gelişimin normal bir parçasıdır ve genellikle dopamin seviyesinin düşmesinden kaynaklanır. Unutmayın, okulöncesi çocuğunuzun her gün "ne kadar" zamanı ekran başında geçirebileceği konusunda katı kurallar koymalısınız; kapamadan önce iki yumuşak hatırlatmada bulunun, zamanlayıcı kullanın, cihazı (sizin değil) çocuğunuzun kapamasına teşvik edin ve ekran kurallarına uymamanın sonuçlarını uygulayın.
- Ekranları sürekli "dijital emzik" gibi kullanmaktan kaçının (ama ara sıra böyle yapmanız gerektiğinde de suçluluk hissetmeyin). Okulöncesi çocukların duygularla başa çıkmasına imkân tanıyın ve sıkıntı, hayal kırıklığı ya da öfke hislerini hafifletmek için daima ekranlara yönelmeyin. Arka planda açık olan televizyon çocukların dil becerilerini sekteye uğratabileceğinden ve ebe-

veyn-çocuk etkileşimlerini dönüştüreceğinden, kimse izlemediğinde televizyonu kapayın.

- Dijital olarak dikkatleri dağılmasın diye, çocukların oyun alanını teknolojisiz yerler olarak koruyun. Yumuşak, aşina arka plan müziğinde sorun yoktur ama sessizlik fırsatları sağlamayı da unutmayın – çocuğumuzun daima eğlendirilmesini istemeyiz. Beyinlerinin boş zamana ihtiyacı vardır!
- Ekranlar sağlıklı uyku alışkanlıklarına müdahale edebileceğinden, yatak odalarını teknolojisiz alanlar olarak tutun. Gündüz ya da gece uykusundan önceki 90 dakikada ekran kullanımından kaçının.
- Okulöncesi çocuklar için uygulama seçerken tüketim uygulamalarına (örneğin, YouTube izlemek) ek olarak, çocukları içerik üretmeye (örneğin, dijital kitap) teşvik eden ve iletişim kuran (örneğin, bir kitap uygulamasına okuyup çocuğunuzun sesini kaydedebileceğiniz) uygulamalar arayın.
- Okulöncesi çocuklar etraftayken korkutucu içerikten, günlük haberler ve güncel olaylar gibi programlardan uzak durulmalıdır. Bunları işleyecek bilişsel ve duygusal becerilere henüz sahip değillerdir ve hakkında konuşmasalar bile bunları gözler, genellikle de içselleştirirler.
- Çocuğunuzun ekran başında geçireceği zamanı düzenlemek için zamanlayıcılar, tekno-jetonlar kullanın ya da izleyebilecekleri dizi bölümü sayısını belirleyin veya bir oyunda gelebileceği seviyeyi belirtin. Sağlıklı ekran alışkanlıkları erken yaşlarda oluşturulmalıdır (sonra buna minnettar olursunuz).

5-8 yaş

- Bir çocuğun akıllı telefona hazır oluşuna karar verilebilecek hiçbir kronolojik yaş yoktur. Bir telefona hazır olup olmadıklarına karar vermek için organizasyon becerilerini, sosyal ve duygusal becerilerini göz önünde bulundurun.
- Eğitim uygulamaları ya da internet siteleri ararken basit, net tasarımlara ve ödülleri tutumlu biçimde kullananlara bakın. Çocuklar ödül kazanmaya hemen alışabilir ve harici onaylanmaya

bağımlı hale gelebilir.

- Uygulamaları kullanırken çocuğunuzun üretmesine, iletişim kurmasına ve tüketmesine imkân tanıyan uygulamalar bulun. Tüketim uygulamalarını (YouTube gibi) kullanmalarını sınırlayın ve ekranda dijital içerik üretebilecekleri ve etkileşim kurabilecekleri uygulamaları seçerek akıllı telefonlarda aktif olmaya teşvik edin. Dengeli bir yaklaşım esastır.
- Çocuğunuzun ekranda gördüklerini gerçek yaşam deneyimleriyle ilişkilendirmesine yardım edin. Bu onların dil becerilerini destekleyebilir. Ayrıca çocuğunuza, ekran başında geçirilen zamanın eğlenceli bir ortak deneyim olduğunu ve tabu ya da gizli bir aktivite olmadığını öğretecektir.
- Okuldan önce (ve yatmadan önce de) çok hızlı değişen, güçlü ateş etmelerin olduğu ekranlardan uzak durun. Bunlar beyni aşırı uyarabilir ve çocukların odaklanmasını ya da rahatlamasını güçleştirebilir.
- Mobil cihazlarda ve müzikçalarlarda maksimum ses seviyesi ayarlayın, çocuğunuza dış sesleri kesen kulaklaklıklar kullandırın. Kötü duruşu düzeltin ve ekranları kullanırken 20-20-20-20 Kuralı'nı uygulamaya teşvik edin.
- Bu yaştaki çocuklara teknolojinin bir hediye ya da oyuncak değil bir araç olduğunu öğretin. Ekranlardan uzak durmayı bir cezalandırma biçimi olarak kullanmaktan kaçının – ekranların, hayatlarını tamamlayan bir parça olmasını isteriz. Buna uymazlarsa uygulayacağınız katı sonuçlar olsun.
- Çocuğunuzun her gün teknolojiyi ne kadar kullanabileceğine ilişkin bir zaman ayarlayıcı ya da basılı ekran zamanı programları kullanın. Net olun ve planınıza bağlı kalın!

8-12 yaş

- Çocuğunuza sosyal medyayı tanıtma konusunda acele etmeyin. Çocuğunuzun sosyal medyayı kullanmak için arkadaş baskısı altında olmadığından, sosyal medyayı kullanacak yeterli olgunluğa eriştiğinden, duygusal ve sosyal becerilere sahip olduğundan emin olmalısınız. Çocuğunuz sosyal medya ortamına girmeye henüz tam olarak hazır değilse, yaşa uygun alternatifler arayın (Kuddle gibi). Bir sosyal medya hesabı açtıklarında katı kurallarınız ve ilkeleriniz olsun.

- Sosyalleşmeyi destekleyen, eğitici bilgisayar oyunları arayın. Bilgisayar oyunlarını olabildiğince çocuğunuzla birlikte oynamaya çalışın ve saldırgan, şiddetli içeriklerden uzak durun.
- E-kitaplar, kitap uygulamaları ve sesli kitaplar, geleneksel kitaplara harika alternatifler oluşturur. Aynı zamanda tümüyle dengeyi kurma meselesidir – bu dijital kitaplar gerçek kitap deneyimlerinin yerini alamaz ve almamalıdır.
- Yatak odalarını teknolojisiz ortamlar olarak koruyun, çünkü ekran kullanımı (özellikle de tablet ya da akıllı telefon gibi arkadan aydınlatmalı cihazlar) uykuya dalmayı geciktirebilir ve çocukların uyku düzenlerini sekteye uğratabilir (uyarılar ve bildirimler uyku döngülerinde kesintiye yol açabilir).
- Gözünüz çocuğunuzun ekran başında geçirdiği zamanda olsun. Evrensel, yaşa dayalı ekran zamanı sınırlarını uygulamanıza gerek olmasa da ekran başında geçirilen zamanın zararlı değil sağlıklı olduğundan emin olmalıyız. İnternette ne kadar vakit geçirdiklerine dair endişeniz varsa bunu gözlemlemek için bir teknoloji denetim aracı kullanabilir ve bir ebeveyn denetimi uygulamasıyla kullanımlarını düzenlemelerine yardımcı olabilirsiniz. Nihai hedef, çocuklarımızın teknolojiyi sağlıklı biçimde idare edecek becerilere ve otokontrole sahip olmasıdır.
- Pornografik ya da başka uygunsuz materyale erişme (ya da üretme) ihtimallerini en aza indirmek için, 8-12 yaş arası çocuklarınızla düzenli sohbetler edin ve internetteki yaşamlarına aktif biçimde katılın.
- Bugünün çocuklarının arkadaşlarıyla internette iletişim kurmak istemelerini anlayın. Bu onların sosyalleşme yolu (bütün günü onlarla birlikte geçiriyor olsalar da).
- Çocuğunuza, bir seferde birçok değil tek iş yapmayı öğretin. Ne düşünürlerse düşünsünler, bu yaş grubu çocuklar aynı anda birden fazla işi yapabilecek beceriye sahip değildir (aslında kimse değildir). Onlara aynı anda birçok iş yapmanın bir efsane olduğunu en baştan öğretin. Dikkatleri etrafında bir kale

kurmayı ve bir seferde bir iş yapmayı öğretin onlara!

- Çocuğunuzun hangi teknolojiyi ne zaman, nerede, kiminle ve ne kadar süreyle kullanabileceğini net biçimde belirten, ortak bir yazılı bir sözleşme hazırlayın. Bunu düzenli biçimde gözden geçirin.

KAYNAKÇA

1
Engeller ve Teknoloji Efsaneleri

AVG, *Digital diaries: consumer research,* http://www.avg.com/digitaldiaries/2014, erişim tarihi 22 Mart 2015.

Common Sense Media, "Zero to eight: children's media use in America", https://www.commonsensemedia.org/research/zero-to-eight-childrens-media-use-in-america-2013, erişim tarihi 15 Mayıs 2014.

Rideout, V.J., U.G. Foehr ve D.F. Roberts, *Generation M: media in the lives of 8-to 18-year olds,* Henry J. Kaiser Family Foundation, Menlo Park, California, 2010.

Australian Department of Health, "Australia's physical activity and sedentary behaviour guidelines", http://www.health.gov.au/internet/main/publishing.nsf/content /health-pubhlth-strateg-phys-actguidelines#apa512, erişim tarihi Ocak 2016.

Miner ve Co Studio, "Television is now the second screen for kids with tablets", http://www.minerandcostudio.com/#!insights-and-ideas/c1b3v, erişim tarihi 15 Ağustos 2015.

Zimmerman, F.J. ve D.A. Christakis, "Associations between content types of early media exposure and subsequent attentional problems", *Pediatrics,* 120(5), 2007, ss. 986-992.

Meeker, M. ve L. Wu, "Internet trends report", http://www.kpcb.com/blog/2013-internet-trends, erişim tarihi 14 Eylül 2014.

Meltzoff, A.N. ve M.K. Moore, "Explaining facial imitation: a theoretical model", *Early Development ve Parenting*, 6(3-4), 1997, s. 179.

National Association for the Education of Young Children (NAEYC) ve Fred Rogers Center for Early Learning and Children's Media at Saint Vincent College, *Technology and interactive media as tools in early childhood programs serving children from birth through age eight: a joint position statement of the National Association for the Education of Young Children and the Fred Rogers Center for Early Learning and Children's Media at Saint Vincent College*, NAEYC and the Fred Rogers Center for Early Learning and Children's Media at Saint Vincent College, Pittsburgh.

Fox, S.E., P. Levitt ve C.A. Nelson, "How the timing and quality of early experiences influence the development of brain architecture", *Child Development*, 81(1), ss. 28-40.

2
Çocukların Gelişimindeki Yedi Temel Yapıtaşı

National Scientific Council on the Developing Child, "Early experiences can alter gene expression and affect long-term development", *National Scientific Council on the Developing Child*, (10), 2010.

Farzin F., C. Hou ve A.M. Norcia, "'Piecing it together: infants' neural responses to face and object structure", *Journal of Vision*, 13, 2012, s. 6.

3
Yapıtaşı #1: Bağlar ve ilişkiler

Molet, J., K. Heins, X. Zhuo, Y.T. Mei, L. Regev, T.Z. Baram ve H. Stern, "Fragmentation and high entropy of neonatal experience predict adolescent emotional outcome", *Translational Psychiatry*, 6(1), ss. 702-734.

Luby, J.L., D.M. Barch, A. Belden, M.S. Gaffrey, R. Tillman, C. Babb ve K.N. Botteron, "Maternal support in early childhood predicts larger hippocampal volumes at school age", *Proceedings of the National Academy of Sciences*, 109(8), 2012, ss. 2854-2859.

Mendelsohn, A.L., C.A. Brockmeyer, B.P. Dreyer, A.H. Fierman, S.B. Berkule-Silberman ve S. Tomopoulos, "Do verbal interactions with infants during electronic media exposure mitigate adverse impacts on their language development as toddlers?", *Infant and child development*, 19(6), 2010, ss. 577-593.

Howard Gola, A.A., M.N. Richards, A.R. Lauricella ve S.L. Calvert, "Building meaningful parasocial relationships between toddlers and media characters to teach early mathematical skills", *Media Psychology*, 16(4), 2013, ss. 390-411.

AVG, "Digital diaries: consumer research", http://www.avg.com/digitaldiaries/2015, erişim tarihi 22 Mart 2015.

Radesky, J.S., C.J. Kistin, B. Zuckerman, K. Nitzberg, J. Gross, M. Kaplan-Sanoff ve M. Silverstein, "Patterns of mobile device use by caregivers and children during meals in fast food restaurants", *Pediatrics*, 133(4), 2014, ss. e843-e849.

American Speech-Language-Hearing Association, "Parent Poll: Better Hearing and Speech Month", http://www.asha.org/uploadedFiles/BHSMParent-Poll.pdf, erişim tarihi 12 Temmuz 2015.

Watt, E., C. Fitzpatrick, J.L. Derevensky ve L.S. Pagani, "Too much television? Prospective associations between early childhood tele-viewing and later self-reports of victimization by sixth grade classmates", *Journal of Developmental ve Behavioral Pediatrics*, 36(6), 2015, ss. 426-433.

Uhls, Y.T., M. Michikyan, J. Morris, D. Garcia, G.W. Small, E. Zgourou ve P.M. Greenfield, "Five days at outdoor education camp without screens improves preteen skills with non-verbal emotion cues", *Computers in Human Behavior*, 39, 2014, ss. 387-392.

Spears, B., M. Keeley, S. Bates ve I. Katz, "Research on youth exposure to and management of cyberbullying incidents in Australia (Part A – Literature review on the estimated prevalence of cyberbullying involving Australian minors)", SPRC Report 9/2014, Social Policy Research Centre, UNSW, Avustralya.

Emm, D., *Children at high risk of accessing adult content on YouTube*, Kaspersky Lab, UK, 2013.

Anderson, C.A., "Violent video games: myths, facts, and unanswered questions", *Psychological Science Agenda*, 16(5), 2003, ss. 1-3.

Sitharthan, G. ve T. Sitharthan, "Don"t get worked up: you can beat your porn addiction... if you want to", The Conversation, 2011.

Arliss, J., "Pornography and education", *Living Ethics: Newsletter of the St. James Ethics Centre*, 88, 2012, s. 12-13.

Bobkowski, P.S., J.D. Brown ve D.R. Neffa, "Hit Me Up and We Can Get Down: US youths risk behaviors and sexual self-disclosure in MySpace profiles", *Journal of Children and Media*, 6(1), 2012, ss. 119-134.

Daraganova, G., "Body image of primary school children", *Annual Statistical Report 2013*, Australian Institute of Family Studies, 2014, s. 111.

Micali, N., B. De Stavola, G. Ploubidis, E. Simonoff, J. Treasure ve A.E. Field, "Adolescent eating disorder behaviours and cognitions: genderspecific effects of child, maternal and family risk factors", *The British Journal of Psychiatry*, 207(4), 2015, ss. 320-327.

4
Yapıtaşı #2: Dil

Hart, B. ve T. Risley, "The early catastrophe", *American Educator*, 27(4), 2003, ss. 6-9.

Kuhl, P.K., "A new view of language acquisition", *Proceedings of the National Academy of Sciences*, 97(22), 2000, s. 11850-1.

Kuhl, P.K., "Early language acquisition: cracking the speech code", *Nature Reviews Neuroscience*, 5(11), 2004, ss. 831-843.

Lloyd-Fox, S., B. Széplaki-Kölld, J. Yin ve G. Csibra, "Are you talking to me? Neural activations in 6-month-old infants in response to being addressed during natural interactions", *Cortex*, 70, 2015, ss. 35-48.

Kuhl, P.K., "Early language acquisition: cracking the speech code", *Nature Reviews Neuroscience*, 5(11), 2004, ss. 831-843.

Anderson, D.R. ve T.A. Pempek, "Television and very young children", *American Behavioral Scientist*, 48(5), 2005, ss. 505-522.

Roben, C.K., P.M. Cole ve L.M. Armstrong, "Longitudinal relations among language skills, anger expression and regulatory strategies in early childhood", *Child development*, 84(3), 2013, ss. 891-905.

Hart, B. ve T. Risley, "The early catastrophe", *American Educator*, 27(4), 2003, ss. 6-9.

Medina, J., *Brain rules for baby*, Pear Press, 2010.

Roulstone, S., Y. Wren, I. Bakopoulou, S. Goodlad ve G. Lindsay, "Exploring interventions for children and young people with speech, language and communication needs: a study of practice", Department for Education, Londra, 2012.

Livingstone, S. ve E.J. Helsper, "Parental mediation of Children's internet use", *Journal of Broadcasting and Electronic Media*, 52(4), 2008, ss. 581-599.

Nathanson, A.I., "Parent and child perspectives on the presence and meaning of parental television mediation", *Journal of Broadcasting and Electronic Media*, 45(2), 2001, ss. 201-220.

Valkenburg, P.M., M. Krcmar, A.L. Peeters ve N.M. Marseille, "Developing a scale to assess three styles of television mediation: Instructive mediation, restrictive mediation and social co-viewing, *Journal of Broadcasting ve Electronic Media*, 43(1), 1999, ss. 52-66.

Kearney, M.S. ve P.B. Levine, *Early Childhood Education by MOOC: Lessons from Sesame Street* (No. w21229), National Bureau of Economic Research, 2015.

Leibham, M.E., J.M. Alexander, K.E. Johnson, C.L. Neitzel ve F.P. Reis-Henrie, "Parenting behaviors associated with the maintenance of preschoolers interests: a prospective longitudinal study", *Journal of Applied Developmental Psychology*, 26(4), 2005, ss. 397-414.

Mares, M.L. ve Z. Pan, "Effects of Sesame Street: A meta-analysis of Children's learning in 15 countries", *Journal of Applied Developmental Psychology*, 34(3), 2013, ss. 140-151.

Stevens, R. ve W.R. Penuel, "Studying and fostering learning through joint media engagement", Principal Investigators Meeting of the National Science Foundation's Science of Learning Centers, Arlington, Ekim 2010, ss. 1-75.

Barron, B., C.K. Martin, L. Takeuchi ve R. Fithian, "Parents as learning partners in the development of technological fluency", *International Journal of Learning and Media*, 1(2), 2009, ss. 55-77.

Leibham, M.E., J.M. Alexander, K.E. Johnson, C.L. Neitzel ve F.P. Reis-Henrie, "Parenting behaviors associated with the maintenance of preschoolers' interests: a prospective longitudinal study", *Journal of Applied Developmental Psychology*, 26(4), 2005, ss. 397-414.

Mares, M.L. ve Z. Pan, "Effects of Sesame Street: A meta-analysis of children's learning in 15 countries", *Journal of Applied Developmental Psychology*, 34(3), 2013, ss. 140-151.

Neumann, M.M., "An examination of touch screen tablets and emergent literacy in Australian pre-school children", *Australian Journal of Education*, 58(2), 2014, ss. 109-122.

American Speech-Language-Hearing Association, "Parent Poll: Better Hearing and Speech Month", http://www.asha.org/uploadedFiles/BHSM-Parent-Poll.pdf, erişim tarihi 12 Temmuz 2015.

Anderson, D.R. ve T.A. Pempek, "Television and very young children", *American Behavioral Scientist*, 48(5), 2005, ss. 505-522.

Guernsey, L., *Screen time: how electronic media -from baby videos to educational software-affects your young child*, Basic Books, Philadelphia, PA, 2012.

Zimmerman, F.J., D.A. Christakis ve A.N. Meltzoff, "Associations between media viewing and language development in children under age two years", *The Journal of Pediatrics*, 151(4), 2007, ss. 364-368.

Zimmerman, F.J., D.A. Christakis ve A.N. Meltzoff, "Associations between media viewing and language development in children under age two years", *The Journal of Pediatrics*, 151(4), 2007, ss. 364-368.

Neuman, S.B., T. Kaefer, A. Pinkham ve G. Strouse, "Can babies learn to read? A randomized trial of baby media", *Journal of Educational Psychology*, 106(3), 2014, s. 815.

O'Muircheartaigh, J., D.C. Dean, H. Dirks, N. Waskiewicz, K. Lehman, B.A. Jerskey ve S.C. Deoni, "Interactions between white matter asymmetry and language during neurodevelopment", *The Journal of Neuroscience*, 33(41), 2013, ss. 16170-7.

Kuhl, P.K., F.M. Tsao ve H.M. Liu, "Foreign-language experience in infancy: effects of short-term exposure and social interaction on phonetic learning", *Proceedings of the National Academy of Sciences*, 100(15), 2003, ss. 9096-9101.

Meriles, L., "Mucking around takes back seat to organised sport and screen time for kids, report finds", http://www.abc.net.au/news/2014-11-15/australiankids-not-playing-enough-finds-report/5892244, erişim tarihi 2 Haziran 2015.

Lapierre, M.A., J.T. Piotrowski ve D.L. Linebarger, "Background television in the homes of US children", *Pediatrics*, 130(5), 2013, ss. 839-846.

Kirkorian, H.L., T.A. Pempek, L.A. Murphy, M.E. Schmidt ve D.R. Anderson, "The impact of background television on parent-child interaction", *Child Development*, 80(5), 2009, ss. 1350-1359.

Thompson, W.F., E.G. Schellenberg ve A.K. Letnic, "Fast and loud background music disrupts reading comprehension", *Psychology of Music*, 40(6), 2012, ss. 700-708.

5
Yapıtaşı #3: Uyku

Quach, J., F. Oberklaid, L. Gold, N. Lucas, F.K. Mensah ve M. Wake, "Primary health-care costs associated with special health care needs up to age 7 years: Australian population-based study", *Journal of Paediatrics and child health*, 50(10), 2014, ss. 768-774.

Sadeh, A., R. Gruber ve A. Raviv, "The effects of sleep restriction and extension on school-age children: what a difference an hour makes", *Child Development*, 74(2), 2003, ss. 444-455.

Hirshkowitz, M., K. Whiton, S.M. Albert, C. Alessi, O. Bruni, L. DonCarlos ve D.N. Neubauer, "National Sleep Foundation's sleep time duration recommendations: methodology and results summary", *Sleep Health*, 1(1), 2003, ss. 40-43.

Dollman, J., K. Ridley, T. Olds ve L. Lowe, "Trends in the duration of school-day sleep among 10-15 year old South Australians 1985-2004", *Acta Paediatrica*, 96(7), 2007, ss. 1011-1014.

Molfese, D.L., A. Ivanenko, A.F. Key, A. Roman, V.J. Molfese, L.M. O'Brien ve C.M. Hudac, "A one-hour sleep restriction impacts brain processing in young children across tasks: evidence from event-related potentials", *Developmental Neuropsychology*, 38(5), 2013, ss. 317-336.

Owens, J.A., A. Spirito, M. McGuinn ve C. Nobile, "Sleep habits and sleep disturbance in elementary school-aged children", *Journal of Developmental ve Behavioral Pediatrics*, 21(1), 2000, ss. 27-36.

Mullis, IV., M.O. Martin, P. Foy ve A. Arora, *TIMSS 2011 International results in mathematics,* International Association for the Evaluation of Educational Achievement, 2012.

Cespedes, E.M., M.W. Gillman, K. Kleinman, S.L. Rifas-Shiman, S. Redline ve E.M. Taveras, "Television viewing, bedroom television and sleep duration from infancy to mid-childhood", *Pediatrics*, 133, 2014, ss. 1163-71.

Foley, L.S., R. Maddison, Y. Jiang, S. Marsh, T. Olds ve K. Ridley, "Pre-sleep activities and time of sleep onset in children", *Pediatrics*, 2013, ss. 276-282.

Garmy, P., P. Nyberg ve U. Jakobsson, "Sleep and television and computer habits of Swedish school-age children", *The Journal of School Nursing*, 28, 2012, ss. 469-476.

Hense, S., A.G. Barb, H. Pohlabeln, S. De Henauw, S. Marild, D. Molnár ve diğerleri, "Factors that influence weekday sleep duration in European children", *Sleep*, 34, 2011, s. 633.

Foley, L.S., R. Maddison, Y. Jiang, S. Marsh, T. Olds ve K. Ridley, "Pre-sleep activities and time of sleep onset in children", *Pediatrics*, 2013, ss. 276-282.

Wood, B., M.S. Rea, B. Plitnick ve M.G. Figueiro, "Light level and duration of exposure determine the impact of self-luminous tablets on melatonin suppression", *Applied Ergonomics*, 44(2), 2013, ss. 237-240.

Hale, L. ve S. Guan, "Screen time and sleep among school-aged children and adolescents: a systematic literature review", *Sleep Medicine Reviews*, 21, 2014, ss. 50-58.

Thompson, D.A. ve D.A. Christakis, "The association between television viewing and irregular sleep schedules among children less than three years of age", *Pediatrics*, 116(4), 2005, ss. 851-856.

Cespedes, E.M., M.W. Gillman, K. Kleinman, S.L. Rifas-Shiman, S. Redline ve E.M. Taveras, "Television viewing, bedroom television and sleep duration from infancy to midchildhood", *Pediatrics*, 133(5), 2014, s. 3998.

Thompson, D.A. ve D.A. Christakis, "The association between television viewing and irregular sleep schedules among children less than three years of age", *Pediatrics*, 116(4), 2005, ss. 851-856.

Garrison, M.M. ve D.A. Christakis, "The impact of a healthy media use intervention on sleep in preschool children", *Pediatrics*, 130(3), 2011, ss. 1-10.

Woolley, J.D. ve M. Ghossainy, "Revisiting the fantasy-reality distinction: children as naïve skeptics", *Child Development*, 84(5), 2013, ss. 1496-1510.

Lowden, A., T. Åkerstedt, M. Ingre, C. Wiholm, L. Hillert, N. Kuster ve B. Arnetz, "Sleep after mobile phone exposure in subjects with mobile phone-related symptoms", *Bioelectromagnetics*, 32(1), 2011, ss. 4-14.

6
Yapıtaşı #4: Oyun

Marcon, R.A., "Moving up the grades: relationship between preschool model and later school success", *Early Childhood Research ve Practice*, 4(1), 2002, ss. 1-21.

Ogden, C.L., M.D. Carroll, L.R. Curtin, M.A. McDowell, C.J. Tabak ve K.M. Flegal, "Prevalence of overweight and obesity in the United States, 1999-2004", *The Journal of the American Medical Association*, 295(13), 2006, ss. 1549-1555.

Active Healthy Kids Australia, *Is Sport Enough? The 2014 Active Healthy Kids Australia Report Card on Physical Activity for Children and Young People*, 2014.

Marcon, R.A., "Moving up the Grades: Relationship between Preschool Model and Later School Success", *Early Childhood Research ve Practice*, 4(1), 2002, ss. 1-21.

Schweinhart, L.J. ve D.P. Weikart, "The High/Scope Pre-school Curriculum Comparison Study through age 23", *Early Childhood Research Quarterly*, 12, 1997, ss. 117-143.

Adachi, P.J. ve T. Willoughby, "More than just fun and games: the longitudinal relationships between strategic video games, self-reported problem solving skills and academic grades", *Journal of Youth and Adolescence*, 42, 2013, ss. 1041-1052.

Gentile, D.A., C.A. Anderson, S. Yukawa, N. Ihori, M. Saleem, L.K. Ming ve A. Sakamoto, "The effects of pro-social video games on pro-social behaviors: international evidence from correlational, longitudinal and experimental studies", *Personality and Social Psychology Bulletin*, 2009.

McCarrick, K. ve X. Li, "Buried treasure: the impact of computer use on young Children's social, cognitive, language development and motivation", *Association for the Advancement of Computing in Education*, 15(1), 2007, ss. 73-95.

Dezuanni, M.O., J. Mara ve C. Beavis, "Redstone is like electricity: children's performative [sic] representations in and around Minecraft", *E-learning and Digital Media*, 12(2), 2015, ss. 147-163.

Burn, A., J. Marsh, J.C. Bishop, R. Willett, C. Richards ve J. Sheridan, *Children's playground games and songs in the new media age*, Institute of Education, University of London, 2009, s. 11.

Ginsburg, K.R., "The importance of play in promoting healthy child development and maintaining strong parent-child bonds", *Pediatrics*, 119(1), 2007, ss. 182-191.

Harrison, C., "Watching the children watching Play School: indicators of engagement, play and learning", *Australasian Journal of Early Childhood*, 37, 2012, s. 4.

Sosa, A.V., "Association of the type of toy used during play with the quantity and quality of parent-infant communication", *Journal of American Medical Association: Pediatrics*, 2015, ss. 1-6.

7
Yapıtaşı #5: Fiziksel Hareket

Active Healthy Kids Australia, *Is Sport Enough? The 2014 Active Healthy Kids Australia Report Card on Physical Activity for Children and Young People*, 2014.

Dennison, B.A., T.A. Erb ve P.L. Jenkins, "Television viewing and television in bedrooms associated with overweight risk among low-income pre-school children", *Pediatrics*, 109, 2002, ss. 1028-1035.

Delmas, C., C. Platat, B. Schweitzer, A. Wagner, M. Oujaa ve C. Simon, "Association between television in bedroom and adiposity throughout adolescence", *Obesity*, 15(10), 2007, ss. 2495-2503.

Australian Council for Health, Physical Education and Recreation (ACHPER) Victorian Branch, *Premier's active families challenge: school resource, sport and recreation*, 2013.

Australian Department of Health, "Australia's physical activity and sedentary behaviour guidelines", http://www.health.gov.au/internet/main/publishing.nsf/content/health-pubhlth-strateg-phys-actguidelines#apa512, erişim tarihi 14 Temmuz 2015.

Rideout ,V.J. ve E. Hame, *The media family: electronic media in the lives of infants, toddlers, preschoolers, and their parents,* The Henry J Kaiser Family Foundation, 2006.

Houghton, S., S.C. Hunter, M. Rosenberg, L. Wood, C. Zadow, K. Martin ve T. Shilton, "Virtually impossible: limiting Australian children and adolescents daily screen based media use", *Biomedical Central Public Health,* 15(1), 2015, s. 5.

American Academy of Pediatrics, "Children and media: Tips for parents", https://www.aap.org/en-us/about-the-aap/aap-press-room/Sayfas/Children-And-Media-Tips-For-Parents.aspx, erişim tarihi 23 Ekim 2015.

Barnett, L.M., E. van Beurden, P.J. Morgan, L.O. Brooks ve J.R. Beard, "Gender differences in motor skill proficiency from childhood to adolescence: a longitudinal study", *Research Quarterly for Exercise and Sport,* 81(2), 2010, ss. 162-170.

Barnett, L.M., L.L. Hardy, D.R. Lubans, D.P. Cliff, A.D. Okely, A.P. Hills ve P.J. Morgan, "Australian children lack the basic movement skills to be active and healthy", *Health Promotion Journal of Australia,* 24(2), 2013, ss. 82-84.

Pointer, S., *Hospitalised injury in children and young people 2011-12: Injury research and statistic Australian Centre for Research into Injury in Sport and Its Prevention,* Canberra, seri 91, 2014.

Staiano, A.E., A.A. Abraham ve S.L. Calvert, "Adolescent exergame play for weight loss and psychosocial improvement: a controlled physical activity intervention", *Obesity,* 21(3), 2013, ss. 598-601.

Bailey, B.W. ve K. McInnis, "Energy cost of exergaming: a comparison of the energy cost of six forms of exergaming", *Archives of Pediatric Adolescent Medicine,* 165, 2011, ss. 597-602.

8
Yapıtaşı #6: Beslenme

National Health and Medical Research Council, *Australian Dietary Guidelines,* Canberra, 2013.

Johnson, R.K., L.J. Appel, M. Brands, B.V. Howard, M. Lefevre, R.H. Lustig ve J. Wylie-Rosett, "Dietary sugars intake and cardiovascular health a scientific statement from the American Heart Association", *Circulation*, 120(11), 2009, ss. 1011-1020.

Kunkel, D., "Children and television advertising", *Handbook of children and the media*, 2001, ss. 375-393.

Strasburger, V.C. ve B.J. Wilson, *Children, adolescents and the media*, 2002.

Strasburger, V.C., A.B. Jordan ve E. Donnerstein, "Health effects of media on children and adolescents", *Pediatrics*, 125(4), 2010, ss. 756-767.

Strasburger, V.C., "Children, adolescents, and advertising", *Pediatrics*, 118(6), 2006, ss. 2563-2569.

Robinson, T.N., D.L. Borzekowski, D.M. Matheson ve H.C. Kraemer, "Effects of fast food branding on young children's taste preferences", *Archives of Pediatrics ve Adolescent Medicine*, 161(8), 2007, ss. 792-797.

Borzekowski, D.L. ve T.N. Robinson, "The 30-second effect: an experiment revealing the impact of television commercials on food preferences of preschoolers", *Journal of the American Dietetic Association*, 101(1), 2001, ss. 42-46.

Strasburger, V.C., A.B. Jordan ve E. Donnerstein, "Health effects of media on children and adolescents", *Pediatrics*, 125(4), 2010, ss. 756-767.

Henry, H.K. ve D.L. Borzekowski, "The nag factor: a mixed-methodology study in the US of young children's requests for advertised products", *Journal of Children and Media*, 5(3), 2011, ss. 298-317.

Speers, S.E., J.L. Harris ve M.B. Schwartz, "Child and adolescent exposure to food and beverage brand appearances during prime-time television programming", *American Journal of Preventative Medicine*, 41, 2011, ss. 291-296.

Harris, J.L., J.A. Bargh ve K.D. Brownell, "Priming effects of television food advertising on eating behavior", *Health Psychology*, 28, 2009, ss. 404-413.

American Speech-Language-Hearing Association, "Parent Poll: Better Hearing and Speech Month", http://www.asha.org/uploadedFiles/BHSM-Parent-Poll.pdf, erişim tarihi 12 Temmuz 2015.

The National Eating Disorders Collaboration, "An Integrated Response to Complexity-National Eating Disorders Framework", http://www.nedc.com.au/files/pdfs/National%20Framework%20An%20integrated%20Response%20to%20Complexity%202012%20-%20Final.pdf, erişim tarihi 26 Mart 2014.

Becker, A.E., *Body, Self, and Society: the View from Fiji*, University of Pennsylvania Press, Philadelphia, 1995.

9
Yapıtaşı #7: İfa-işlevi Becerileri

Bull, R., K.A. Espy ve S.A. Wiebe, "Short-term memory, working memory and executive functioning in preschoolers: longitudinal predictors of mathematical achievement at age seven years", *Developmental Neuropsychology*, 33(3), s. 205-228.

Clark, C.A., V.E. Pritchard ve L.J. Woodward, "Preschool executive functioning abilities predict early mathematics achievement", *Developmental Psychology*, 46(5), 2010, s. 1176.

McClelland, M.M., A.C. Acock ve F.J. Morrison, "The impact of kindergarten learningrelated skills on academic trajectories at the end of elementary school", *Early Childhood Research Quarterly*, 21(4), 2006, ss. 471-490.

Ashman-East, S., *The effect of computerized cognitive training on the working memory and mathematics achievement of low achievers* (doktora tezi), Nova Southeastern University, NSUWorks, Graduate School of Computer and Information Sciences, http://nsuworks.nova.edu/gscis_etd/25, erişim tarihi 3 Eylül 2015.

Common Sense Media, "Children, teens and entertainment media: the view from the classroom", https://www.commonsensemedia.org/about-us/news/press-releases/entertainmentmedia-diets-of-children-and-adolescents-may-impact, erişim tarihi 15 Kasım 2012.

Davis, D.M., D.M. Hayes ve A. Jeffrey, "What are the benefits of mindfulness: a wealth of new research has explored this age old practice. Here's a look at its benefits for both clients and psychologists", *American Psychological Association*, 43(7), 2012, s. 64.

Diamond, A. ve K. Lee, "Interventions shown to aid executive function development in children 4-12 years old", *Science*, 333(6045), 2011, ss. 959-964.

Chiesa, A., A. Serretti ve J.C. Jakobsen, "Mindfulness: top-down or bottom-up emotion regulation strategy?" *Clinical Psychology Review*, 33(1), 2013, ss. 82-96.

Hölzel, B.K., J. Carmody, M. Vangel, C. Congleton, S.M. Yerramsetti, T. Gard ve S.W. Lazar, "Mindfulness practice leads to increases in regional brain graymatter density", *Psychiatry Research: Neuroimaging*, Ocak 30, 191(1), 2011, s. 36.

Weare, K., *Evidence for the impact of mindfulness on children and young people,* The Mindfulness in Schools Project, Mood Disorders Centre işbirliğiyle, 2012.

Davis, C.L., P.D. Tomporowski, C.A. Boyle, J.L. Waller, P.H. Miller, J.A. Naglieri ve M. Gregoski, "Effects of aerobic exercise on overweight children's cognitive functioning: a randomized controlled trial", *Research Quarterly for Exercise and Sport*, 78(5), 2007, ss. 510-519.

Oei, A.C. ve M.D. Patterson, "Playing a puzzle video game with changing requirements improves executive functions", *Computers in Human Behavior*, 37, 2014, ss. 216-228.

Pillay, H., "An investigation of cognitive processes engaged in by recreational computer game players: Implications for skills of the future", *Journal of Research on Technology in Education*, 34(3), 2002, ss. 336-350.

Rueda, M.R., M.I. Posner ve M.K. Rothbart, "The development of executive attention: contributions to the emergence of self-regulation", *Developmental Neuropsychology*, 28(2), 2005, ss. 573-594.

Bordwell, D., *The way Hollywood tells it: story and style in modern movies*, University of California Press, 2006.

Common Sense Media, "Children, teens and entertainment media: the view from the classroom", https://www.commonsensemedia.org/about-us/news/press-releases/entertainmentmedia-diets-of-children-and-adolescents-may-impact, erişim tarihi 19 Ağustos 2013.

Purcell, K., L. Rainie, A. Heaps, J. Buchanan, L. Friedrich, A. Jacklin ve K. Zickuhr, *How teens do research in the digital world*, Pew Internet ve American Life Project, 2012.

Ophir, E., C. Nass ve A.D. Wagner, "Cognitive control in media multitaskers", *Proceedings of the National Academy of Sciences*, 106(37), 2009, ss. 15583-15587.

Rideout, V.J., U.G. Foehr ve D.F. Roberts, *Generation M: media in the lives of 8-to 18-year olds*, Henry J. Kaiser Family Foundation, California, 2010.

Rosen, L.D., L.M. Carrier ve N.A. Cheever, "Facebook and texting made me do it: media-induced task-switching while studying", *Computers in Human Behavior*, 29(3), 2013, ss. 948-958.

Reynol, D. ve S.R. Cotton, "The relationship between multitasking and academic performance", *Computers ve Education*, 59(2), 2012, ss. 505-514.

Ophir, E., C. Nass ve A.D. Wagner, "Cognitive control in media multitaskers", *Proceedings of the National Academy of Sciences*, 106(37), 2009, ss. 15583-15587.

Becker, M.W., R. Alzahabi ve C.J. Hopwood, "Media multitasking is associated with symptoms of depression and social anxiety", *Cyberpsychology, Behavior, and Social Networking*, 16(2), 2012, ss. 132-135.

Carr, N.G., *The Shallows: How the Internet is Changing the Way We Think, Read and Remember*, Atlantic Books, New York, 2010.

Reynol, D. ve S.R. Cotton, "The relationship between multitasking and academic performance", *Computers ve Education*, 59(2), 2012, ss. 505-514.

Herzog, T.R., A. Black, K.A. Fountaine ve D.J. Knotts, "Reflection and attentional recovery as distinctive benefits of restorative environments", *Journal of Environmental Psychology*, 17(2), 1997, ss. 165-170.

Levitin, D.J., *The organized mind: Thinking straight in the age of information overload*, Penguin, New York, 2014.

Bohannon, J., "Searching for the Google effect on people's memory", *Science*, 333(6040), 2011, ss. 277-277.

10
Sağlıklı Dijital Alışkanlıklar Geliştirmek

American Psychiatric Association, "Diagnostic and Statistical Manual of Mental Disorders", *American Psychiatric Publication,* Arlington, VA.

Chakraborty, K., D. Basu ve K. Kumar, "Internet addiction: consensus, controversies and the way ahead", *East Asian Archives of Psychiatry*, 20(3), 2010, ss. 123-32.

Cash, H., C.D. Rae, A.H. Steel ve A. Winkler, "Internet addiction: a brief summary of research and practice", *Current Psychiatry Reviews*, 8(4), 2012, ss. 292.

Action for Children, "'Unplugging' from Technology", https://www.actionforchildren.org.uk/news-and-opinion/latest-news/2016/january/unplugging-from-technology/, erişim tarihi 11 Ocak 2016.

Jago, R., J.L. Thompson, S.J. Sebire, L. Wood, L. Pool, J. Zahra ve D.A. Lawlor, "Cross-sectional associations between the screen-time of parents and young children: differences by parent and child gender and day of the week", *International Journal of Behavioral Nutrition and Physical Activity*, 11(54), 2014, ss. 29.

International Agency for Research on Cancer, "IARC classifies radiofrequency electromagnetic fields as possibly carcinogenic to humans", http://www.iarc.fr/en/media-centre/pr/2011/pdfs/pr208_E.pdf, erişim tarihi 21 Mayıs 2013.

Myung, S.K., W. Ju, D.D. McDonnell, Y.J. Lee, G. Kazinets, C.T. Cheng ve J.M. Moskowitz, "Mobile phone use and risk of tumors: a meta-analysis", *Journal of Clinical Oncology*, 27(33), 2009, ss. 5565-5572.

11
Çocukların Sağlığını Korumak

Gandhi, O.P., L.L. Morgan, A.A. de Salles, Y.Y. Han, R.B. Herberman ve D.L. Davis, "Exposure limits: the underestimation of absorbed cell phone radiation, especially in children", *Electromagnetic Biology and Medicine*, 31(1), 2012, ss. 34-51.

Pai, S. ve K. Schryver, "Children, teens, media, and body image: a Common Sense Media research brief", Common Sense Media, https://www.commonsensemedia.org/research/children-teens-media-and-body-image, erişim tarihi 19 Ağustos 2015.

Chamorro, E., C. Bonnin-Arias, M.J. Pérez-Carrasco, J.M. Luna, D. Vázquez ve C. Sánchez-Ramos, "Effects of light-emitting diode radiations on human retinal pigment epithelial cells in vitro", *Photochemistry and photobiology*, 89(2), 2013, ss. 468-473.

World Health Organization, "Make listening safe", http://www.who.int/pbd/deafness/activities/MLS_Brochure_English_lowres_for_web.pdf, erişim tarihi 15 Ekim 2015.

Lichenstein, R., D.C. Smith, J.L. Ambrose ve L.A. Moody, "Headphone use and pedestrian injury and death in the United States: 2004-2011", *Injury prevention*, 2012.

Coenena, P., E. Howiea, A. Campbella ve L. Strakera, "Mobile touch screen device use among young Australian children-first results from a national survey", Proceedings 19th Triennial Congress of the IEA içinde, cilt 9, 2015, s. 14.

Mueller, P.A. ve D.M. Oppenheimer, "The pen is mightier than the keyboard: advantages of longhand over laptop note-taking, *Psychological Science*, 16, 2014, ss. 3-34.

Licence, S., R. Smith, M.P. McGuigan ve C.P. Earnest, "Gait pattern alterations during walking, texting and walking and texting during cognitively distractive tasks while negotiating common pedestrian obstacles", *PLoS one*, 10(7), 2015, e0133281.

Schabrun, S.M., W. van den Hoorn, A. Moorcroft, C. Greenland ve P.W. Hodges, "Texting and walking: strategies for postural control and implications for safety", *PloS one*, 9(1), 2014, e84312.